特殊职业教育发展报告

(2021—2022)

浙江省特殊职业教育研究院·编著

Special Vocational Education

Development Report

ZHEJIANG UNIVERSITY PRESS
浙江大学出版社
·杭州·

图书在版编目（CIP）数据

特殊职业教育发展报告. 2021—2022 / 浙江省特殊职业教育研究院编著. -- 杭州 ：浙江大学出版社，2023.7
ISBN 978-7-308-23975-2

Ⅰ. ①特… Ⅱ. ①浙… Ⅲ. ①特殊教育－职业教育－发展－研究报告－浙江－2021-2022 Ⅳ. ①G769.2 ②G719.2

中国国家版本馆CIP数据核字(2023)第119893号

特殊职业教育发展报告2021—2022
TESHU ZHIYE JIAOYU FAZHAN BAOGAO 2021—2022
浙江省特殊职业教育研究院　编著

责任编辑	陈佩钰
文字编辑	葛　超
责任校对	许艺涛
封面设计	雷建军
出版发行	浙江大学出版社
	（杭州市天目山路148号　　邮政编码　310007）
	（网址：http://www.zjupress.com）
排　　版	杭州林智广告有限公司
印　　刷	杭州宏雅印刷有限公司
开　　本	787mm×1092mm　1/16
印　　张	20.75
字　　数	360千
版 印 次	2023年7月第1版　2023年7月第1次印刷
书　　号	ISBN 978-7-308-23975-2
定　　价	98.00元

目 录

━ 残疾人事业与特殊教育发展

━ 特殊教育教学

三　特殊教育师资队伍与学生工作

一

残疾人事业与特殊教育发展

浙江省"8+1"高质量助残行动评估报告

鲁　杨

摘要　为贯彻落实党的十九大、浙江省第十四次党代会精神，促进浙江省残联七代会目标实现，2019 年 1 月，浙江省政府残工委印发《全省"8+1"高质量助残行动实施方案》并精心组织实施。至 2022 年底，"8+1"高质量助残行动全面实施完毕。其中到 2020 年的阶段性目标，经"十三五"总结评估，已全面实现。在浙江省残联大力支持、精心指导下，浙江特殊教育职业学院受委托开展浙江全省"8+1"高质量助残行动实施后的评估，课题组通过研读政策文本、总结提炼、数据抓取、部门咨询、实地调研、问卷调查、个案访谈等多种方式掌握评估所需资料，数易其稿形成评估报告。需要强调的是，组织实施"8+1"高质量助残行动是一个开放、动态的过程，根据党中央、国务院决策部署和省委、省政府、中国残联工作要求，"8+1"高质量助残行动紧扣"高质量发展"主线，其基本内涵、精神实质、工作要求、目标任务、工作举措都在不断充实完善、迭代升级。对评估指标进行动态更新，既有利于丰富评估素材，锚定评估目标，也可以降低获取可比数据方面的难度。

一、"8+1"高质量助残行动目标完成总体情况评估

（一）主要目标实现情况评价

目标设定：到 2022 年，实现浙江省残疾人基本保障再提升，残疾人基本公共服务再完善，残疾人合法权益保障再强化，残疾人社会融合再深入，残疾人总体生活水平再提高，确保浙江省残疾人事业主要发展指标继续保持全国领先，实现浙江省广大残疾人从共享小康到共享全面小康，再到共享高水平全面小康的跨越。

完成情况：一是从残疾人事业发展综合性指标来看，2020 年度浙江省残疾人全

面小康实现程度为 100%，提前完成目标任务。2021 年融入共同富裕示范区建设率先在全国启动残疾人共同富裕行动并取得明显进展。二是从围绕浙江省委、省政府中心工作看，因促进残疾人事业高质量发展，浙江省残联荣获 2020 年、2021 年省直部门目标责任制考核优秀单位和省直机关党建综合考评优秀。2019 年、2021 年，省残联被省政府记集体一等功各一次。三是从全国方位来看，通过成功承办第六届全国残疾人职业技能大赛、高水平筹办杭州亚残运会等促进残疾人事业高质量发展，残疾预防、教育、就业、权益保护、无障碍环境建设、数字化改革等浙江经验多次得到国务院残工委和中国残联表彰、肯定和推广并被中央主流媒体高频次宣传报道，浙江省在残疾人职业技能、竞技体育、特殊艺术、专职委员能力等相关全国赛事中名列前茅，走在全国前列态势进一步巩固。

（二）重点工作任务清单完成情况评估

目标设定："8+1" 高质量助残行动包括 8 项高质量行动和 1 项残联自身建设，具体的重点任务清单总共 80 项。

评分办法：对照重点任务清单，采取定性与定量相结合的评估方法对工作总结、业务数据等进行目标完成度评分。由于 "8+1" 助残行动有"高质量"的要求，在完成度评定中，课题组对任务完成度的评定设定较高标准，以凸显 "8+1" 助残行动的高质量成果。

具体办法如下：每项重点任务清单分值为 10 分，80 项任务清单合计为 800 分。

1. 完成 110% 以上的为超额完成，可加 2 分；99%～109.99% 为完成，不扣分；90%～98.99% 为基本完成，扣 2 分；低于 90% 的为未完成或部分完成，按实际情况分别扣 4、6、8、10 分。不可定量的，按照定性法予以赋分。

2. 采取加分制，专项工作受到省委、省政府表彰，得到省部级领导肯定性批示、国务院残工委或中国残联推广的，加 2 分，同一事项不重复加分，如其成绩已明确为清单任务，视为完成而不加分。

评估情况：对 2019—2022 年（部分数据到 2021 年）全省残疾人工作总结以及状况调查、统计公报等数据分析，按照超额完成、完成、基本完成、未完成 4 方面分析重点任务清单完成度，并分别打分，经初步汇总完成度分值为 813 分（见表 1），总体来说是顺利完成、成效显著。

表1 "8+1"高质量助残行动重点任务清单完成度评分

序号	名称	超额完成	完成	基本完成	未完成
1	高质量残疾人基本保障行动	0	90	8	0
2	高质量残疾人康复服务行动	24	70+6	0	0
3	高质量残疾人就业创业行动	36	50+2	8+2+8	0
4	高质量残疾人基本公共服务行动	24	30	8+6+2	0
5	高质量残疾人文化生活参与行动	24	80+6	6+6	0
6	高质量社会传播与志愿助残行动	0	90	0	0
7	高质量残疾人权益保障行动	0	50	5	0
8	高质量残疾人事业信息化建设行动	0	60	0	0
9	全面加强残联自身建设	12	90+2	8	0
完成度合计（分）		120	626	67	0
总分		813			

二、"8+1"高质量助残行动取得的主要成就和亮点佳绩

（一）精心打造高密度、全覆盖综合保障，编织残疾人安全暖心网

一是融入大社保体系，保障残疾人老有所养、病有所医。推进残疾人以超过99%、不低于社会平均水平的高位参保率参加基本养老保险、医疗保险。

二是在全国率先对依靠家庭供养成年重度残疾人和三、四级精神、智力残疾人按照单人户纳入低保，确保应保尽保。2021年，全省享受各类社会救助的残疾人超过123万人。"两项补贴"提质扩面，年发放资金近30亿元。

三是公交出行、景区门票、有线电视、水电气数网等方面的免费或优惠，帮助残疾人家庭节省开支、提升生活品质。

四是加强残疾人风险防范和安全防护。残疾人意外伤害保险和残疾人服务机构综合保险实现政策全覆盖。做好了新冠疫情防控期间残疾人安全防护和纾困解难。

五是立足慈善大省，引导社会爱心力量扶残助残，省残疾人福利基金会、中国狮子联会浙江代表处等枢纽型社会组织大力筹集资金实施助残项目。

（二）积极完善高水平、全周期公共服务，撑起残疾人优享幸福伞

一是以高水平残疾预防助力健康浙江建设。在健康浙江建设中推进残疾预防工作，"十三五"残疾预防指标全部达标并走在全国前列。印发《浙江省贯彻〈国家残疾预防行动计划（2021—2025年）〉实施方案》，国务院残工委确定浙江为首个省级"全国残疾预防重点联系地区"。设立首批残疾预防数字化改革先行区，成立全省残疾预防与康复专家咨询委员会。设立全国首个孤独症研究专项基金，首次将孤独症纳入门诊特殊病种管理。

二是多措并举提升康复保障和精准康复水平。在公共卫生体系中提升康复服务的地位与作用。截至2022年，在残疾人基本康复服务全覆盖的基础上，残疾人精准康复服务率达88.92%；残疾人重点人群家庭医生签约服务率达到94.66%，辅具适配率99.83%，满意度90%以上。以省政府民生实事高标准推进残疾儿童定点康复机构规范化建设，率先建立全省综合性残疾儿童康复基本保障制度。开展康复专业技术人员规范化培训，发挥浙江康复医疗中心省内公益示范龙头和华东区域重镇的作用，优化形成市级全覆盖、县级多点位的康复机构布局。

三是齐头并进提升残疾人受教育水平。率先建成布局合理、学段衔接、医康教结合、普职融通的残疾人教育体系，有效保障残疾人受教育权利。残疾儿童青少年学前教育段和高中段入学率稳步提升，十五年义务教育入学率同步提升，推进特殊教育向学前段和高中段两头延伸。2020年起设立省级特教园丁奖。深度融入省部共建合作框架，大力推进浙江特殊教育职业学院内涵式发展，扩大残疾人高等教育渠道，特殊教育专业群入选浙江省高水平专业群建设项目。

四是持续巩固残疾人高质量就业成果。贯彻落实国家和残疾人就业新政，完善残疾人就业地方政策体系，率先探索公布安置残疾人就业企业百强榜。全省集中就业人数占全省就业残疾人数、全国集中就业人数的比例位居全国前列。创业扶持力度大，就业帮扶成效显著，职业技能培训效果突出。2021年，全省劳动年龄段有劳动能力、就业意愿残疾人就业率超过96%。

五是大力提升托养照料服务水平并形成亮眼品牌。残疾人之家规范化建设从2019年起连续四年列入省政府为民办实事项目，对残疾人之家实施星级评定管理，发布全国首个残疾人之家省级地方标准。截至2022年，全省共建有残疾人之家1410家，庇护智力、精神和其他重度残疾人2.92万人。浙版残疾人之家总体水平位居全国前列。

六是推进文体高水平服务，促进精神共富。将残疾人文化体育事业始终纳入文化浙江建设和体育强省建设，不断丰富残疾人精神文化生活。浙江省在国际、洲际和全国残疾人文化艺术、体育比赛中成绩位居全国前列，中国残联授予浙江省残疾人特殊艺术指导中心"中国残疾人特殊艺术培训基地"（中国残疾人艺术团南方基地）称号，中心在2022年北京冬残奥会开闭幕式精彩亮相。

七是在基本公共服务均等化中提升残疾人公共服务水平。将残疾人融入省委、省政府构建覆盖全人群、全生命周期的高质量现代化公共服务体系，将残疾人基本服务需求纳入公共服务目录，在数字化改革重塑公共服务变革中优化助残服务。

（三）大力构筑高标准、全方位权益保障体系，畅通残疾人自强奋进路

一是始终以习近平法治思想为指导，将涉残权益和法规内容纳入法治浙江、平安浙江建设，纳入全民普法教育内容。加强《宪法》《民法典》《残疾人保障法》等法律的宣传普及和贯彻落实，推进落实残疾人各项基本权益的保障。

二是将残疾人权益保护纳入全过程人民民主，在政治上保障残疾人的民主权利，保障残疾人组织代表残疾人。在省市县三级人大、政协换届中推荐残疾人和残疾人组织负责人担任人大代表、政协委员，为维护残疾人合法权益发声。浙江省残疾人樊生华当选全国人大代表。建成五星级残疾人之家政协委员会客厅，做好残联系统省人大代表、省政协委员的履职服务工作。

三是创新推进残疾人法律服务供给。发扬新时代"枫桥经验"，将残疾人信访纳入社会矛盾纠纷调处化解机制。各类信访事项办结率2020年起连续3年实现100%。创新建立公益诉讼"五大"协作机制，打造"法援惠民生·关爱残疾人"服务品牌。省市县三级共建立残疾人法律救助站102家，实现县级以上覆盖率100%。

四是加强残联系统维权部门的机构建设和能力提升。开展维权人员业务培训，提升履职和服务能力。省残联建立省残疾人维权指导中心，举办"法律助残 美好'浙'里"普法讲座，联合省电视台推出残疾人普法微视频，创新普法方式，提升维

权实效。

（四）全面促进高品质、全链条社会融合，开启残疾人共同富裕门

一是以"全链条"为目标推进全方位、全领域、全要素的具有浙江特色的无障碍环境建设。将"全链条"无障碍环境建设纳入省国民经济社会发展规划纲要及文明城市、美丽浙江、大花园、未来社区、城乡建设、现代社区服务体系等大局。助残行动期间，完成困难残疾人家庭无障碍改造 4.9 万户，有需求的困难残疾人家庭无障碍改造率达到 98.91%，建成省级无障碍社区 564 个，创建"全国无障碍市县村镇"数居全国第一。率先在全国制定出台 11 项无障碍环境领域地方标准、团体标准，施行无障碍家居设施建设领域首个省级地方标准。全省逐步形成"连点成线及面"的全省域无障碍格局，基本满足残疾人出行无忧、交流无碍。

二是弘扬社会主义核心价值观，在浙江有礼文明新实践中褒扬志愿助残典范。2019 年选树了一批全国、省级助残先进集体和个人。助残行动期间，省残联、团省委开展助残结对帮扶活动，7.3 万名志愿者、2350 个志愿者团队结对 35 周岁以下残疾青少年 10.7 万名。全省注册助残志愿者超过 5 万人。"阳光助残"项目在两届省青年志愿服务项目大赛中荣获 2 金 8 银 17 铜和 2 金 1 银 2 铜 6 优秀的成绩。超过 3.5 万名党员参与党员助残志愿服务专项行动。余杭区成立全国首个高科技助残企业联盟。

三是展现残疾人自立自强奋进精神和出彩人生，为浙江省域文明和"最美"现象增添特殊风景。评选产生新一批全国自强模范、省自强模范。举办各种残疾人文化体育赛事，组织"最美"系列评选活动，展示残疾人把握时代风口的风采。特殊艺术进机关、学校、企业、社区、农村文化礼堂和监狱系统，充分展现独特魅力。省残疾人之家开设自强励志馆，常年讲述 100 多位自强人物典型事迹。

四是广泛开展各种残健共融活动，积极营造平等友善、交流融通、携手同行的社会新风尚。通过浙江卫视《爱心浙江》、浙江教育科技频道《共享阳光》《新闻大直播》手语新闻节目和浙江之声《爱在浙江》以及省残联系统网站、微信公众号矩阵及《浙江残联》杂志等媒体宣传残疾人事业。推动残疾人赛事与普通赛事同赛场、同赛道，同台竞技，营造包容环境。在国家和省教育部门等组织的大学生比赛、评选活动中，特教学院残疾学子多次荣获佳绩，展示别样精彩。

五是高水平实现全面小康，率先开启省域残疾人共同富裕之路。融入共同富裕

示范区框架，积极谋划残疾人共同富裕真招实招，出台省政府残工委促进残疾人共同富裕专项行动，公布《首批促进残疾人共同富裕先行先试项目》，10 个社会助残签约项目有序推进并取得阶段性成果。推动中国残联支持意见落地落实，截至 2022 年，首批 23 项政策保障措施和授权事项中，21 项已全面落实并取得初步成效，中国残联领导两次批示充分肯定。国家发改委支持浙江高质量发展建设共同富裕示范区工作专班专刊向全国推广浙江助残共富实践范例。省共富领导小组办公室《浙里共富（实践创新）》刊登《省残联积极探索"助残共富"实招 擦亮"共同富裕"民生底色》专题报道。

2021 年全省残疾人家庭人均可支配收入为 36459 元，全省残疾人与全省居民人均可支配收入之比为 1 ∶ 1.578，同时取得量的增长和质的提升。

三、客观评价当前浙江省残疾人事业存在的短板弱项

（一）持证残疾人总量偏多、结构老化

老年持证残疾人数量快速增加，"以老养残"家庭的数量逐渐增多，其中心智障碍者父母老年或身后的子女照料问题日渐突出。长期护理保险尚未完善和全面覆盖。涉及残疾人、伤残军人、伤残警察、工伤保险、失能失智人群照护、长期护理等的相关政策衔接不够严密。

（二）残疾人家庭增收和共同富裕面临困境

2021 年全省残疾人家庭人均可支配收入与全省居民人均可支配收入之比为 1 ∶ 1.578，而 2018 年该比为 1 ∶ 1.473，与社会平均水平的差距在拉大。特别是残疾人家庭工资性收入、财产性收入增加幅度小，说明残疾人家庭增收缺乏后劲，助残共同富裕面临不少难题。

（三）残疾人能力素养与社会发展水平存在较大差距

残疾人教育质量转化为可行能力还不显著，特别是完成高中和高等教育的残疾人能力素养水平与社会平均水平存在较大差距。残疾人能人和社会活动家不够多。不少残疾人信心不足，社会交往、参与存在障碍。有的残疾人缺乏生涯规划，懒散和存在"等靠要"心态，少数残疾人缺乏安全意识、自我保护意识、感恩意识。

（四）残疾人就业层次和收入不高，岗位稳定性差

按比例就业和集中就业只拿最低工资人数较多，带头安置就业长效机制有待建立。残疾人创业抗风险能力较差。残疾人就业政策、就业服务和职业培训均等化不够，浙派工匠中残疾人"精专"不够，尚缺乏国家级工艺美术大师等领军人物。

（五）残疾人全周期服务存在转衔堵断点，精细化、专业化不足

基本公共服务均等化不足，受益人"旱涝"差距大。政府购买残疾人服务力度小，助残社会组织培育不够。残疾人旅游、婚恋等较高层次需求有待满足。

（六）残疾人事业不均衡现象仍然存在

部分地区残疾人康复、托养等专业服务机构尚未建成，部分地区及农村、偏远地区无障碍环境建设有待提升。部分地区残疾人事业经费投入不足，较依赖本级残疾人就业保障金和上级转移支付，不能满足事业发展需要。

（七）残联组织和残疾人工作者能力素养不完全适应新要求

面对党和政府的部署、高质量发展的新形势新要求、残疾人数量的增加和残疾人对美好生活的新期待，当前的服务仍有不适应之处。残疾人事业基层基础总体比较薄弱，人员队伍配备不足，乡镇（街道）、村（社区）服务残疾人力量和资源不足，谋划协调能力和专业化程度弱，贯彻落实上级政策不彻底。一些地区专门协会活力不足，助残社会组织萎缩。

（八）残疾人事业发展环境有待进一步优化

歧视残疾人的现象时有发生，对残疾人不够理解、尊重的现象仍然存在。无障碍环境连贯性、可及性、实用性不足，顺畅出行和无障碍交流仍有可提升空间。涉残法规倡导条款多，刚性执行和可操作性细则缺失，残联作为群团组织实际承担的行政行为缺乏匹配的执法权。

四、实施"8+1"高质量助残行动的基本经验

（一）新思想指引、新时代红利是根本

"8+1"高质量助残行动取得的成绩，根本上得益于新思想指引和新时代红利。习近平总书记以人民为中心的情怀和关于残疾人事业的重要论述，是"8+1"高质量助残行动产生的基础，也是执行"8+1"高质量助残行动过程中不断充实完善、迭代升级的方向指引。

（二）省委、省政府领导，中国残联指导是前提

省委、省政府历来高度重视残疾人事业发展，在忠实践行"八八战略"、奋力推进"两个先行"、努力打造"重要窗口"中高标准严要求推进残疾人事业发展，有力推进残疾人事业高质量发展。

浙江省残联勇担中国残联有关残疾人事业的多项改革试点任务，浙江省残联改革、基层残联建设、扶贫协作、残疾预防、康复、托养、就业创业、无障碍环境建设、狮子会工作、党政机关带头安置残疾人就业、宣传文化体育等工作先后在全国残联系统相关会议上被当作典型经验介绍，多项工作与成果受到中国残联肯定。

（三）自强奋进、助残爱心是推力

残疾人是残疾人事业高质量发展的真正主体，也是检验残疾人事业高质量发展成效的出发点、落脚点所在。广大残疾人健康水平提升、受教育程度提高、家庭收入增长、保障无忧、需求满足、心态阳光、自强自立是残疾人事业高质量发展最重要的硕果，也激励着全社会共同实现美好生活。全社会对残疾人的浓浓关爱以及平等、友好、融合的环境，持续温暖着残疾人和残疾人工作者，是残疾人事业发展的外部支撑和重要推力。

（四）服务奉献、改革创新是动力

省残联党组理事会担当有为、融入大局、积极谋划、创新创优，打出浙江省残疾人事业高质量发展的组合拳。对标"三个第一者"要求，开展"走转改、三服务"；深入残疾人服务机构和残疾人家庭，倾听疾苦、呼声和建议；强化基层基础，解决助残服务"最后一公里"问题；改进专门协会作用，融入群团改革；以数字化改

革为牵引提升助残服务能力，全省残联组织和残疾人工作者尽心尽力助推残疾人事业高质量发展。

五、迭代推进全省残疾人事业高质量发展的对策建议

（一）迭代推进全省残疾人事业高质量发展的根本要求

党的二十大擘画出全面建成社会主义现代化强国的宏伟蓝图。党的二十大报告强调高质量发展是全面建设社会主义现代化国家的首要任务。党的二十大报告还作出"完善残疾人社会保障制度和关爱服务体系，促进残疾人事业全面发展"的部署，为全国和浙江省残疾人事业高质量发展指明了方向。

浙江是中国革命红船起航地、改革开放先行地、习近平新时代中国特色社会主义思想重要萌发地。全省残疾人事业高质量发展需要增强守护"红色根脉"、忠实践行"八八战略"、奋力打造"重要窗口"、增强共同富裕先行和社会主义现代化先行的政治自觉、思想自觉、行动自觉，以迭代升级的残疾人事业高质量发展为中国式现代化浙江篇章增添特殊光彩，同时为全国残疾人全面发展、共同富裕和残疾人事业现代化提供浙江经验、浙江方案。

（二）迭代推进全省残疾人事业高质量发展的指导思想

坚持以习近平新时代中国特色社会主义思想为指导，全面贯彻落实党的二十大精神，深刻领悟"两个确立"的决定性意义，增强"四个意识"、坚定"四个自信"、做到"两个维护"，完整准确全面贯彻新发展理念，积极服务和融入新发展格局，按照省第十五次党代会和省委十五届二次全会的决策部署，忠实践行"八八战略"，奋力打造"重要窗口"，把高质量发展作为首要任务，不断缩小残疾人各项事业发展水平与社会平均水平的差距，强化改革创新，努力实现残疾人对美好生活的向往，将促进残疾人共同富裕融入高质量发展建设共同富裕示范区，在体系化推进中国式现代化省域实践中增添特殊风景线。

（三）迭代推进全省残疾人事业高质量发展的具体目标

到2025年，以"普惠＋特惠"为特点的残疾人基本保障再提升，以专业化、精准化为目标的残疾人公共服务再完善，以消除歧视、促进平等为诉求的残疾人合法

权益保障再强化，以深度融合、全面共享为特征的友好环境建设再深化，以"整体智治、唯实惟先"为理念的残疾人事业现代化再提速，全省残疾人事业继续走在全国前列。

到 2027 年，残疾人公共服务体系得到进一步优化，残疾人合法权益得到进一步保障，残疾人融合发展进一步推进，残疾人共同富裕率先在全国取得实质性重大进展，残疾人家庭人均可支配收入达到 6 万元，残疾人共建共享高水平现代化初步显现，"重要窗口"特殊风景线进一步凸显，全省残疾人事业持续走在全国前列。

（四）迭代推进全省残疾人事业高质量发展的重点任务

一是加强党的领导，为残疾人事业高质量发展提供根本保证。以习近平新时代中国特色社会主义思想为指导，坚持党的全面领导，坚决拥护"两个确立"，坚决做到"两个维护"，坚定不移沿着"八八战略"指引的路子和"三个第一者"的殷殷嘱托奋勇前进，发挥社会主义制度优越性，凝聚各方力量赋能和支持残疾人事业，奋力推动全省残疾人事业高质量发展。

二是将促进残疾人全面发展作为全省残疾人事业高质量发展的内生动力和坚实基础。进一步完善法规政策，采取康复、教育、培训、提供机会和平台等多种措施提高残疾人自我发展能力，让残疾人拥有出彩人生。

三是扎实推动残疾人与全体人民一道实现共同富裕，为残疾人事业高质量发展提供标志性成果。共同富裕是社会主义的本质要求，是中国式现代化的重要特征。在基础性、普惠性、兜底性民生保障建设中体现对残疾人的特惠；不断完善残疾人社会保障制度；多渠道提升残疾人家庭就业收入能力，在增加工资性收入的同时提高财产性收入和转移性收入；增强公共文化供给面向残疾人的包容性、可及性和无障碍化，助力残疾人精神富裕；开展残疾人共同富裕年度评估，以评估反馈形成助残共富的闭环管理机制。

四是健全残疾人关爱服务体系，为残疾人事业高质量发展提供重要支撑和良好环境，提供更加专业化、均等化、便利化、精准化的公共服务。加大部门责任落实和大数据信息共享；提升残疾预防体系的科学性、灵敏度、高效性和闭环管理；提升与残疾人生存发展密切相关的健康、康复、教育、文化、体育、交通出行、语言交往和信息交流等权益。在设定公共服务目录、服务标准时，纳入、体现更多的残疾人基本公共服务，不断提升残疾人公共服务的可及性。

五是以残疾人事业现代化为目标引导全省残疾人事业高质量发展。始终以习近平总书记关于中国式现代化、高质量发展和残疾人事业的重要论述为指导，充分发挥党委领导、政府负责、社会参与、残疾人组织充分发挥作用的残疾人事业领导体制和工作机制作用，强化分工协作，构筑发展合力，完善组织网络，提升服务能力，护航残疾人事业高质量发展。始终将残疾人权益保障工作纳入"法治浙江"大局，依法维护残疾人合法权益，依法促进残疾人事业高质量发展，以残疾人事业高质量发展促进残疾人事业现代化。

特殊职业教育促进共富型高质量就业体系构建的理论与实践研究

——以浙江特殊教育职业学院为例

黄 霞

摘要 伴随着小康社会全面建成,我国迈入了共同富裕建设的新阶段,开启了全面建设社会主义现代化国家的新征程,残疾人事业转向了高质量发展的新阶段。2021年5月20日,《中共中央 国务院关于支持浙江高质量发展建设共同富裕示范区的意见》公布,拉开了浙江省探索共同富裕示范区建设的序幕。高质量发展建设共同富裕示范区是习近平总书记和党中央赋予浙江的光荣使命。残疾人的共同富裕直接关系浙江省共同富裕先行示范区建设的成效。而社会基本保障和救济并不能满足残疾人实现共同富裕的要求。残疾人只有平等地融入社会,实现有体面、有尊严、高质量的就业,才能在精神和物质上都有获得感,最终实现共同富裕。

教育是促进残疾人全面发展、实现高质量就业、更好融入社会的基本途径。如何在党的二十大精神的指引下探索特殊职业教育在新时代发展的新路径,发挥其在推进残疾人受教育公平、提升残疾人就业质量、促进残疾人生活品质进而实现共同富裕中的功能和作用,是当前特殊职业教育改革与发展的关键。

本文以浙江特殊教育职业学院康复治疗技术推拿方向专业、电子商务专业、工艺美术品设计专业、数字媒体艺术专业、中西面点工艺专业五个专业2019年、2020年、2021年、2022年四届毕业生为研究对象,进行就业质量和就业质量影响因素调查,以期发现问题,分析原因,提出如何发展特殊职业教育,进而促进共富型高质量就业体系构建的对策和建议。

一、浙江特殊教育职业学院残疾毕业生就业质量调查结果与问题分析

（一）调查对象基本信息

本次调查向浙江特殊教育职业学院康复治疗技术推拿方向专业学生发放问卷 128 份，电子商务专业学生 124 份，工艺美术品设计专业学生 183 份，数字媒体艺术专业学生 143 份，中西面点工艺专业学生 190 份，均有效回收。

基本信息包括性别、毕业年份、残疾类型、政治面貌、单位地点、单位性质、专业类别（见表 1）。

表 1 调查对象基本信息

项目	类别	人数	比重 /%
性别	男	422	54.95
	女	346	45.05
毕业年份	2019	142	18.49
	2020	212	27.60
	2021	190	24.74
	2022	224	29.17
残疾类型	视力障碍	131	17.06
	听力语言障碍	530	69.01
	肢体障碍	107	13.93
政治面貌	党员	159	20.70
	非党员	609	79.30
单位地点	省内杭州	461	60.03
	省内其他	194	25.26
	省外	113	14.71
就业去向	机关事业	115	14.97
	外资、合资企业	40	5.21
	国企	74	9.64
	民企	159	20.70
	其他单位	171	22.27
	创业	31	4.04
	升学	59	7.68
	待业	119	15.49

项目	类别	人数	比重 /%
专业类别	推拿专业	128	16.67
	电商专业	124	16.15
	工美专业	183	23.83
	数媒专业	143	18.62
	面点专业	190	24.74

（二）四届残疾毕业生就业质量结果

通过梳理文献，结合浙江特殊教育职业学院学工部相关老师访谈，构建残疾大学生就业质量评价指标体系，主要包括"外部环境""工作条件""个人发展"三个维度，编制就业质量评分表，设计就业质量调查问卷，对研究对象进行问卷调查。整体来看，四届残疾毕业生就业质量得分 2019 届最低，2020 届最高，2021 届、2022 届又逐渐回落，总体就业质量不高，评级一直处于中等，未达到高质量就业标准（见表 2）。

表2 2019—2022 届浙江特殊教育职业学院残疾毕业生就业质量分析

毕业年份	就业质量平均分
2019	67.75
2020	70.35
2021	69.16
2022	68.03

（三）五个专业残疾大学生的就业质量结果

对五个专业的残疾毕业生分别计算就业质量平均分，可以看到：康复治疗技术推拿方向专业处于下降趋势；电子商务专业就业质量较为平稳；工艺美术品设计专业的就业质量得分处于两头低、中间高的轻微波动的情况；数字媒体艺术专业在2022 年没有延续前三年上升趋势，呈现较明显下降趋势，可能是受到新冠疫情的影响；只有中西面点工艺专业的就业质量得分处于持续上升的趋势（见表 3）。

表 3　浙江特殊教育职业学院残疾毕业生五个专业就业质量分析

毕业年份	推拿专业	电商专业	工美专业	数媒专业	面点专业
2019	76.69	71.80	65.12	67.57	62.77
2020	71.05	71.49	68.41	71.94	70.23
2021	67.23	70.90	65.09	72.33	70.76
2022	64.75	71.00	64.43	65.68	71.54

（四）就业质量各个具体指标结果

（1）就业机会

浙江特殊教育职业学院残疾毕业生有 53.39% 在就业时认为就业机会充裕，46.61% 认为就业机会不充裕（见图 1）。

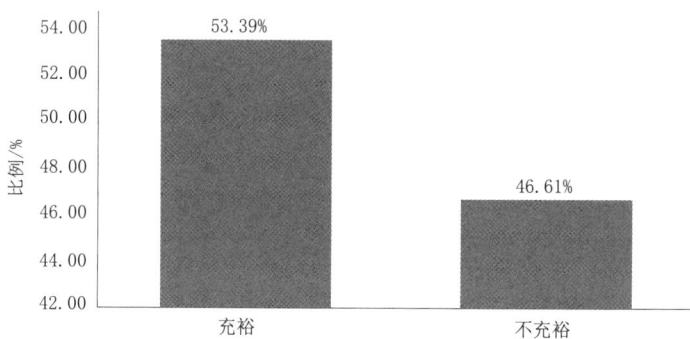

图 1　就业机会

（2）就业公平

69.79% 的浙江特殊教育职业学院残疾毕业生表示没有受到就业歧视，30.21% 的学生表示受到就业歧视（见图 2）。

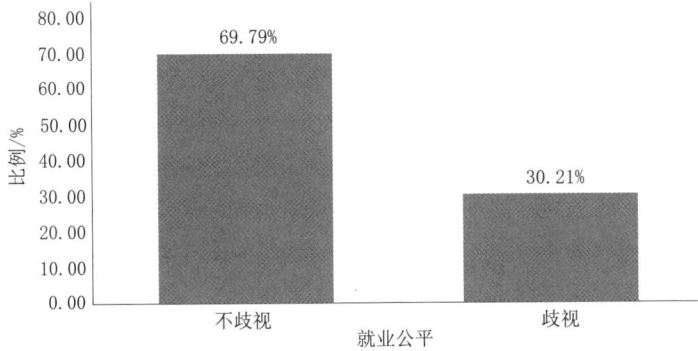

图 2　就业公平

（3）劳动薪酬

浙江特殊教育职业学院残疾毕业生初次就业的月均收入集中在 5000 元及以下，占比超过 85%；5000 元以上仅占 14.84%，8000 元以上更是只占 1.82%（见图 3）。

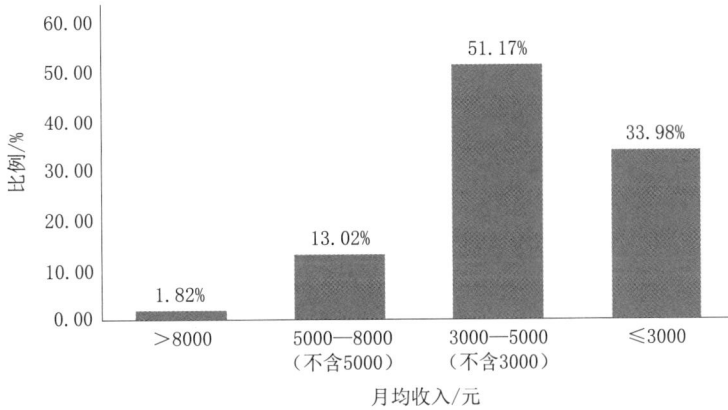

图 3　劳动薪酬

（4）福利津贴

浙江特殊教育职业学院残疾毕业生对企业福利的满意度较高，认为福利津贴丰富齐全的占 55.47%，认为福利津贴不齐全的占 44.53%（见图 4）。

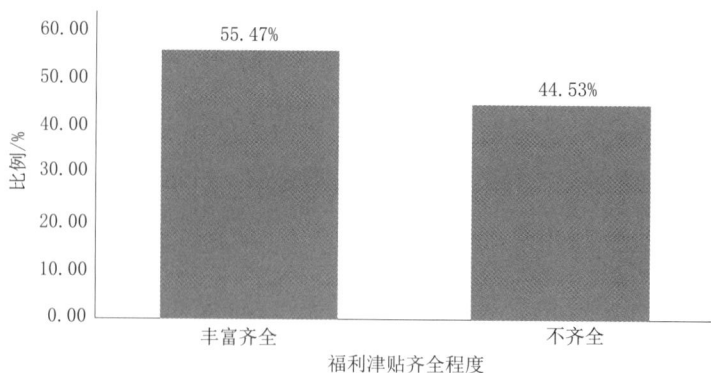

图 4　福利津贴

（5）工作时间

调查显示周工作时间小于等于 40 小时的人数比例超过了 70%，周工作时间在 40—50 小时（不含 40 小时）的占 14.32%，大于 50 小时的占 13.02%（见图 5）。

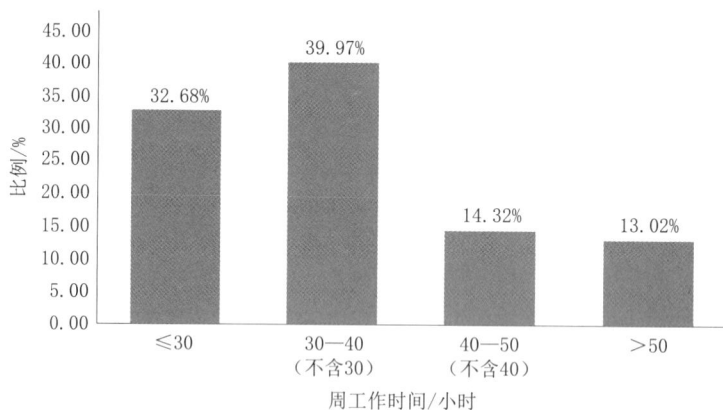

图 5　工作时间

（6）工作环境

调查显示，工作环境舒适便捷（周围交通便捷、舒适且对人体健康无害）的超过了 74%，但仍有 9.24% 的残疾毕业生认为工作环境差（对人体有害、易造成职业病）（见图 6）。

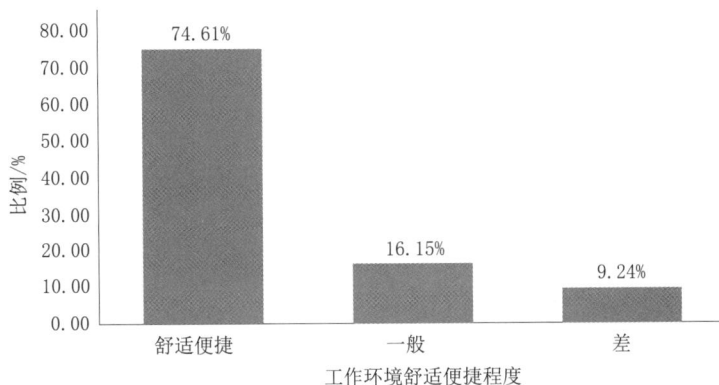

图 6　工作环境

（7）社会保障

从图 7 各项社会保险的覆盖率来看，养老保险和医疗保险的参保率较高，分别为 59.24% 和 58.20%；工伤保险、失业保险、生育保险的参保率分别为 48.18%、42.97%、30.47%，还有 32.03% 的残疾毕业生没有任何保险。

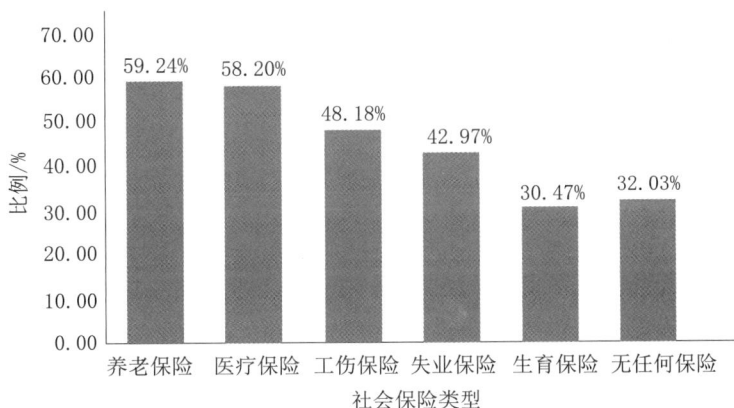

图 7　社会保障

（8）劳资关系

劳资关系可以用两个指标度量：是否具备工会组织及其是否发挥作用；劳资冲突的频率。浙江特殊教育职业学院残疾毕业生所在单位偶尔有和经常有劳资冲突的占比为 31.90%，没有工会以及有工会但是发挥作用不大的占比达 69.93%，设有工会组织并积极发挥作用的只占 30.08%（见图 8、图 9）。

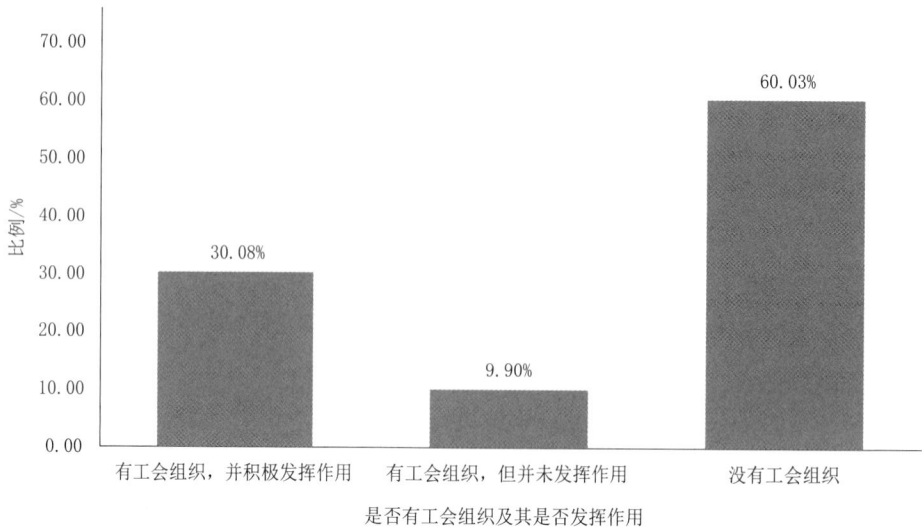

图 8　工会组织

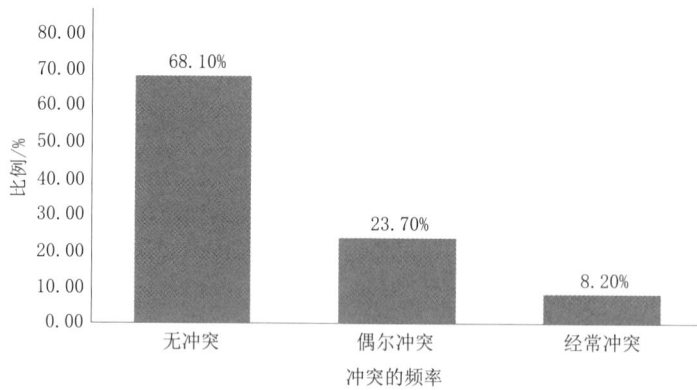

图 9　劳资冲突

（9）职业匹配度

63.15% 以上的浙江特殊教育职业学院残疾毕业生在就业时专业完全对口或者专业大类对口。有 36.85% 的残疾毕业生专业完全不对口（见图 10）。

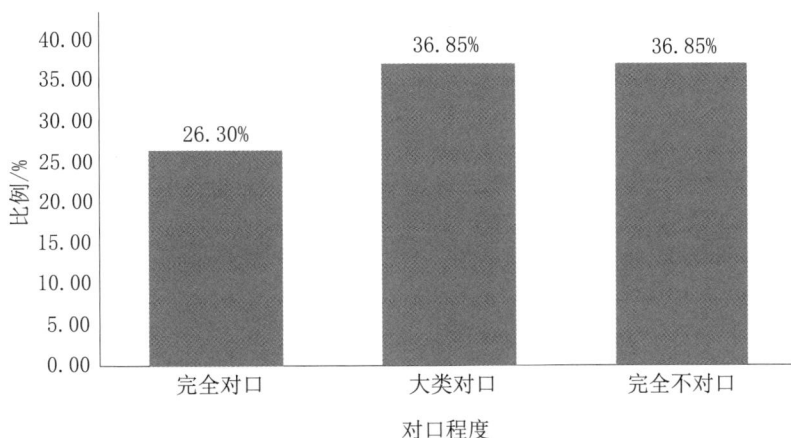

图 10　职业匹配度

（10）职业前瞻性

89.84% 的浙江特殊教育职业学院残疾毕业生在用人单位中缺乏培训（非经常培训）。有 51.30% 的残疾毕业生所在单位晋升渠道畅通、晋升机制完善，但仍有 48.70% 的残疾毕业生认为自己所在企业的晋升渠道、晋升机制存在问题，他们未来的发展空间受到了限制，职业前瞻性欠佳（见图 11、图 12）。

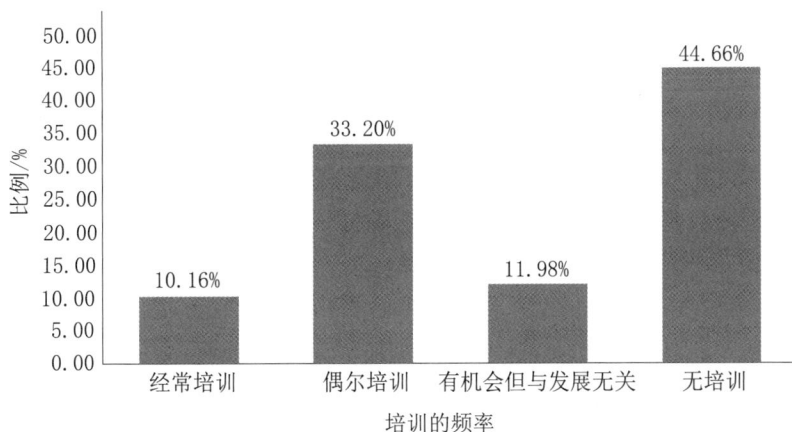

图 11　培训机会

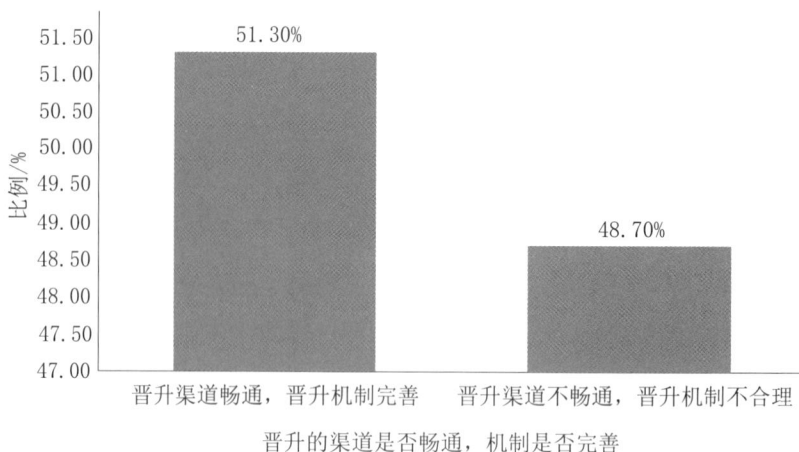

图 12 晋升机会

（11）职业稳定性

在评价职业稳定性时，重点考察与企业签订 3 年及以上劳动合同的比例以及学生离职跳槽情况。浙江特殊教育职业学院残疾毕业生与企业签订 3 年及以上劳动合同的仅占 7.81%；有 63.67% 的学生有离职经历（见图 13、图 14）。

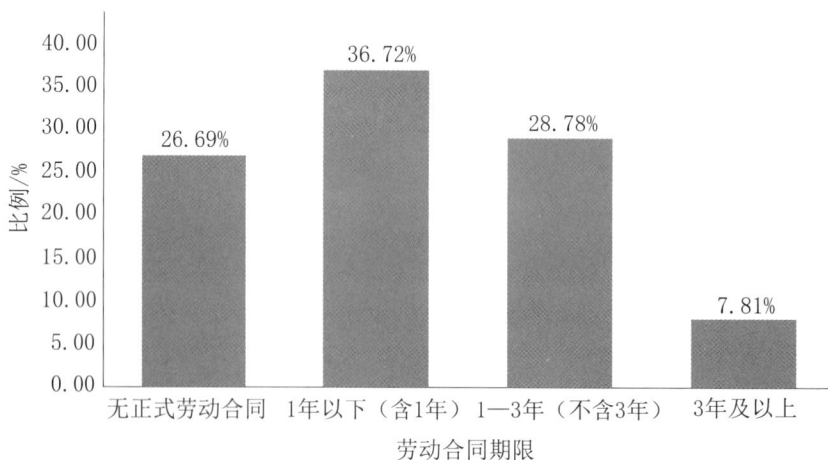

图 13 劳动合同期限

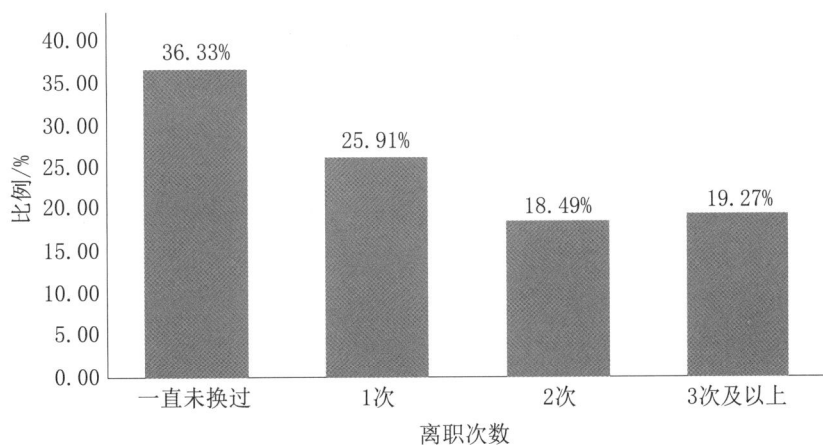

图 14　离职情况

二、浙江特殊教育职业学院残疾毕业生就业质量影响因素调查结果和分析

（一）宏观因素影响情况

从 3 个宏观因素的比较可以看出，有 50.78% 的残疾毕业生认为地方就业创业政策对他们毕业后成功找到工作重要或非常重要，48.18% 的残疾毕业生认为政府对浙江特殊教育职业学院的政策制度重要或非常重要，47.79% 的残疾毕业生认为整体就业形势重要或非常重要（见表 4）。

表 4　宏观因素对残疾毕业生成功找到工作的重要程度

单位：%

因素	非常重要	重要	一般	不重要	不清楚	重要和非常重要的占比
整体就业形势	19.40	28.39	39.84	4.30	8.07	47.79
政府对浙特教院的政策制度	22.92	25.26	38.80	5.08	7.94	48.81
地方就业创业政策	24.87	25.91	36.59	3.91	8.72	50.78

（二）中观因素影响情况

从 6 个中观因素的比较可以看出，从用人单位方面来看，用人单位的招聘条件比发展前景影响更大些；从高校方面来看，50.26% 的学生认为实践教学经历重要，49.87% 的学生认为就业指导工作重要，49.61% 的学生认为专业课程设置重要，46.74% 的学生认为高校举办的招聘会重要（见表 5）。

表 5 中观因素对残疾毕业生成功找到工作的重要程度

单位：%

因素	非常重要	重要	一般	不重要	不清楚	重要和非常重要的占比
用人单位招聘条件	19.79	31.12	40.49	2.99	5.60	50.97
用人单位发展前景	19.14	30.08	41.15	3.78	5.86	49.22
高校专业课程设置	21.09	28.52	40.76	3.52	6.12	49.61
高校实践教学经历	21.61	28.65	40.10	3.52	6.12	50.26
高校就业指导工作	19.40	30.47	39.71	3.91	6.51	49.87
高校举办的招聘会	19.40	27.34	41.28	4.43	7.55	46.74

（三）微观因素影响情况

从 12 个微观因素的比较可以看出，体现残疾大学生先天个体特征的选项中，性别、户籍影响较小；相貌外表、家庭社会关系影响较大。体现残疾大学生综合素质的选项中，61.32% 的学生认为专业能力重要，59.38% 的学生认为人际交往能力重要，49.61% 的学生认为学历水平重要，48.96% 的学生认为从业资格证书重要，47.66% 的学生认为实习兼职经历重要，41.41% 的学生认为计算机水平重要，39.19% 的学生认为学习成绩重要（见表 6）。

表 6 微观因素对残疾毕业生成功找到工作的重要程度

单位：%

因素	非常重要	重要	一般	不重要	不清楚	重要和非常重要的占比
户籍	15.49	19.66	40.89	15.49	8.46	35.15
性别差异	10.81	17.71	43.88	18.88	8.72	28.52
学历水平	19.53	30.08	39.19	5.73	5.47	49.61
学习成绩	14.84	24.35	44.14	10.29	6.38	39.19
计算机水平	19.14	22.27	44.53	6.90	7.16	41.41
从业资格证书	22.66	26.30	36.72	5.60	8.72	48.96
学生干部经历	12.76	19.92	46.48	10.68	10.16	32.68
实习兼职经历	18.36	29.30	39.19	6.77	6.38	47.66
专业能力	33.98	27.34	32.81	2.60	3.26	61.32

因素	非常重要	重要	一般	不重要	不清楚	重要和非常重要的占比
人际交往经历	29.69	29.69	34.24	2.73	3.65	59.38
相貌外表	17.71	25.65	43.36	8.07	5.21	43.36
家庭社会关系	19.01	25.65	42.06	7.55	5.73	44.66

三、特殊职业教育促进共富型高质量就业体系构建的对策和建议

对浙江特殊教育职业学院五个专业残疾毕业生连续四年的就业质量调查显示，就业质量得分2019届最低，2020届最高，2021届、2022届又逐渐回落，总体就业质量不高，评级一直处于中等层级。存在就业岗位不够充分、机关事业单位及国企等优质单位少、薪酬普遍较低、职业稳定性较差、职业前瞻性欠佳、企业认可度不高等问题，同时可能也受到新冠疫情的影响。就业质量影响因素调查显示，宏观因素、中观因素、微观因素对就业质量均有一定影响。对于如何发展好特殊职业教育，促进共富型高质量就业体系构建，建议如下。

（一）政府层面

我国特殊职业教育具有特殊教育和职业教育的双重属性，伴随着特殊教育和职业教育的发展，我国特殊职业教育取得了一些成绩，但仍明显滞后于全国教育整体水平。实践证明，残疾人的职业教育获得、个体成长和发展都离不开政策的支持保障，特殊职业教育的改革发展也离不开政府的支持和保障。

1. 完善特殊职业教育政策结构体系，明晰政策的执行主体

我国特殊职业教育政策大多从宏观角度规定，以纲领性、原则性、方向性和指导性政策为主，具体政策较为短缺；且有关特殊职业教育的管理政策偏多，教育教学政策偏少；特殊职业教育政策缺乏系统性，主要散见于各级政府和教育主管部门、残联部门出台的文件中，没有用统一的指导思想和原则整合形成一个科学合理的体系。如最主要的特殊职业教育支持性法规《中华人民共和国残疾人保障法》《中华人民共和国职业教育法》和《残疾人教育条例》，第一部仅提出了纲领性、原则性的要求；后两部只提及特殊职业教育的实施机构、教育层次、入学条件、实习实训等问题，并未关注到具体的实施细则。

在我国，特殊职业教育政策的执行主体主要涉及各级政府的教育、人力资源和社会保障、民政等机构以及残疾人联合会等组织。一方面，这种管理体制给特殊职业教育的发展带来诸多支持和可能性；另一方面，在政策执行主体界定模糊的现状下，也容易造成主体之间的分割和孤立状况。由于各主体缺乏统一协调机制，资源共享和优化配置容易受限。政府职能存在错位和缺位现象，缺少统一的财政和评估等服务配套系统。因此，明确界定特殊职业教育政策执行主体是确保政策有效执行和目标实现的前提。

2. 增强特殊职业教育政策的可操作性，优化特殊职业教育的管理模式

特殊职业教育政策落在实处的关键在于政策是否具有可操作性。法律法规的特点是严密而简洁，而政府和主管部门制定的相应政策是基于法律法规的具体实施方案。因此，现有政策文本的修订应进一步明确化和具体化，如可进一步制定特殊职业教育具体实施方案，明确特殊职业教育院校专业和课程设置、教学和实训基地的建设与管理、教材建设与管理、产教融合与师资队伍建设等规范，使特殊职业教育政策更具可操作性。

管理模式需要突破自上而下的单向度行政主导，积极探索自上而下和自下而上共存的共同治理模式。教育、财政、残联、民政等各级政府和部门之间需要加强沟通和协作意识，建立信息共享和协同合作的工作机制，逐步形成政策协同、组织协同、知识协同、资源协同、节点协同的新局面。同时明确职责分工，在特殊职业教育的改革发展实践中形成合力、共同推进。

3. 进一步完善残疾人就业相关政策

促进残疾人就业，各级政府出台了一系列政策制度，如《机关、事业单位、国有企业带头安排残疾人就业办法》《关于扶持残疾人自主就业创业的意见》《关于促进残疾人按比例就业的实施意见》等，使我国残疾人就业状况得到显著改善。截至2021年，我国城乡持证残疾人就业达881.6万人，其中按比例就业81.8万人，集中就业26.8万人。浙江更是走在全国前列，针对不同类别残疾人特点与需求，大力拓展钢琴调律、有声书朗读等新形态就业渠道。采用残疾人集中就业、按比例就业、灵活就业、公益性就业和辅助性就业等方式，支持残疾人就业。

但政府的残疾人就业政策措施仍以宏观层面的保障性就业措施为主，对提高就业质量贡献有限；现行促进企业吸纳残疾人就业的政策不够合理，如集中就业政策规定，只有乡镇、街道或民政机构举办的集体所有制福利企业才能依据法律规定减

免一定的税收，而其他类型的企业即使拥有再多的残疾人员工也无法享受国家的优惠；残保金使用率低，资金支出不规范情况普遍存在；残疾人就业服务工作机制不完善，涉及的人社、民政、卫健等部门间联动机制运行不畅等。相关政策有待于进一步完善，以促进残疾人高质量就业。

（二）企业层面

1. 深入推进校企合作

深化产教融合是提升我国特殊职业教育质量的关键因素。尽管我国特殊职业教育的支持性政策不断与时俱进，陈瑞英的调查显示：被调查的企业无一家会主动寻找与残疾人高职院校合作。特殊职业教育由于教育对象的特殊性、教学方式的独特性，必定会呈现出需求复杂、教育周期长、经济收益差的特性，使企业在权衡投资回报与风险责任后，避免介入特殊职业教育校企合作项目，使得特殊职业教育面临"闭门造车"的尴尬局面。要解决这一问题，一方面，法律的保障及配套政策的落实推进极为重要，企业是追逐利益的经济实体，必然会考虑投入回报比。另一方面，企业应自觉承担社会服务责任，重视参与残疾学生的职业培训与生涯规划；让残疾学生在实习期间可以得到企业管理人员与技术人员的专业实践带教；为残疾学生提供更充足、更合适的就业岗位等，真正做到特殊职业教育院校、残疾毕业生与企业三位一体，让学生顺利就业。

2. 积极主动参与残疾人就业工作

随着社会整体文明程度的提高，社会对残疾人的看法有了较大改观，但残疾人的就业状况并未得到太多改善，如工资水平多为最低工资标准、人岗匹配度低、企业内无障碍设施不完善等都对残疾人高质量就业有重要影响。企业应积极响应各级政府关于促进残疾人就业的政策，如组织面向残疾大学生的专场招聘会、为残疾大学生提供合适的岗位、保障残疾大学生的工资福利待遇及职业发展空间、积极进行企业无障碍环境建设等，以提高残疾大学生的就业质量。

（三）高校层面

1. 合理设置专业，规范课程内容

特殊职业教育院校的专业设置和课程内容是实现特殊职业教育人才培养目标的重要路径和方式。专业设置和课程开设既要符合特殊职业教育的培养目标，又要兼

顾残疾学生身心发展的特殊性。专业设置要考虑社会和市场的需求，紧扣当地经济特色和优势产业。课程内容应以能更好地调动学生学习积极性为切入点，做到理论与实践相结合；把握好课程的方向性，帮助残疾大学生把握正确的政治方向，重视自强精神、合作精神、社会责任感的培养。

据浙江省残疾人联合会的数据，浙江省 2020 年、2021 年、2022 年三年残疾大学毕业生涉及专业 170 余个，绝大多数专业只有 1—3 名学生，学生数量比较集中的专业除了浙江特殊教育职业学院的 5 个专业，还有计算机技术相关专业和会计相关专业，可以为特殊职业教育院校开设专业提供借鉴。调查结果显示，康复治疗技术（推拿方向）就业质量呈现逐年下降的趋势，提示我们应该进一步明确原因，对招生数量、招生质量、课程设置、实践教学等相关方面工作进行积极调整。应以搭建学生能力培养平台为出发点，做到适应当地经济发展水平和社会需求。

2. 强化校企合作，深化产教融合，加强师资队伍建设

加强校企合作，建立从学校到企业的桥梁，让合作企业能够参与特殊职业教育的人才培养体系建设。校企合作一直是特殊职业教育院校人才培养过程中的薄弱环节，特殊职业教育院校要主动转变观念，走合作、开放办学之路，努力寻找校企利益结合点，深化校企协同育人长效机制。一是国家制定鼓励政策，鼓励企业利用资本、技术、知识、设施设备和管理等要素参与校企合作，建立具有辐射引领作用的，集实践教学、社会培训、企业真实生产和社会技术服务于一体的残疾人高水平职业教育实训基地。二是针对部分学生残疾程度较重、出行不便，院校要通过引企入校或共建校内实训基地等方式，把企业工作情境通过典型工作任务引入学校，让残疾学生在校内完成实训，实现向"职场人"的过渡。三是围绕校企"双主体"育人和残疾学生"学徒"双重身份管理进行重点突破，按照合作企业的生产与工作过程灵活确立开课次序，允许不同残疾程度学生适当拉开实训进度，构建梯度明显、逐层提高的实践教学体系。四是推动企业员工与高校教师的双向流动，打造一支结构化、高水平的专业教学团队，逐步提高"双师型"教师比例。

3. 健全就业服务体系，持续关注学生就业状况

就业是残疾人接受高等教育的重要目的。近年来在帮助残疾大学生就业方面，各地政府和高校采取了较为有力的措施，各高校努力使专业更加适合当地产业结构和就业市场变化的需要，加强人才培养过程中产教融合和创业教育。浙江特殊教育职业学院一方面做好日常毕业生就业服务工作，实行"一对一"结对就业帮扶。另

一方面启用云招聘会平台，为用人单位与优秀残疾人才提供"双向选择"的机会。2021年有70家企事业单位提供1500多个工作岗位，促成一批毕业生找到就业岗位。同时对往届毕业生就业质量进行跟踪调查，关心他们的职业生涯规划和职业成长，反哺人才培养和教育改革。

残疾大学生有其特殊性，虽然社会给予特殊关爱，越来越多单位愿意帮助和接受残疾大学生，但学校支持学生就业的工作永远在路上：加强残疾大学生就业指导师资力量培训，做好学生的职业生涯规划和正确职业价值观的引导，提高学生就业能力；建立广泛的就业网络，帮助学生实现首次就业；呼吁加快整个社会无障碍环境建设速度，使残疾学生生活更便利，更好地融入社会，发挥自己的才能，实现高质量就业等。

4. 探索特殊职业教育中高本一体化衔接的学制贯通模式

2021年国务院办公厅印发的《关于推动现代职业教育高质量发展的意见》提出"巩固职业教育类型定位，推进不同层次职业教育纵向贯通"，要"一体化设计职业教育人才培养体系，推动各层次职业教育专业设置、培养目标、课程体系、培养方案衔接，支持在培养周期长、技能要求高的专业领域实施长学制培养"。

由于现有特殊职业教育学制的局限，中高本专业设置缺乏贯通性，中高职和高本之间的衔接不够紧密，使部分具有较高学习能力的残疾学生难以进入普通本科院校进行更高层次的学习。特殊职业教育中高本一体化的最本质内涵就是帮助残疾群体最大限度地提升职业素养并构建高层次知识体系架构，更大程度地促进残疾群体的高素质人才队伍建设，实现残疾人高质量就业。

5. 探索特殊职业教育集团化办学模式

2015年教育部下发了《关于深入推进职业教育集团化办学的意见》，为职业教育集团化办学指明了发展方向和任务目标。高等职业教育集团化办学已经成为高等职业教育领域的主要发展趋势之一。通过实施集团化办学，各类职业教育院校在师资培养、课程体系建设、教学管理等方面能够实现资源有机整合，同时也能够促进职业院校与企业之间的人才交流，让高职院校的人才培养模式和目标更加符合行业企业的需求。对于特殊职业教育院校来说，推动实现集团化办学具有更加重要的现实意义。

浙江特殊教育职业学院作为全国第一所独立设置、浙江省唯一一所主要面向残疾人和残疾人事业的高等职业院校，应积极探索特殊职业教育集团化办学路径，打造集人才培养、教育教学、就业指导、产品研发于一体的特殊职业教育集团。通过实施集团化办学，可以有效整合行业办学的优势资源，为残疾大学生创造更多的实习实践机会；可以进一步优化专业设置，提高"双师型"教师比例，充分实现供需对接。这对于提高残疾大学生的就业率和总体就业质量非常重要。

6. 组建特教研究机构，加强特殊职业教育研究

职业教育的目标是培养高素质技术技能型人才，特殊职业教育也是如此。成熟的办学经验和丰富的教学成果值得借鉴和推广，其内涵和外延值得研究和探索。加之职业教育是类型教育，受就业市场、技术革新等多重因素影响，为适应理论创新、技术变革、市场需求的新要求，须组建一支在特殊职业教育领域开展研究、改革创新、探索实践的研究队伍。

2020 年，浙江特殊教育职业学院成立浙江省特殊职业教育研究院。依托校内残疾人事业研究中心、残疾人职业教育研究中心两个实体化研究机构，围绕残疾人职业教育、残疾人非遗技艺传承等研究主题，协同全国特殊职业教育研究机构和产教融合创新资源，探索实现残疾人共同富裕的路径，努力将研究院打造成为集发展规划、理论研究、信息服务、政策推广、决策咨询为一体的新型智库。

同时还要积极加强省内外学术交流，传达职教最新政策制度，在特殊职业教育领域探索出一条政府主管、学校主导、行业指导、社会参与的多方合作的良性机制，逐步建立适合浙江省省情的特殊高等职业教育研究体系。

（四）个人层面

1. 树立正确的择业观

政府、用人单位和高校都是就业质量的外部影响因素，不是决定性因素，特殊教育职业院校残疾大学生个体才是就业难的内部影响因素。通过问卷调查及一些残疾毕业生反馈，有的毕业生在求职时不能正确认识自己和严峻的就业形势，就业期望过高；也有部分毕业生存在等、靠、要等政策依赖思想，没有树立正确的择业观。特殊职业教育院校残疾大学生应树立主动就业、积极就业的正确观念。首先，认清严峻的就业形势，发挥自身优势，树立自强意识，积极了解相关就业政策和热点信息，掌握市场动向，充分做好入职准备工作。其次，树立差异化竞争的择业观念，充分发挥自身专业优势。

2. 提升残疾大学生综合素质

残疾大学生因生理缺陷、特殊的生活经历，面对激烈的就业竞争，容易诱发心理问题。有调查表明，社会上长期形成的残障观念使得残疾人不能够正确、客观地看待自己。所以我们要对残疾学生进行残疾学基础教育，让残疾大学生明白，残疾只是生命的一种状态，每个人在生命过程中都可能遇到失能的状态；残疾并不都会造成残障，还与所处的情景性因素有关，以此降低残疾学生自我认同度低、抗挫折能力弱的影响。

在专业学习中提升自身的团队合作能力和人际沟通能力，运用自己掌握的知识技能去解决工作中的实际问题，提高自己的工作能力。积极参加大学生创新创业活动，以此开阔视野，增长见识，为未来就业和创业做好准备。同时要注重自我管理能力、终身学习能力、组织规划能力及心理抗压能力的培养。积极提升自身综合素质，实现高质量就业。

四、研究结论与展望

（一）研究结论

随着党和政府对高等特殊职业教育的日益重视，一系列促进教育公平、保障残疾人接受高等教育权利的政策法规陆续出台，全国各地特殊教育高职院校陆续开办，高等特殊职业教育取得了较快发展。在此背景下，如何加强特殊教育高职院校内涵建设，树立以人才培养质量为核心的发展观，促进残疾大学生高质量就业进而助力实现共同富裕成为目前备受关注的课题。本文通过文献梳理、问卷调查、数据统计分析，得出结论如下。

（1）共同富裕是社会主义的本质要求，是人民群众的共同期盼。在全面建设社会主义现代化国家新征程中，必须把促进全体人民共同富裕摆在更加重要的位置。实现共同富裕，不能落下残疾人这个困难群体，而社会基本保障和救济并不能满足要求。残疾人只有平等地融入社会，实现体面、有尊严、高质量的就业，才能在精神和物质上都有获得感，最终实现与其他社会群体共同富裕。

（2）根据浙江特殊教育职业学院残疾毕业生就业质量问卷的调查结果分析得出，残疾毕业生就业机会欠充分，劳动薪酬普遍偏低，社会保障水平较低，职业匹配度低，职业稳定性差，职业前瞻性欠佳，就业质量整体水平处于中等，尚未达到高质量就业的目标。从就业质量趋势来看，康复治疗技术（推拿方向）专业就业质量处于逐年下降趋势；电子商务专业就业质量较为平稳；工艺美术品设计专业的就业质量得分处于一个"两头低、中间高"的轻微波动的情况；数字媒体艺术专业在2022年没有延续前三年上升趋势，呈现较明显下降趋势，可能受到新冠疫情的影响；中西面点工艺专业的就业质量得分处于持续上升的趋势。

（3）残疾大学生就业质量影响因素有宏观因素（包括地方就业创业政策、政府对浙特教院的政策制度、整体就业形势）、中观因素（包括用人单位的招聘条件、用人单位的发展前景、高校实践教学经历、高校就业指导工作、高校专业课程设置、高校举办的招聘会）、微观因素（包括性别、户籍、相貌外表、家庭社会关系、专业能力、人际交往经历、学历水平、从业资格证书、实习兼职经历、计算机水平、学习成绩、学生干部经历）。对浙江特殊教育职业学院残疾毕业生的调查发现各个因素对就业质量均有一定影响，其中相对影响较大的有地方就业创业政策、整体就业形势、用人单位的招聘条件、用人单位的发展前景、高校实践教学经历、高校就业指导工作、高校专业课程设置、专业能力、人际交往经历、学历水平、从业资格证书、实习兼职经历。

（4）对于特殊职业教育促进共富型高质量就业体系构建的对策和建议：政府层面：①完善特殊职业教育政策结构体系，明晰政策的执行主体；②增强特殊职业教育政策的可操作性，优化特殊职业教育的管理模式；③进一步完善残疾人就业相关政策。企业层面：①深入推进校企合作；②积极主动参与残疾人就业工作。高校层面：①合理设置专业，规范课程内容；②强化校企合作，深化产教融合，加强师资队伍建设；③健全就业服务体系，持续关注学生就业状况；④探索特殊职业教育中高本一体化衔接的学制贯通模式；⑤探索特殊职业教育集团化办学模式；⑥组建特教研究机构，加强特殊职业教育研究。个人层面：①树立正确的择业观；②提升自身综合素质。

（二）研究展望

立足新时代，特殊职业教育无论是在自身的发展方位还是在专业建设方面，都要通过深度的产教融合，及时更新教育理念，不断革新教学内容，创新人才培养机制，努力在"健康中国2030"、乡村振兴、共同富裕等国家重大战略中有所作为。

本文虽然对浙江特殊教育职业学院四届残疾毕业生的就业质量和影响因素进行了较为系统的研究，但是相对于如何发展好特殊职业教育提升就业质量的复杂性、实现共同富裕目标任务的艰巨性，我们的研究还是非常有限，仍有一些问题需要深入探索和研究。

（1）需进一步扩大对残疾毕业生研究的样本量。在本研究中，由于是对已经毕业的残疾毕业生做就业质量追踪调查，样本数据搜集难度较大，只选取了四届残疾毕业生进行问卷调查，每届毕业生参与调查人数也有限。应当以此为基础，通过增加调查残疾毕业生届数和每届人数，进一步加大样本容量，才能更好地发现和验证残疾大学生就业质量发展的规律。

（2）需进一步精雕细琢残疾大学生就业质量评价指标体系。在就业质量评价指标设计中，突出残疾大学生的特殊性，突出与其他高校大学生的不同之处。

（3）需进一步深入探索残疾大学生就业质量影响因素。本研究中仅仅对调查所得的影响因素数据进行一般的整理统计，未进行多元线性回归分析，统计方法较简单。本文所确定的影响因素尚不够丰富和全面，仍有部分因素还未考虑到位，需进一步拓展。

（4）需进一步细化提升残疾大学生就业质量的措施。本文从政府、企业、高校和个人四个维度有针对性地提出了一些对策建议，但有些建议较为笼统，需要进一步细化才能提升可操作性。

参考文献

[1]　蔡国春 . 探索"助残共富"的实践路径 . 浙江日报 ,2022–10–31(7).

[2]　陈瑞英，王光净 . 残疾人职业教育产教融合的推进策略 . 中国高等教育，2020(11): 49–51.

[3]　陈云英 . 中国特殊教育学基础 . 北京 : 北京教育科学出版社 ,2004.

[4]　丁勇 ."十四五"时期我国特殊教育高质量发展的思考与建议 . 现代特殊教育，2021(7): 8–15.

[5]　何飞英 . 体面劳动理念与大学生就业质量衡量指标的关系 . 江苏高教 , 2013(5): 144–147.

[6]　胡建国，彭世武 . 人力资本、社会资本与大学生就业质量——基于劳动力市场分割理论的探讨 . 当代青年研究 , 2019(5): 109–116.

[7] 黄宏伟, 张帆. 特殊教育高职院校人才培养方案修订理念与路径探索. 绥化学院学报, 2022(1): 111–116.

[8] 黄华. 特殊职业教育中高本一体化贯通培养: 现实困境、内涵及对策. 中国职业技术教育, 2022(18): 34–38.

[9] 黄敬宝. 寒门能否出贵子?——基于人力资本对大学生就业质量作用的分析. 青年研究, 2015(5): 1–10,94.

[10] 李里. 发展特殊职业教育, 促进特殊学生未来发展. 现代特殊教育, 2020(1): 11–13.

[11] 刘健康, 马慧莹. 医学专业视障生就业能力现状分析及提升策略研究. 重庆医学, 2018(23): 3122–3124.

[12] 罗笑. 高职院校残疾大学生就业能力提升对策研究. 教育科学论坛, 2020(15): 73–76.

[13] 齐小萍. 企业家导师制: 高职院校高质量就业的途径. 黑龙江高教研究, 2009(8): 75–77.

[14] 邱淑女, 王葆红. 基于高质量就业的浙江省残疾人就业与创业服务体系研究. 现代职业教育, 2017(34): 17.

[15] 邵华. 基于协同理论视角下的大学生就业工作创新研究. 湖南社会科学, 2015(5): 209–212.

[16] 孙会, 张金福. 政策过程视域下我国残疾人职业教育支持服务体系的建构、困境与优化. 职业技术教育, 2020(19): 46–51.

[17] 王光净. 澳大利亚残疾人职业型人才培养的支持政策分析及启示. 教育与职业, 2021(8): 73–78.

[18] 王海桥. 公共治理视角下的民办高校管理模式探索. 贵州社会科学, 2015(12): 121–124.

[19] 王爽, 张宁. 特殊职业教育现代学徒制完善策略. 中国多媒体与网络教学学报(中旬刊), 2018(10): 127–128.

[20] 徐超, 杨顺起, 马永旭. 残疾大学生就业能力与就业结果的关系研究. 中国特殊教育, 2015(9): 9–13.

[21] 杨延波, 刘引涛, 杨金产. 陕西省特殊职业教育发展现状与对策研究. 延安职业技术学院学报, 2021(6): 5–8,11.

[22] 张德宜 . 高职毕业生就业质量评价体系构建及启示——基于学生视角的实证研究 . 高教探索 , 2020(3): 101–107.

[23] 张晶 . 特殊职业教育培养目标 . 黑龙江教育 (理论与实践), 2016(3): 29–30.

[24] 章金魁 . 听障学生职业教育的"浙江模式" . 现代特殊教育 , 2020(7): 11–15.

促进孤独症儿童综合发展的多模态音乐教育模式构建

于　淳　陶　冶

摘要　随着教育部《"十四五"特殊教育发展提升行动计划》的颁布，发展完善具有中国特色的孤独症儿童教育模式迫在眉睫。其中音乐教育不仅受到孤独症儿童的欢迎，更能促进其综合发展。本文对国内外音乐教育文献进行梳理、对浙江省孤独症儿童的音乐课程情况和音乐能力开展全面调查后发现，目前国内的孤独症儿童音乐教育在教育政策、教育理念、教育资源、师资队伍和教育生态上均存在较大不足。为解决上述问题，本文采用宽基础、易操作，且与音乐教育有着天然的适配性的多模态教学形式，从音乐教育的课程界定、理念、多模式形式、课程框架、教学方法和评价方式入手，构建符合中国国情、具有中国特色的"多模态音乐教育模式"，全方位支持孤独症儿童的发展。

党的二十大明确指出教育在社会主义现代化强国建设和中华民族伟大复兴征程中的重要使命，并提出强化特殊教育普惠发展的方向。教育部颁布的《"十四五"特殊教育发展提升行动计划》（以下简称《计划》），描绘了2025年初步建立高质量特殊教育体系的宏伟蓝图，明确提出到2025年要实现特殊教育质量全面提升，课程教材体系进一步完善，教育模式更加多样，课程教学改革不断深化，特殊教育质量评价制度基本建立。

孤独症是一种广泛性神经发育疾病，言语与非言语的社会沟通障碍和刻板行为是其两大核心特征，通常还伴有运动技能障碍、感知觉异常等症状及情绪行为问题。据《中国孤独症教育康复行业发展状况报告Ⅲ》，2019年我国孤独症的发病率高达 0.7 %，且以每年近 20 万人的速度增长。因此，《计划》还特别针对孤独症儿童提出要积极探索科学适宜的培养方式，研究制定孤独症儿童教育指南，为孤独症儿童更好融入普通学校的学习与生活提供支持。从上述政策中可以深切感受到我国政府对孤独症儿童教育的重视，而发展完善具有中国特色的孤独症儿童教育模式与课程是实现我国特殊教育质量全面提升的关键。

音乐能够超越语言本身，为孤独症儿童提供一种新的与自我、他人和世界交流、互动及建立联系的方法，启发孤独症儿童的情感世界。音乐教育是孤独症儿童教育体系不可或缺的核心部分。大量实证研究表明，音乐教育不仅受到孤独症儿童的欢迎，更能全方位提升孤独症儿童的能力，促进其社会融合。2020 年美国权威的 NCAEP 循证干预实践报告发现，音乐教育能综合性提升 0—14 岁孤独症儿童的能力，特别是对于沟通、社交、游戏、入学准备、挑战行为、运动技能均产生积极影响。国内外诸多研究者一直致力于探索以音乐教育改善孤独症儿童发展的有效途径，同时，音乐教育也一直是我国特殊教育课程的必备内容。因此本文致力于在梳理国内外孤独症儿童音乐教育现状和调查孤独症儿童音乐能力的基础上，构建具有中国特色的音乐教育模式，以促进我国孤独症儿童的综合发展。

一、国外孤独症儿童音乐教育的现状梳理

以美国为代表的发达国家非常重视对孤独症儿童的音乐教育，形成了一些相对独特、富有成效的经验做法。如，美国《教育所有残疾儿童法》规定，要在最少受限制的环境中对残疾儿童进行教育，并为每个残疾儿童制定个别化教育方案。除非儿童残障程度相当严重，学校提供充分的支持服务其仍不能在普通班就读，可以进入特殊教育学校或特殊教育机构，否则都在普通班就读。因此，孤独症儿童有很大的机会能够进入普通学校音乐课堂，其音乐学习的权利受到保障。在融合课堂环境中，教师会采用《音乐评价表》来评估特殊儿童的音乐能力与需求，设定集体教学活动下的个别化目标，以帮助其更好地融入普通班的音乐教学。其音乐教学内容庞杂而丰富，并与舞蹈、美术等其他艺术学科融合，开展综合教学。值得一提的是，美国特殊教育经费充足，音乐教师待遇好，师资雄厚。此外，英国政府非常重视特殊音乐教育的相关制度建设；日本特教师资较强，法律规定特殊教育学校的每位教师平均只负责指导 1.7 个学生。

在音乐教育的教学方法上，国外使用比较多的有奥尔夫音乐教学法、预设性共情音乐教学法、情景式音乐等级脱敏法、离散式音乐教学法等。这些教学方法大都是对处于不同发展阶段的孤独症儿童有针对性地设计音乐课程，通过不同的音乐活动形式促进孤独症儿童社交能力、语言能力等的改善。尽管具体的思路和实现方式

存在差异，但这些方法都有共通之处，比如都强调教育者与孤独症儿童良好关系的建立、强调节拍节奏的教育价值、强调教育者在活动中的机动性、强调合拍律动的重要性等。

尽管发达国家的孤独症儿童音乐教育走在前列，但由于经济、文化的差异，并未发现可直接借鉴的既具备先进性又适用于我国特殊教育环境的音乐教育课程模式。

二、我国孤独症儿童音乐教育的现状梳理与调查

（一）我国特殊儿童音乐教育相关的政策与调查

我国自改革开放发展特殊教育后一直有规定，要求在特殊学校开展音乐教育。最新的《培智学校义务教育唱游与律动课程标准（2016 年版）》规定，培智学校义务教育阶段在感受与欣赏、演唱、音乐游戏、律动四个音乐领域均有具体的课程内容要求，旨在实现唱游与律动课程在育人过程中的教育和康复功能，达到愉悦身心、发展智能、陶冶情操、健全人格的目的。也有研究者对特殊学校的音乐课程与教学开展过探究。如朴永馨的《特殊教育学》和赵树铎的《特殊教育课程与教学法》均探讨了关于特殊音乐教育课程论方面的内容，但是其时间早、针对性不强，且未形成可推广的音乐课程模式。

国内已有不少研究者通过对某一地域的现状调查，分析特殊学校音乐教育存在的各类问题和发展限制，并因地制宜提出了一些相应对策。总结这些调查结果可知，我国当前特校的音乐教育发展相对薄弱，主要存在以下问题：（1）教育管理部门对特殊学校音乐教育的重视不足；（2）特殊学校音乐教学的硬件配置不足；（3）音乐师资力量专业性薄弱且地区差异明显；（4）课堂教学实效性不足。

近年来，随着培智学校在校生中孤独症儿童的人数和占比快速上升，国家开始重视针对孤独症儿童的科学培养方式。《"十四五"特殊教育发展提升行动计划》（2021）提出要合理布局孤独症儿童特殊教育学校、研究制订孤独症儿童教育指南、逐步建立孤独症儿童助教陪读制度等举措，切实提高孤独症儿童教育的针对性。同时，相较于其他发展性障碍儿童，孤独症儿童对音乐的感悟和反应能力要敏锐得多，且音乐教育能够有效开发孤独症儿童的潜能和改善孤独症儿童的功能限制。由

此可见，我国孤独症儿童的音乐教育正进入最佳发展时期。

（二）浙江省孤独症儿童音乐课程情况的调查

本文在综合国内已有的针对特殊学校音乐教育现状调查问卷的基础上，结合孤独症儿童的音乐教育开展情况，编制出《浙江省培智学校音乐课程情况调查问卷》。因为问卷旨在了解浙江省特校层面的音乐课程情况，因此每所学校选取一名资深音乐教师填写。问卷共设置 27 个项目，包含 3 块内容：教师基本情况、特殊学校音乐教学资源、孤独症儿童音乐课程与教学。问卷以期全面精准把握浙江省在孤独症儿童音乐教育上的师资、教学资源和课程开设现状，能为今后课程建设提供切实的指导建议。

调查收集到浙江省 17 所特殊学校的数据（杭州全部的 12 所，绍兴 2 所，湖州、金华、温州各 1 所），分析结果如下。

1. 师资

参填问卷的音乐教师年龄以 30 岁以下为主（占 71%），学历以本科为主（占 82%）。特殊教育专业出身的占 76%，其余为音乐教育专业，占 24%。71% 的教师是兼任音乐教师，只有 29% 的教师是专职音乐教师。从事特殊音乐教育 5 年以内的教师有 76%，5—10 年的有 24%。

2. 教学资源

各个特校均设有 1—2 间专用音乐教室，每个音乐教室配有 1 台钢琴及 1 套多媒体设备，其中杨绫子学校设有 3 间，温州特校设有 8 间。在非洲鼓及打击乐器上配备极为不均衡。有 4 所学校的非洲鼓只有 0—1 个，6 所学校的打击乐器仅为个位数，而温州特校的配备非常充足（非洲鼓 50 个，打击乐器 300 个）。配套的音乐教学参考书籍，6 所学校为很少甚至没有，3 所学校配置较为充足。9 所学校没有设置音乐教研组，也没有相应的教研活动。有教研组的 8 所学校中，3 所学校每学期有 3 次以上的教研活动，其余学校为 1—2 次。

3. 针对孤独症儿童的课程和教学

每个班级至少能保证每周 2 节的音乐课时数。从专门针对孤独症儿童的音乐课程来看，11 所学校没有专门针对孤独症儿童的音乐课程，5 所有专门的集体课，1 所有个训课。从在班级集体课中是否会专门针对孤独症儿童制订教学计划及目标来看，53% 的教师会制订，47% 的教师不会制订。从音乐课程的教材来看，29% 的教师选择无教材，采用自编教材的教师有 41%，采用培智音乐知识的教师有 47%，采用幼儿园教材或小学低年级教材的教师有 24%。从音乐课程的主要目标来看，76%的教师认为是提供情感体验，18% 的教师认为是干预康复，仅 1 名教师认为是传授音乐知识。

从适用于孤独症儿童的教学方法来看，94% 的教师选择奥尔夫教学法，65% 的教师选择达尔克罗兹体态律动，选择柯达伊教学法和戈登教学法的均为 24%。76%的教师认为言语沟通和非言语沟通（如表情、手势、眼睛注视等）两者结合的沟通形式更有效，12% 的教师认为言语沟通更为有效，也有 12% 的教师认为非言语沟通更有效。88% 的教师认为需要使用视觉工具来辅助孤独症儿童的音乐教学。在采用视觉工具的教师中，采用视频和图画的教师各为 87%，其次为色彩（80%）、图形和实物（均为 60%），采用符号的最少，为 40%。

从音乐课程对孤独症儿童的教育价值来看，几乎所有的教师都认为其有很大或较大的教育价值，只有 1 名教师认为其价值一般。从教师自身的教学优势来看，更多教师认为优势在情怀、情感上（65%），59% 的教师认为优势在特殊教育知识技能上，认为优势在教学知识技能上的占 47%，只有 35% 的教师认为优势在于音乐知识技能。88% 的教师认为需要提升音乐知识技能，认为需要提升特殊教育知识技能的教师有 41%，还有 29% 的教师认为需要提升教学知识技能。

（三）我国孤独症儿童音乐能力的调查

尽管有不少研究指出孤独症儿童很可能有着较好的音乐能力，但国内几乎没有研究对此进行过系统探讨，因此本文分别从教师、家长和孤独症儿童自身 3 个方面全方位地透彻了解孤独症儿童的音乐能力。

1.《孤独症儿童音乐能力调查问卷（教师版）》

教师版问卷由特校中对孤独症儿童开展过音乐类课程教学的教师填写。问卷将音乐能力划分为感知和表达 2 个维度，音乐表达又细分为演唱、音乐游戏和律动 3 个维度。因此问卷一共 4 个维度 20 个项目，每个项目按照 0—3 分进行评分，并给出了每个评分的具体表现。0 分为无相应的能力表现，分数越高，能力表现越强，3 分为最高表现。

最终收集到 188 名孤独症儿童的数据，其中男生 169 名，女生 19 名。年龄跨度为 4—15 岁，6 周岁以下的 27 名，6—10 周岁的 77 名，11—15 周岁的 84 名。调查分析表明，孤独症儿童总体具备中等偏上的音乐能力（1.88 分），能够在教师的引导和辅助下进行音乐的感知、模仿和表达；而且各维度能力表现比较均衡，没有明显差异（见表 1）。

表1　教师评价的孤独症儿童音乐能力（4 维度）

音乐感知	歌曲演唱	音乐游戏	音乐律动	总均分
1.88	1.90	1.88	1.86	1.88

注：* 孤独症儿童音乐能力从低到高依次打分为 0—3 分。

* 音乐感知：包含音乐感觉和音乐知觉。音乐感觉是指孤独症儿童借助听觉器官具体辨别音高、音强、音长、音色等细微差别的能力。音乐知觉是指孤独症儿童对音乐的复杂结构（旋律、力度、速度等）的细微变化的辨别能力。

* 歌曲演唱：孤独症儿童独自或者以参与小组、集体的方式，进行发声练习或演唱歌曲的能力。

* 音乐游戏：孤独症儿童基于一定规则，在音乐伴奏或歌曲伴唱下参与游戏的能力。

* 音乐律动：孤独症儿童跟随音乐通过身体舞动的方式表达节奏及韵律的能力。

2.《孤独症儿童音乐能力调查问卷（家长版）》

家长版问卷基于家长普遍的音乐认知水平，采用 9 个自编项目来了解孤独症儿童日常的音乐偏好与音乐表现。问卷最终收集到 79 名孤独症儿童的相关信息，其中男孩 65 名，女孩 14 名。年龄跨度为 3—10 岁，6 周岁以下的有 44 名，6 周岁及以上的 35 名。具体结果如下。

（1）音乐偏好。76% 的家长报告孩子喜欢及非常喜欢音乐；孩子最喜欢的音乐形式是唱歌（43%），其次是跳舞（23%）和音乐欣赏（21%），乐器演奏偏好度最低（7%）；孩子最喜欢的是歌曲（86%），其次是纯音乐（8%）；孩子喜欢的音乐风格和音乐类型如图 1 和图 2 所示，他们普遍偏好欢快风格的音乐，类型上最喜欢现代音乐。

（2）音乐表现。90% 的孩子在听到音乐时都会有所反应；51% 的孩子能完整演唱一首及以上的歌曲；71% 的孩子不会任何乐器，会的乐器以钢琴为主（13%），其次为架子鼓（4%），笛子、吉他和口琴各为 1%。

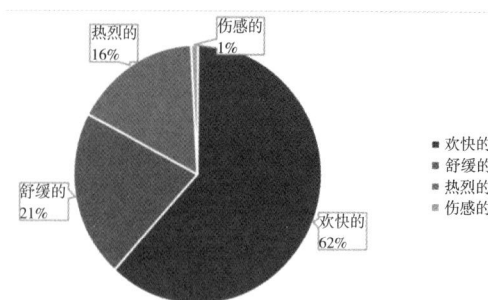

图 1　孤独症儿童喜欢的音乐风格占比　　图 2　孤独症儿童喜欢的音乐类型占比

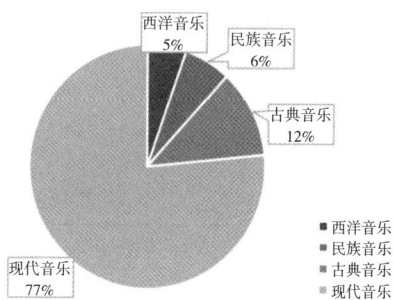

3. "孤独症儿童对纯音乐与歌曲的偏好比较" 实验研究

孤独症儿童音乐能力的研究不仅对实践有着指导价值，而且有着基础研究的理论意义。认知神经研究发现，孤独症儿童存在社会定向障碍，会主动回避语言信息，但对音乐的接受度比较高。因此，本研究借助最新的平板交互技术，通过实验方法精准比较孤独症儿童对纯音乐、带伴奏的演唱及纯人声清唱的偏好，来探究音乐是否会影响其对社会刺激的定向障碍。

实验在某康复机构开展，最终 20 名孤独症儿童完成实验，男孩 15 名，女孩 5 名，年龄范围为 2—7 周岁。所有儿童的视力和听力正常，且参加实验前均得到家长或教师的知情同意。实验材料共选用了 8 首儿童从未接触过且节奏自然的中性音乐。每首音乐均包含 3 种形式：钢琴纯音乐、带钢琴伴奏的演唱、歌曲清唱。每个试次实验都会在平板界面上同时呈现 3 个外观相同、横向排列的圆形按钮，分别代表不同形式的同一首音乐。分别计算孤独症儿童对 3 类音乐的触摸频率，触摸频率越高表明儿童越偏好该类音乐。

无论是从偏好人数还是触摸频率上分析，结果均发现孤独症儿童的音乐偏好为：钢琴纯音乐 > 歌曲清唱 > 带钢琴伴奏的演唱。可见孤独症儿童整体上更偏好简单的刺激，而且确实更偏好纯音乐，相对回避语言信息（见表 2）。

表 2　孤独症儿童音乐偏好的统计结果

音乐类型	偏好人数（占比）	总触摸频率
钢琴纯音乐	10（50%）	8.25
歌曲清唱	6（30%）	5.13
带钢琴伴奏的演唱	4（20%）	4.75

三、孤独症儿童音乐教育当下存在的主要问题

综合上述国内外资料梳理与调研，我国关于孤独症儿童的音乐教育在以下 5 个方面存在不少亟待解决的问题。

（一）教育政策

在《计划》出台和明确提出"要积极探索科学适宜的孤独症儿童培养方式"的背景下，浙江省尚未形成配套性的政策支持，如面向孤独症儿童的课程标准体系，其中包含孤独症音乐课程标准等。对口"课标"的缺失影响各级各类特殊学校对孤独症儿童开展音乐教育的课程建设，导致课程目标设定盲目、课程内容选取随意、课程实施效果不佳。

（二）教育理念

本文中的研究调查发现很多孤独症儿童非常喜欢音乐，而且是其诸多智能当中较有优势的智能。但当前孤独症儿童音乐教育理念忽视了儿童音乐天性激发和多元审美的培养，偏向于提供表层的情感体验。而激活和打通孤独症儿童多通道感官和综合情感体验，激发和唤起这个群体的"缪斯本能"，并以此为基础实现能力的综合发展才是最适合该群体的音乐教育价值取向。

（三）教育资源

本文中的研究调查发现，目前尚缺乏专门面向孤独症儿童构建的音乐课程模式、教学内容及教学方法，同时与音乐课程相配套的教玩具等材料也显不足。即使个别特殊学校购有相应材料，但仍存在材料种类不丰富、数量不充足，已有材料利用率较低，缺少用于自主探索音乐的低结构材料等突出问题。

（四）师资队伍

本文中的研究调查发现，多数特殊教育学校师资的专业背景与开展孤独症儿童音乐教育所需的能力不匹配。师资队伍缺少培训和继续教育机会，不仅内部对口的音乐教研活动少有组织，而且由教育部门或社会机构组织的专门针对孤独症儿童的音乐教育研修活动也很少，一线师资专业发展受限，音乐教育素养难以与时俱进。

（五）教育生态

教育生态学理论认为学校要与家庭、社会（社区）建立合作关系。因此，对孤独症儿童的音乐教育要充分发挥家长资源及社区资源优势，形成友好、优质的教育生态氛围。然而，多数特殊学校缺乏教育生态意识，未调查评估家庭和社区的音乐教育资源，更未形成三位一体的音乐教育生态运行机制，从而使孤独症儿童音乐教育环境限定在校（园）内，削弱了学校音乐教育成效，不利于孤独症儿童浸润式地发展。

四、多模态音乐教育能促进孤独症儿童综合发展

由上述可见，根植于孤独症儿童身心发展特点，构建适宜于中国环境的孤独症儿童音乐教育课程模式迫在眉睫。而多模态教学形式是一种相对成熟有效的模式，其宽基础、易操作，且与音乐教育有着天然的适配性，因此可将其应用于孤独症儿童的音乐教育。

多模态教学形成于 21 世纪初，是一种相对成熟有效的模式。多模态指人通过多个感官，即通过视觉、听觉、触觉、嗅觉和味觉感知世界，并与外部环境之间互动的方式。当下的多模态教学强调通过多种符号资源，如图像、动画、音视频、角色扮演等，给儿童创造更真实的情境来传递信息，帮助儿童打开多重感官，运用多种感官参与学习，并通过不同模态间的转换与配合，提高专注力、促进理解力，从而提升学习效果，培养儿童的综合能力。音乐是声音的艺术，是时间的艺术，是空间的艺术，是情感的艺术，是表演的艺术。由于音乐活动本身就涉及视、听、动作、情感和意义理解等多重感官及思维的参与、整合和转换，因此音乐活动是多模态教学的绝佳载体。除此之外，音乐活动还具有其他教学活动难以替代的律动性、愉悦性与参与性。

将多模态音乐教育课程模式应用于孤独症儿童的综合能力培养还有着理论依据。尽管关于孤独症的成因尚未有统一的理论解释，但越来越多的研究结果支持"弱中央统合模型"。该模型认为孤独症的问题根源在于其进行信息加工时只能提取局部意义而不能提取整体信息，并难以将局部细节整合成有意义的整体，从而无法自动利用背景信息来帮助理解其所处的环境。例如，一项有关神经生理的研究就发

现孤独症儿童的大脑额叶和顶叶之间的功能连接偏少、胼胝体偏小、不同区域皮质激活的同步性较低等现象，这都会导致孤独症儿童难以完成综合信息加工任务。而多模态音乐教育模式下的活动会使多感知觉刺激接收和动作表达高度整合，并强调情感、记忆、思维的参与和左右脑的协同活动，再加上音乐活动本身的律动性、愉悦性与参与性，这些应该都能有效加强孤独症儿童不同脑区的连接和协同激活，从而针对性地改善孤独症儿童的弱中央统合能力。

可见，构建中国特色的多模态音乐教育课程模式对培养孤独症儿童的综合能力发展具有独特的教育价值。

五、多模态音乐教育课程模式的构建

本文基于前期对国内外相关研究的梳理和对孤独症儿童音乐教育现状、音乐能力、音乐偏好的调查，充分利用网络平台、现代媒体技术等手段，灵活运用声势动作、图片、音视频、实物等多元方式和资源，充分调动孤独症儿童的多种感官共同参与学习，从音乐教育课程的目标设计、内容选择、实施方式和评价方式入手，构建符合中国国情、具有中国特色的"多模态音乐教育模式"，全方位支持孤独症儿童的发展。

（一）总体思路

1. 课程模式界定

本课程模式以音乐为媒介，充分调动孤独症儿童的视觉、听觉、触觉、动作、情感表达和意义理解等多重感官通道及思维的参与、整合和转换，旨在通过音乐活动培养孤独症儿童感知音乐、理解音乐、表达音乐的能力，在获得身心愉悦的同时，促进孤独症儿童的身心健康、积极融入社会。课程模式之于教师，易上手易操作，非音乐专业出身的教师通过培训也能胜任；之于孤独症儿童，不受能力水平的限制。

它既适用于康复机构，也适用于特殊学校，既可以用于个训、组训，也适用于包含其他特殊儿童的集体音乐课。

2. 课程的多模态形式

多模态的课程形式包括感知欣赏、跟随模仿、角色扮演、想象造型、互动合作、即兴创造。其具体内涵如下。

感知欣赏：这是音乐课程的重要领域，是音乐学习的基础。主要通过听觉和视觉等感知通道探索自然、生活中的音响，激发孤独症儿童探索声音的兴趣；通过不同感知通道欣赏各种音乐作品，感受音乐传递的情感与艺术魅力。

跟随模仿：在音乐的歌唱、演奏、律动、表演中按照教师或同伴的方式跟随与模仿。

角色扮演：在音乐活动中创设某种情景，孤独症儿童按照情景中角色的要求进行动作、声音、情节、形象的扮演与呈现。

想象造型：在音乐中开展自由想象，并对想象的事物用身体、声音等进行艺术塑造和表达。

互动合作：在音乐情景中开展师生、生生间的互动合作，发展孤独症儿童的社交能力。

即兴创造：在音乐或音乐活动中，由艺术情绪、韵律等音乐要素或同伴、教师所引导激发，而即兴地歌唱、律动、舞蹈、表演。

3. 课程理念

（1）激发多感官通道，贯彻多模态理念

多模态音乐课程主要通过音乐教学情景创设、课程设计，充分调动孤独症儿童的眼、耳、口、手、脑等多种感官，使其听觉、视觉、动觉、感觉、直觉等共同参与学习，以提升学习效果。

（2）强调参与及实践，强化音乐教育价值

教师可以灵活选择教学内容，重在引导孤独症儿童积极参与音乐教学活动，并且通过节奏、唱歌、节拍、律动、创编等内容实践，在提升音乐能力的同时，促进身心健康发展。

（3）以乐动情、以美育人，培养融合能力

《精神障碍诊断与统计手册（第五版）》中描述：孤独症儿童在社会交往、融合能力方面存在缺陷并有一定的持续性。音乐本身就具有以乐动情、以美育人的功能。多数的音乐活动都是以合作的方式开展的，如合唱、合奏、歌舞表演、儿童剧、音乐游戏等。在小组或集体音乐活动中，为达到某个确定目标，通过协调作用形成联合行动，从而自然形成社会互动，这能有效地培养孤独症儿童的融合能力。

（二）课程框架

在课程设计上根据孤独症儿童的发展水平设置初阶、中阶和高阶 3 个课程阶段。不同课程阶段对应不同的课程目标与多模态形式，具体框架见图 3。

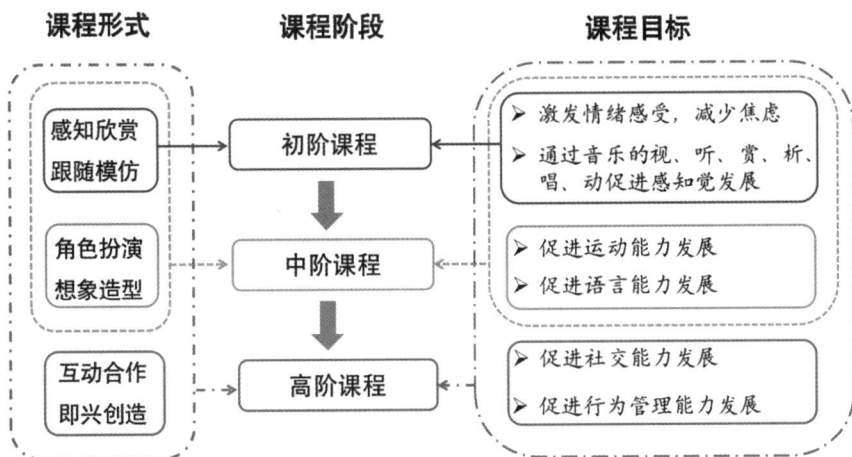

图 3　多模态音乐课程框架

1.初阶课程

课程形式：以感知欣赏、跟随模仿为主，其中可适当包含简单的角色扮演、互动合作等形式。

课程目标：

（1）激发情绪感受，减少焦虑。音乐活动的一大功能是调动人的情绪，情绪系统控制着生活中大量的效能感和满足感，这些正面的感觉能减少个体对社交的焦虑。前期研究发现孤独症儿童偏好现代的、欢快的纯音乐，课程设计可以其偏好的音乐为切入点，通过感知欣赏以帮助孤独症儿童在音乐中舒缓情绪，更好地建立与教师及同伴的关系。

（2）通过音乐的视、听、赏、析、唱、动促进感知觉发展。感觉和知觉是人脑对客观事物的不同反映形式，感觉是知觉的基础，知觉是感觉的深化。感知欣赏和跟随模仿会充分调动孤独症儿童的视觉、听觉、触觉、动作、情感表达和意义理解等多重感官通道及思维的参与、整合和转换，让其在音乐的视、听、赏、析、唱、动中陶冶情操、愉悦身心，促进感知觉的发展。

2. 中阶课程

课程形式：在感知欣赏、跟随模仿的基础上，以角色扮演、想象造型为核心，其中可适当包含简单的互动合作和即兴创编等形式。

课程目标：在初阶课程目标的基础上，该阶段的课程目标如下。

（1）促进运动能力发展。前期研究发现孤独症儿童具备一定的音乐感知与表达能力，因此教师可以在课程中借助角色扮演和想象造型的课程形式，帮助孤独症儿童进行体态律动，满足其对音乐的参与与探究需要，以获得表现和交流的快乐体验，最终促进其身体运动能力和协调性的发展。

（2）促进语言能力发展。前期研究发现歌唱是孤独症儿童较喜欢的音乐表达方式，角色扮演和想象造型都会要求孤独症儿童运用声音进行表达。因此可以将歌唱及节奏念读设计在课程中，有效地刺激孤独症儿童的思维转换，训练其呼吸、听、说等语言相关的能力，促进语言发展。

3. 高阶课程

课程形式：在角色扮演、想象造型的基础上，以互动合作、即兴创造为核心，实现多模态形式的综合应用。

课程目标：在初阶、中阶课程目标的基础上，该阶段课程目标如下。

（1）促进社交能力发展。有研究表明，将音乐与游戏相结合能够有效促进孤独症儿童参与社会游戏的能力，出现更多的同伴交往行为。因此可以在互动合作形式中设计音乐模仿、互动游戏等内容。

（2）促进行为管理能力发展。互动合作和即兴创造都要求孤独症儿童对自身状态和行为开展觉知、监控，并进行等待、遵守规则、开展同伴间的相互配合，促进其行为管理能力的提升。

（三）教学方法

本文在借鉴国内外多种先进教学模式的基础上，结合音乐律动的特点，遵循课程理念，建构出课堂的 R–I–P 教学方法。

R："R"是 responding 的首字母，表示教学的"回应"环节，旨在激活学生原有音乐或生活知识及经验。

I："I"是 interacting 的首字母，表示教学的"互动"环节，指在教师指导与启发下，师生共同在音乐作品中开展聆听、感知、欣赏、理解、学习、游戏等任务。

P："P"是 performing 的首字母，表示教学的"表现"环节，指在教师指导与启发下，学生完成对音乐作品的解释、评价与表演等任务。

在一个课时中，3 个环节的设置与时长见图 4。

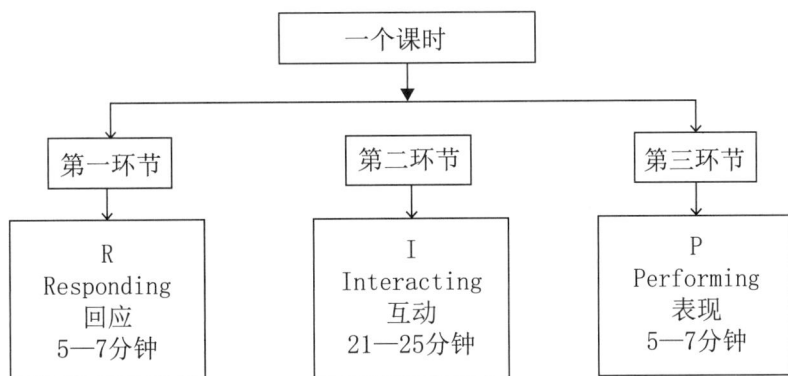

图 4　教学课堂环节

（四）课程评价

1. 评价指标

孤独症儿童综合能力发展在本课程内的评价指标体系见表 3。

表 3　多模态音乐课程内的评价指标

课程阶段	课程目标	具体指标	等级		
			好	中	差
初阶课程	激发情绪感受，减少焦虑	有自然的脸部表情			
		有自然的声音			
		有松弛的身体姿态			
		有参与音乐活动的兴趣			
	促进感知觉发展	有聆听音乐的意识			
		有多感官的参与			
		改善感知觉敏感或迟钝表现			
中阶课程	促进运动能力发展	能合拍律动			
		能合乐表演			

续　表

课程阶段	课程目标	具体指标	等级		
			好	中	差
中阶课程	促进运动能力发展	能想象造型			
		动作具有表现性、再现性			
	促进语言能力发展	能清晰地咬字、吐字			
		能完整地记忆歌词			
		能分句呼吸			
		能简单替换歌词			
高阶课程	促进社交能力发展	能与他人进行共同注意			
		能发起与回应请求			
		能轮流互动			
	促进行为管理能力发展	具有倾听他人声音的意识			
		能遵循简单的游戏规则			
		能与同伴合作			

＊注：差——做不到；中——有时做到，有时做不到；好——始终能做到。

2. 评价主体

（1）教师评价。其一，音乐能力评价：包含感知赏能力、跟随模仿能力、角色扮演能力、想象造型能力、互动合作能力、即兴创造能力等方面。其二，一般教育能力评价：敏感洞察孤独症儿童的差异性、具有个性化支持幼儿的丰富策略。其三，同组非孤独症儿童的能力评价：能最大程度激发其他特殊儿童的审美天性并增进其参与音乐活动的能力。

（2）孤独症儿童评价。其一，过程性评价。采用成长档案记录和反思、儿童音乐表现分享讨论、家长报告等多维度评价方法，展现儿童音乐能力的发展轨迹。其二，终结性评价。主要借助音乐活动的最终完成度进行评价。

（3）家长评价。其一，家长针对孤独症儿童各方面能力的发展提供报告。其二，利用家长访谈的方式了解孤独症儿童的能力发展情况与需求。其三，面向家长上公开课，让家长观摩并参与公开课的研讨，听取家长评价，从中分析家长的教育观念和需求。

（4）研究者评价。采用单一被试法或完全随机设计实验等方法，由专业研究者对表3及课程之外的孤独症儿童多方面发展能力的评价指标进行操作性细化，科学采集相应数据，进行分析，以循证方式考察多模态音乐教育模式的干预效果。

参考文献

[1] 阿尔文，沃里克 . 孤独症儿童的音乐治疗 . 张鸿懿，高多，译 . 上海：上海音乐出版社 , 2008.

[2] American Psychiatric Association. Diagnostic and Statistical Manual of Mental Disorders:Fifth Edition (DSM-5). Arlington, VA: American Psychiatric Publishing, 2013.

[3] Just M A , Newman S D , Keller T A , et al. Imagery in sentence comprehension: An fMRI study. NeuroImage, 2004, 21(1):112-124.

[4] Steinbrenner J R, Hume K, Odom S L, et al. Evidence-based practices for children, youth, and young adults with Autism. The University of North Carolina at Chapel Hill, Frank Porter Graham Child Development Institute, National Clearinghouse on Autism Evidence and Practice Review Team, 2020.

[5] 程郁 . 浙江省特殊学校音乐教育现状调查 . 南京：南京艺术学院学位论文 ,2008.

[6] 顾明远 . 教育大辞典 . 上海：上海教育出版社 , 1998.

[7] 顾曰国 . 多媒体、多模态学习剖析 . 外语电化教学 , 2007(2): 3-12.

[8] 黄博 . 贵州省六盘水市特殊教育学校音乐教育现状调查报告 . 贵阳：贵州师范大学学位论文 , 2014.

[9] 连赟 . 当前国外特殊音乐教育现状及其对当代中国的启示 . 艺术百家 , 2012(S2):394-398.

[10] 连赟 . 中国特殊音乐教育：历史与现状研究 . 南京：南京艺术学院学位论文 , 2010.

[11] 尤霄 . 常州市三所特殊学校音乐教育现状调查研究 . 扬州：扬州大学学位论文 , 2018.

[12] 郑玉玮，王盛华，崔磊 . 自闭症谱系障碍的理论阐释、神经机制及干预进展 . 济南大学学报 (自然科学版), 2017(5): 452-458.

残疾人之家服务质量提升路径研究

——以杭州市西湖区西溪街道为例

来晓维[①]

扶残济困是中华民族优秀的文化传统，《礼记·礼运》有载："大道之行也，天下为公，选贤与能，讲信修睦。故人不独亲其亲，不独子其子，使老有所终，壮有所用，幼有所长，鳏寡孤独废疾者，皆有所养。男有分，女有归。货恶其弃于地也，不必藏于己。力恶其不出于身也，不必为己。是故谋闭而不兴，盗窃乱贼而不作，故外户而不闭，是谓大同。""废疾皆有所养"，即"大同社会"对残疾人弱势群体的保障。千百年来，人们从未停止对"大同社会"的向往。我国社会主要矛盾已经转化为人民日益增长的美好生活需要和不平衡不充分的发展之间的矛盾，未来的发展要把人民对美好生活的向往作为奋斗目标。残疾人是经济社会发展的参与者、贡献者和享有者，作为人民的一员，他们的美好生活也应受到关注。关注并满足残疾人美好生活需要，是建设新时代"大同社会"，也即"美好生活共同体"的必然要求。

2020年初，浙江省残疾人联合会等七部门出台《关于推进"残疾人之家"规范化建设的意见》，要求打造升级版残疾人庇护机构——"残疾人之家"，以推动残疾人事业高质量发展。根据此文件，杭州结合本地实际，着力从全面覆盖和规范提升两个维度加快推进杭版残疾人之家建设，并积极开展残疾人之家星级评定工作。截至2020年12月24日，杭州全市已建成星级残疾人之家189家，庇护残疾人4750人，实现了全市乡镇街道基本建有至少1家规范化残疾人之家的目标。[②]残疾人之家是面向辖区内所有残疾人，以劳动年龄段内的智力、精神和重度残疾人为主要服务对象，面向所有有需求的残疾人提供生活照料、技能培训、康复训练、文体活

---

① 作者来晓维系浙江大学哲学学院旅游与休闲研究院博士后，杭州国际城市学研究中心浙江省城市治理研究中心、杭州城市学研究会助理研究员。

② 数据来源：杭残联〔2021〕3号文件《关于在常态化推进"助万企、帮万户"深化"结对帮扶"工作中开展走进"残疾人之家"活动的通知》附件《杭州市"残疾人之家"基本情况介绍》。

动、辅助性就业、心理疏导和社会适应能力训练等服务的专门机构，是残疾人社会服务的重要构成，也是提升残疾人的获得感、幸福感和安全感的重要载体。本文以杭州市西湖区西溪街道残疾人之家为例，通过实地走访、座谈交流等，深入了解残疾人之家建设现状以及服务提供过程中遇到的问题，以期提出具有针对性的改善建议，进一步提升服务质量，帮助残疾人提升可行能力，更好地融入社会生活，并满足其美好生活需要。

一、西溪街道残疾人之家基本服务情况

西溪街道残疾人之家前身为西溪街道工疗站，成立于 1983 年 12 月，位于杭州市西湖区下宁巷七号一楼、二楼，西溪城市文化公园内，占地面积约 700 平方米，内设办公室、医务室、多功能培训室、电子阅览室、康复室、作业室、文体活动室等场所，配有音乐治疗设备、文化体育用品、药品柜、功能锻炼设备等，是一家办公、康复、生活一体化的公益性机构。自成立以来，西溪街道工疗站一直按照"平等、参与、共享"的服务理念，为残疾人提供"三疗一教育"^① 服务，培养残疾人的康复意识、劳动意识和自信意识，以增进残疾人的身心健康，提高残疾人的生活质量和幸福指数。2019 年，应省市政府建设残疾人之家的文件要求，正式更名为"西溪街道残疾人之家"。截至 2021 年 12 月，西溪街道残疾人之家设有 1 名医生、5 名工作人员，管理在站 35 名智力、精神残疾人，同时负责全街道在册 450 余名精神障碍患者的随访、用药指导、政策宣传等精神卫生工作，其基本服务状况概括如下。

（一）日间照料服务

"日间照料"是残疾人之家的基本功能，主要提供"日托"服务。在站残疾人从上午 8 点到下午 3 点在残疾人之家接受康复治疗，其余时间则由家庭负责照料。自工疗站时期起，西溪街道残疾人之家就倾力为站内残疾人营造"家"的味道：长期开展叠衣服、洗菜选菜、搞卫生等基本生活技能教学，培养在站人员生活自理能力；结合中国传统节日进行技能锻炼，如包水饺、做清明团子、裹粽子等，提高在站人

---

① "三疗一教育"：工疗、药疗、娱疗和思想教育。

员的动手能力；以母亲节、父亲节、感恩节等节日为契机，协助在站人员制作手工礼物，并鼓励他们与家人、朋友相互表达爱意；每季度组织集体生日，共同为当季生日的在站人员庆祝；定期组织出游，通过草莓采摘、短途旅游等活动帮助残疾人接触新鲜事物、开阔视野；在春节、中秋节等重大节日召开联欢会，召集在站人员和家属一起聚餐，送上节日礼品和节日祝福。新冠疫情期间不鼓励外出就餐，工作人员就利用站内厨房亲自下厨准备丰盛的"家宴"，让在站人员感受"家"的温暖。在此过程中，工作人员不仅是管理者，更扮演着"家长"的角色；残疾人不仅是康复者，也是这个"温馨家庭"的重要成员。西溪街道残疾人之家将在站人员视为亲人，在站人员也将这里看作是自己的另一个"家"。

（二）精神康复服务

除了医院，社区也是精神治疗和康复工作的主体。康复是残疾人之家的核心功能之一，因此残疾人之家是社区精神康复工作的主要阵地，为站内及站外残疾人提供相应服务。西溪街道残疾人之家现任负责人具备医学背景，站内同时配有1名退休返聘医生，二人共同指导在站人员定时定量服药，训练病情稳定的精神残疾人自觉养成遵照医嘱独立服药的习惯。此外，残疾人之家还为每位在站人员建立个人档案，按时检查病情，观察其发病频率，并根据其行为表现推测其康复程度，从而建议调整服药剂量，帮助他们逐步树立良好的用药习惯。药物康复之外，残疾人之家也提供心理康复服务，一方面依托自身工作人员提供简单的心理疏导；另一方面借助专业的心理志愿服务团队展开心理科普、心理咨询，以及心理功能修复等更具针对性的疗愈课程，帮助在站残疾人建立良好的自我认知，让他们正确认识疾病、增强战胜疾病的信心，奠定精神康复的心理基础。这里也负责西溪街道全部12个社区的精神卫生和政策宣传工作，定期上门随访，掌握病情进展，并有针对性地为街道内智力和精神残疾人提供康复指导，努力成为社区内的"精神康复家园"。

（三）辅助性就业服务

就业是残疾人之家的另一核心功能，这从早期"工疗站"的命名就可窥见一斑。所谓"工疗"，即工作治疗，主要为在站残疾人提供一些简单、安全的生产劳动工作，并给予一定的报酬，让他们在工作中寻找自我价值，从而达到稳定病情的目的。西溪街道残疾人之家在工疗产品制作方面表现突出：一是承接全街道的横幅制作工作，并专门设立横幅制作室，从制版到缝制均由在站残疾人参与完成；二是创新串珠工艺，工作人员及在站残疾人所产出的端午香包、串珠艺术品等被纳入联建单位的采购目录。两者都为残疾人之家创造了额外的经济效益，有效提升了在站残疾人收入水平。西溪街道残疾人之家也积极寻找其他类型工疗产品的货源供应，如代加工纸盒、贴标签、做卡片等，以保持手工制作课程的持续展开，一方面，锻炼在站残疾人的手脑协调能力，培养和训练他们应对各种实际问题的行为技能，为他们重返社会积蓄能量；另一方面，也发挥残疾人之家的辅助性就业功能，帮助残疾人创收，并使其"通过工作建立一种意识，即不再认为自己是一个终日需要监护的服务对象，而是一个独立的、有自尊心的劳动者"。除了工疗产品制作，西溪街道残疾人之家还与附近的奥克伍德酒店建立合作关系，为在站残疾人提供临时工作机会，锻炼其就业技能，循序渐进地帮助残疾人重返社会。

（四）文化体育教育服务

西溪街道残疾人之家专门设置了文化教育课程，平时教授三字经、二十四节气、古诗词、民俗风情知识等，最近还开辟了杭州地方文化相关课程，帮助残疾人学习中国传统文化，也进一步了解自己所生活的城市。此外还开设了音乐课、绘画课、书法课、朗诵课(带领朗读《风雨踏歌行》[①])等，不断丰富残疾人文化生活。师资主要来自四个方面：一是依靠自身工作人员，主要教授风土人情等简单课程；二是对接周边学军小学、省委干校等教育资源，邀请专业教师提供教学；三是依托高校志愿服务团队，定期上门开展文化教育活动；四是寻找具有一定专长的社区热心志愿者，长期提供音乐、绘画、书法等专业课程。残疾人之家也提供娱乐健身、户外活动等体育教育课程，一方面，指导残疾人科学使用站内器械设备，如塑身机、回旋训练器、肋木、放松按摩机等，促进身体机能康复，并提高身体素质；另一方面，通过组织乒乓球、羽毛球、跳绳等户外运动，充分调动残疾人运动热情和运动积极性，增强身体机能的同时也愉悦身心。且可以与联建单位共同组织相关比赛，锻炼身体的同时也促进残健融合。

---

① 《风雨踏歌行》是一部主旋律诗集，作者欧阳胜轮椅代步，不为残疾所限，勇敢追梦，以诗歌触摸社会、礼赞生命，用个性化的笔触书写自强人生和公益历程，形象生动地展现时代的美好进步，具有人道主义的广阔视野和人文情怀。

二、西溪街道残疾人之家现存服务问题

如前所述，西溪街道残疾人之家在日间照料、精神康复、辅助性就业和文化体育教育方面做出的努力基本满足了在站残疾人的服务需求，这些工作也得到了上级组织的认可，其在 2020 年底被评为浙江省"五星级"残疾人之家。然而，要成为更具有综合性、能够惠及辖区内更多残疾人的"残疾人之家"，西溪街道残疾人之家现有的服务还有提升的空间。

（一）服务覆盖面有待增加

西溪街道残疾人之家由原来的"仁爱家园"工疗站改建而来，其主要服务对象为智力、精神残疾人，其他类型残疾人占比不高。省市政府在高质量推进"残疾人之家"建设的过程中，要求满足其他残疾人就近就便享受残疾人培训、康复训练、文体活动、辅助性就业等方面的需求。但现有的"残疾人之家"缺乏为其他残疾人提供服务的条件：首先，服务空间不足，二层楼共 700 平方米的空间尚不能满足现有在站人员"一人一铺"的要求，可以展开教学活动的也仅有一间会议室，难以支撑开展针对其他类型残疾人的服务；其次，基础设施不到位，虽然入口处设置了无障碍通行坡道，但室内墙壁并未安装无障碍扶手，也未安装电梯，行动不便的肢体残疾人难以在此开展各类活动；最后，服务技能和经验欠缺，受之前工疗站只招收智力、精神残疾人的规定所限，现有工作人员所接受专业技能培训都是针对智力和精神残疾人的陪护、康复等，缺乏为其他类型残疾人服务的经验和技能，例如并未接受手语培训，缺乏与听力残疾人的沟通技能，较难准确把握其服务需求。

即使是作为主要服务对象的智力、精神残疾人，也并不都能享受到残疾人之家的服务。截至 2021 年 12 月，西溪街道全辖区内有 450 余名在册精神障碍患者，然而只有 35 名被残疾人之家收治。受空间规模限制，残疾人之家接收能力已趋于饱和，辖区内大多数智力、精神残疾人都得不到收治。且由于病情容易反复，残疾人之家中的人员更替频率较低，有需求的残疾人不一定能够被收治。从这一角度来说，残疾人之家虽然基本满足了站内残疾人的服务需求，但较难满足站外残疾人的各类服务需求，仅能由随访医生定期上门送药、查看病情，适当宣传精神卫生知识，难以提供其他服务。同时，由于残疾人之家上级主管部门政策条件限制，仅收治工作年龄段内（男 18—59 岁；女 18—54 岁）的智力、精神残疾人，因此进入退

休年龄的残疾人在退站后无法继续享受服务。社会上也缺乏相应的机构收治这部分残疾人，杭州市残疾人托管中心虽然不限年龄，但仅收治1—2级重度智力、精神残疾人。因此常发生退站残疾人又返回残疾人之家寻求庇护和服务的状况，这也对残疾人之家的运营造成了一些困扰。

（二）服务成效有待提升

西溪街道残疾人之家在日间照料方面尽心尽责，服务成效明显，有效减轻了在站残疾人家庭的负担；文化体育教育方面，虽不能达成和专业学校一样的教学成果，但也能够满足残疾人娱乐身心、丰富文化生活的需求。但在康复和就业这两个核心功能上，西溪街道残疾人之家的服务成效还有待提升。

精神康复的主要目标是通过各项康复措施，使残疾人因患病而丧失的家庭社会功能得以最大程度地恢复，使精神残疾程度降到最低，留存的能力得到最大的发挥，从而能够重返社会。前文提及，西溪街道残疾人之家在站人员更替频率较低，也就意味着在这里接受治疗从而回归社会的案例较少。在站残疾人年龄、文化程度、残疾类型等方面的差异较大，而残疾人之家缺乏为其分别制定康复计划的条件。尽管收治35人总数量不多，但其中包含了45%的智力残疾和55%的精神残疾，精神残疾中又包含了强迫症、精神分裂症、双相情感障碍等多种类型，患病轻重程度也各有不同，因此每个人的康复需求也不一样。但目前无论是科室设置还是师资力量，都较难根据具体情况对在站人员进行分类治疗，展开更具针对性的康复训练，以满足在站人员复杂多样的康复需求。

辅助性就业也即庇护性就业，"是一种过渡性就业，其最终目的是促进残疾人融入竞争性就业环境中去"。就这一目的而言，西溪街道残疾人之家所提供的辅助性就业服务成效并不明显。一方面，目前残疾人之家所提供的就业机会以制作手工加工产品为主，缺乏其他类型的职业技能培训，即使残疾人康复到可以回归社会，也会因为职业技能不足而缺乏就业竞争力。另一方面，虽然工疗产品制作为站内残疾人带来了额外收入，但也面临着加工产品货源不稳定，有时甚至没有产品可以加工的局面，无法保障残疾人收入的稳定性。工疗站成立初期基本由福利企业提供货源，随着市场经济的发展，大量福利企业倒闭迫使残疾人之家走向社会向其他企业寻求合作。由于智力、精神残疾人工作效率不如常人，非福利企业并不愿意定时定量提供充足的代加工产品，"因此残疾人之家难以连接到长期、稳定的货源供应方"。

（三）服务水平有待提高

西溪街道残疾人之家所提供的服务由内外两部分构成，内部服务主要依托自身工作人员对残联、民政、卫健等部门政策要求的执行；外部服务则依托社会组织、志愿者服务队、联建单位等提供更广泛也更专业的服务支持。但就现状而言，依然存在内部服务专业性相对不足和外部服务长效性缺乏保障的问题。

1. 内部服务专业性相对不足

这一方面是由于人员结构不合理，缺乏具有专业背景的工作人员。西溪街道残疾人之家设有 1 名站长、1 名驻站医生、3 名管理员、1 名食堂阿姨，除站长与医生具有医学背景，其余人员均不具有相关专业背景，没有专业职称，也缺乏系统培训。尽管不断积累的服务经验，以及上级残联、民政部门每年安排的培训课程能在一定程度上有所弥补，但不足以抵消专业素养不足带来的弊端。另一方面则是由于较低的工资待遇难以吸引具备专业技能的高层次人才入驻。残疾人之家工作人员工资在3000 元左右，远不及浙江省社会平均工资 5960 元 / 月（根据浙江省统计局 2019 年最新数据，全省社会单位就业人员年平均工资为 71523 元），这在就业市场并不具备吸引力。营养、医疗、心理、社工等方面专业人才的缺乏，严重影响了残疾人之家服务水平的提升。按要求，残疾人之家"应当配备康复治疗师和职业指导师，但受经费、编制等制约，很难保证人员就位"。虽然通过政府购买服务、引入社会组织等举措，西溪街道残疾人之家也获得了专业的外部服务支持，但内部服务是基础，在外部服务断档时能否及时接续以巩固服务成效，是残疾人享有持续且高质量服务的重要前提。

2. 外部服务长效性缺乏保障

由于内部服务专业性不足，残疾人之家需要借助社会组织、高校、社区、企业等外部力量，来提升自身在医疗、心理、文化、社会适应能力等方面的服务水平。然而，外部服务要发挥其作用有赖于服务供应的长效性，但受时间、经费、疫情等各种因素的影响，外部服务的长效性往往得不到保障。西溪街道残疾人之家并不具有独立购买长期服务的条件，目前的外部服务主要源于：（1）街道对接的公益创投项目；（2）高校志愿者团队入驻；（3）社区志愿者支持；（4）单次购买服务，邀请专家上门提供讲座、团辅等专业服务内容。但这些外部服务都不稳定，例如，受新冠疫情影响，在此开展艺术教育志愿服务的 WABC 艺途中止服务一年多才恢复；高校志愿者以学业为主，前来服务的时间不固定，且受人员轮换影响，服务时间及内容也不具有一贯性；社区内一位在此服务三年多的退休教师因为身体问题不再继续提供音乐课程教学；受经费削减影响，外聘专业老师上门服务也变得更加困难。其他的零散志愿服务虽体现了帮扶单位的一片爱心，但对于残疾人之家整体服务水平的提升帮助有限。

三、西溪街道残疾人之家服务提升建议

残疾人之家所提供的服务是残疾人社会服务的重要构成，残疾人社会服务"是指在社会服务框架下基于社会多元供给网络，以社区为平台，通过专业社会工作方法，为残疾人提供以康复服务、照顾服务、就业服务等为主，旨在满足残疾人基本生活需要、提高能力、充分赋权的社会行动"。可见，为残疾人提供服务并非残疾人之家独有的责任，而应该有更多社会力量介入，共同拓展服务覆盖面、提升服务质量、巩固服务成效。以下针对西溪街道残疾人之家现存服务不足提出改善建议，以期能够帮助西溪街道残疾人之家从省级五星级残疾人之家提升为省级综合性、示范性残疾人之家，也期望能为杭州其他残疾人之家服务质量的提升提供可供参考的意见。

（一）扩大服务对象，拓展残疾人之家服务覆盖面

将服务对象从智力、精神残疾人延伸拓展到所有类别的残疾人，是未来全省残疾人之家建设和发展的必经之路，西溪街道残疾人之家也应当以此为目标不断扩展服务对象。为此，一是建议基于现有基础设施开展无障碍环境改造工作，为肢体残疾人、听力残疾人和视力残疾人提供更便捷的进出环境，从硬件上确保不同类别的残疾人共享服务的可能，例如在室内安装无障碍扶手；安装简易可折叠电梯；在合适区域设置盲文；引入"手语姐姐"实时在线翻译系统等。二是建议发展和引进适用于其他残疾类别的服务项目，从软件上持续拓展残疾人之家的服务内容，从公益创投、扩大就业、社会化融合等各方面为各类残疾人提供更有力支持，促进残疾人基本公共服务均等化发展。三是建议拓展残疾人之家服务空间以满足其他类型残疾人的服务需求，如现有残疾人之家依然保持主要为智力、精神残疾人服务的特色，之

外再开辟新的空间作为其他类型残疾人的服务场所。例如，与同街道其他社区合作，在各社区服务综合体中设置残疾人服务专窗，为不同类型的残疾人提供更具针对性的服务。四是建议与街道内儿童康复机构、养老机构等建立联系，确保未成年智力、精神残疾人能够得到有效的治疗和康复，减轻残疾人之家的收治压力；同时，也确保非工作年龄段的残疾人在离开残疾人之家后仍有机会在养老机构或其他机构继续享有服务。

（二）内外部双手抓，提升残疾人之家服务水平

如前所述，残疾人之家服务水平是由内部服务专业性和外部服务长效性共同决定的。内部服务专业性的提升可以从三个层面来考虑。一是对残联、民政、卫健委等通过提供培训保障残疾人之家服务专业程度的相关部门来说，需要提高培训质量。一方面要丰富培训课程内容，除了生活照料、康复训练、技能培训、辅助就业等核心内容，也应提升工作人员在文体活动、心理疏导、社会适应能力训练等方面的服务能力；另一方面要加强课程设计的合理性，相关部门需结合受训人员学历背景、知识结构等实际情况，合理设计培训课程，力求通俗易懂，避免培训内容无法被有效学习和吸收。一些过于理论化和学术化的课程，对于文化程度较低的工作人员来讲很难消化，因此也难以从中学习到可以应用于工作中的内容。二是对残疾人之家本身来说，需要发挥主观能动性，不断精进自身服务能力。例如，增加同行交流与学习，组织工作人员前往其他残疾人之家或其他助残服务机构参观和交流，学习先进经验，提升自身能力，并结合具体情况有针对性地应用到自身工作中。三是政府人社部门可以考虑适当提高残疾人之家工作人员薪资待遇，激励现有工作人员提高积极性，也吸引专业人才入驻。例如提升各项政策扶持力度，对符合星级标准的残疾人之家，除了基于现有规定的星级补贴和运营补贴，可将工作人员薪资水平的提高作为一种奖励，借此提高工作人员在残疾人之家星级升级工作中的积极性；或是为加入残疾人之家服务队伍的高校毕业生提供就业优惠政策，等等。

外部服务的长效性则通过以下几个方面来保障：一是加大政府购买服务力度，大力引进专业机构、专业团队，提升残疾人之家专业化运营、管理和服务水平。如上城区、拱墅区、滨江区、余杭区、桐庐县等地通过政府购买服务，引进彩虹鱼、WABC艺途、她视界、尚美之家等社会组织，破解残疾人之家服务项目单一、庇护产品不丰富等难题，探索出了一些成功经验，可供西溪街道残疾人之家及其上级单

位参考。二是建立残疾人之家服务志愿者名录，健全志愿者服务长效机制、志愿者服务时间储备制度等，确保志愿服务的延续性。例如按季度或按年制定志愿服务计划，以"列清单"的方式根据实际服务需求联系对应的志愿服务，并做好预案，一旦无法按照计划进行也可以临时调整。三是增强残疾人之家增收运营能力，积极拓展创收项目，提高庇护产品附加值，借助"众心网"等助残资源供需对接平台，通过线下义卖、线上直播等方式扩大产品销售渠道，一方面扩大残疾人就业，另一方面也为残疾人之家提供一定的营收补贴，用以自主购买外部服务。

（三）党建赋能，巩固残疾人之家服务成效

以"党建引领、全面融合"为目标，通过开展党建结对、设立党员志愿服务点、认领微心愿等长效帮扶措施，激发党员志愿服务活力，推动西溪街道残疾人之家提档升级，丰富服务项目，强化服务功能，巩固服务成效。一是发挥联动共建优势，整合现有党建结对共建和服务共建单位和组织的服务能力和专业优势，吸纳专业人才，在医疗、护理、社会工作、心理、法律、文化等领域扩充志愿服务人才队伍，根据服务对象的内在需求提供更专业的服务内容，实现服务资源与服务需求的有效对接，进一步凸显服务成效。二是借鉴杭州残疾人托管中心"仁爱1+1"党员一对一结对模式，积极开展结对帮扶工作。结合西湖先锋"微心愿"活动，组织支部党员与残疾人结对、专业老师与助残人员结对，根据真实需求提供精准服务，实现助残帮扶常态化。三是依托党建活动共建联建，营造"残有所学，残有所助，残有所医，残有所教"的扶残助残新氛围，并以此为基础展开更多"残健融合"活动，提高残疾人社会适应能力，帮助他们重返社会。如开展联建支部书记进社区、进残疾人之家系列宣讲活动，在党史学习教育过程中建立残健沟通渠道；通过参与公益汇演、教授手工制作等活动展示残疾人自强风采，加强社会认同；共同举办读书会、观影会、乒乓球比赛、羽毛球比赛等文化体育活动，共同分享读后感、观后感，建立更加融合的信任关系。

四、结　语

让广大残疾人安居乐业、衣食无忧，过上幸福美好的生活，是我们党全心全意为人民服务宗旨的重要体现，是我国社会主义制度的必然要求。在全面建成小康社

会、迈向共同富裕的现阶段，更要坚持"全面建成小康社会，一个也不能少；共同富裕路上，一个也不能掉队"。2021 年 6 月 16 日，《中共中央、国务院关于支持浙江高质量发展建设共同富裕示范区的意见》发布，明确提出支持浙江高质量建设共同富裕示范区。杭州作为浙江省会城市，完全具备条件率先打造共同富裕的市域样本。在此背景下，高质量推进残疾人之家建设不仅是体现杭州市残疾人工作水平的重要举措，更是展示中国特色社会主义制度优越性的重要窗口。通过进一步提升残疾人之家服务质量，让残疾朋友跟上共同富裕的步伐，共享改革发展成果和幸福美好生活。

参考文献

[1] 杭州市残联 . 杭州市全力打造"残疾人之家"品牌，奋力展现"重要窗口"特殊风景 .(2020–11–06). https://law.hzcl.org.cn/cmsWeb/content?id=11438.

[2] 何燕 , 江琴娣 . 庇护式工厂：残疾人福音 . 社会福利 ,2010(8):34–35.

[3] 王磊 . 残疾人社会服务研究——模式演变与体系建构 . 北京：科学出版社 ,2020.

[4] 习近平致信祝贺中国残疾人福利基金会成立 30 周年 . 人民日报 , 2014–03–22(1).

[5] 谢建社 . 探索街居工疗站社会工作服务与管理新机制新方法——以广州为例 . 重庆工商大学学报（社会科学版）,2013(2):1–7.

[6] 颜海娜 , 潘晓静 . 残疾人庇护性就业模式发展的困境——以广州市番禺区康园工疗站为例 . 广州公共管理评论 ,2015:245–266,344–345.

[7] 杨可欣 . 社区精神康复与社会工作介入——对杭州朝晖工疗站的个案调查 . 北京城市学院学报 ,2012(6): 43–48.

[8] 中国残联党组 . 全面建成小康社会，残疾人一个也不能少——党的十八大以来残疾人事业的新发展 . 求是 ,2017(18):40–42.

汉语成语的手语表达研究

付 平　胡　可　吕会华

摘要　汉语成语中组合性成语占 1.82%，综合性与融合性成语共占 98%。但目前尚缺乏针对综合性和融合性成语的手语表达研究。首先需要厘清汉语成语的手语表达的内涵，然后以分类法为基点探究汉语成语的手语表达的方法与技巧，将汉语成语的手语表达分为组合性成语—相同策略、综合性成语—相似策略、融合性成语—相符策略三大策略，以此重点破解汉语成语所指意义的双层性、汉语成语与中国手语的复杂关联这两大难点。

汉语成语是汉语语汇的精粹，其形成源远流长，针对汉语成语的研究即使在 21 世纪依然是热点，且取得了很大的成就，刘洋在《21 世纪以来汉语成语研究》中说："第一，研究范围在不断扩大，层次也在不断加深，研究内容从界定、演变、特征、结构和句法等向教学、翻译、理解模式、认知机制、交际功能等方向发展；第二，应用理论走上跨学科理论，如心理语言学、认知语言学、社会语言学等；第三，理论研究向应用转化；第四，研究理论朝着有利于成语教学和培养认知能力的方向发展"。但是有关听障人对汉语成语的理解、翻译、表达等问题一直很难有所突破。实际上，作为以汉语为第二语言的听障人，汉语成语在他们的阅读与写作中一直是难点。如果不能很好地提高他们的汉语成语的相关理解与应用能力，将不利于他们对于成语这一中华民族语言文化瑰宝的领悟与传承，也必然会影响他们对于汉语书面文本的深刻领会与对汉语口语沟通的深层理解，从而降低他们的日常学习与工作的品质。

目前，对于汉语成语与手语的关联性研究还不充分。对这一领域最早关注且取得了一定成果的是戴目于 2012 年主编的《汉语成语手势图解》，其中整理了 1769 条汉语成语词目，且按照手语手势动作的多寡进行了分类。其他研究论文较少。

近年来，虽然没有特别的专著出现，但有些手语著作关涉到了汉语成语的手语表达。例如吴玲编著、季谦绘图的《中国听障人士手语 500 例》中，收录了相关汉语成语词目 46 个，这 46 个词目均在应用对话环境中出现，呈现了语言应用的鲜活性。2019 年 10 月，中国听障人士协会、国家手语和盲文研究中心出版了《国家通用手语词典》，共有词目 8214 个，其中包括成语 214 个。《国家通用手语词典》是国家通用手语研究的重大成果，创建了新的手语研究环境与范式，因此相关研究应遵循这一规范。但是，该研究对于汉语成语的手语表达，仅仅是涉及，尚未进行专题研究，在指明路径与规范的同时，也预留了相应的研究空间。

一、汉语成语的手语表达的内涵

研究手语去表达汉语成语，其研究对象为汉语成语的一种特殊表达方式——手语，即如何用手语去表达汉语中的特殊语汇——成语。这一研究既涉及汉语成语，也涉及手语，其内涵就是以汉语成语为内容、以手语为载体，共同构成的一种特殊的、交叉的语言现象。鉴于这一对汉语成语的手语表达的内涵界定，有两点需要厘清：第一，虽然手语中也有相应的、类似于汉语成语的习语存在，但不是这一研究的重点。第二，汉语成语的界定、分类等内容也不是这一研究的重点，因此这一研究应用了该内容被汉语研究认定的相应成果，而不划定为这一研究的探究范畴。汉语成语至今都没有形成一个被大家都接受的定义，这一研究确定该词语是否为成语的依据为商务印书馆 2020 年 8 月第 2 版的《成语大词典》，以此来对标这一研究的样本对象。

索绪尔在《普通语言学教程》中指出，语言符号联结的不是事物和名称，而是概念和音响形象，所指和能指分别代替概念和音响形象。有关研究已经将这一理论应用于手语语言学的探究中："在有声语言中，语音是语言符号的形式，是能指。……在手语中，手势是形式，是能指。"我们将这一理论应用在汉语成语的手语表达研究中，可以判定，汉语成语的语音是汉语成语的能指层面，汉语成语的意义概念是汉语成语的所指层面，复杂在于这一所指具有双层性，也就是表层意义和内在意义。又根据索绪尔理论："这种结合产生的是形式（form），而不是实质（substance）。……观念和声音的联系根本是任意的。……符号的任意性又可以使我们更好地了解为什么社会事实能够独自创造一个语言系统。"因此，我们可以肯定：第一，手语手势和汉语语音一样，都可以作为能指，去表达汉语成语的所指。第二，手语手势必然与汉语语音的表达规则不同，因为这是两种不同的能指。第三，基于历史的积淀，汉语语音与汉语成语在能指与所指的关联上较为固化与稳定，形成了复杂的关联。第四，汉语成语的手语表达探究的是如何最合理地以手语手势作为能指，去表达汉语成语的所指意义，并可以投射出汉语成语的语音能指。这就是汉语成语的手语表达的内涵。

二、汉语成语的手语表达策略

汉语成语的分类有许多方法，但研究汉语成语的手语表达，要考虑汉语是我国大多数听障人的第二语言，因此还须考虑中外的文化差异和成语中的文化背景，而在二语学习中，最被接受的汉语成语分类法是将其分为"组合性成语、综合性成语、融合性成语。这三类成语的划分最早由张永言等提出，划分的标准是成语里的各个词保存自己语义独立性的程度存在的差别。……有学者对《汉语成语小词典》作了统计，结果是组合性成语占 1.82%，综合性与融合性成语共占 98%"。《国家通用手语词典》共收录 214 个汉语成语词目，其中综合性成语仅 25 个（拔苗助长、百花齐放、暴风骤雨、本末倒置、表里如一、出尔反尔、川流不息、吹毛求疵、大张旗鼓、颠三倒四、虎头蛇尾、举一反三、茅塞顿开、摩肩接踵、目中无人、千钧一发、三心二意、三足鼎立、守口如瓶、天涯海角、添油加醋、同舟共济、揠苗助长、一刀两断、一窍不通），融合性成语仅 6 个（刻舟求剑、抛砖引玉、守株待兔、亡羊补牢、形而上学、胸有成竹），其他均为组合性成语。因此，对于理解意义较为复杂的、数量巨大的综合性与融合性成语，应进行进一步的研究与探索，这是这一研究的重点和难点。

诚如上文所说，汉语成语的意义概念是汉语成语的所指，汉语成语的语音和手语手势分别是汉语成语的两种能指，我们将其命名为能指 1 和能指 2。针对同一个所指，如果能指 1 和能指 2 对于汉语成语的双层意义的表达完全对等，就可以采用相同策略；如果能指 1 和能指 2 对于汉语成语的双层意义的表达部分对等，就可以采用相似策略；如果能指 1 和能指 2 对于汉语成语的双层意义的表达完全不对等，就可以采用相符策略。对应汉语成语的三大分类，可以将汉语成语的手语表达分为相同、相似和相符三大策略：组合性成语—相同策略，综合性成语—相似策略，融合性成语—相符策略（见表 1）。下面就参照这三种策略，解析汉语成语的手语表达技巧。

表1 汉语成语的手语表达策略

成语分类	表达原则	表达策略
组合性成语	完全对等	相同策略
综合性成语	部分对等	相似策略
融合性成语	完全不对等	相符策略

（一）组合性成语—相同策略

胡晶莹在《成语用词特点及演变研究》中指出，在汉语成语中，有一类成语"只要理解了当中各个语素的含义，我们就可以直接从对语素义的理解来理解成语的含义，被称为'组合性成语'"，例如"不攻自破""取而代之""千载难逢""面黄肌瘦"等。针对这一类组合性的汉语成语，手语表达可以采用相同策略，相同策略的示例见表2.

相同策略在翻译领域意味着贝洛斯所言的"要想把用另一种自然语言重复的话语当作对源语言的翻译，那么它就一定要包含同样的信息，具有同等的效力"。相同策略运用在组合性成语的手语表达中，意味着作为能指层面的手语手势与作为所指层面的汉语成语意义概念的关系是相同的，不仅包含同样的信息，且具有同样的意义效力，从而实现完全对等的翻译。完全对等原则：手语表达以通用手语为规范，进行类似于直译的、在形式上的表达，让使用手语、观看手语的人，可以明晰地确定这一表达对应的汉语成语，因为组合性成语的特点，决定了这一严格形式对应的手语表达，可以直接地呈现出该类成语的语表义（语表义是指成语的字面义"）。

表2 组合性汉语成语的手语表达——相同策略示例

序号	汉语成语语音（能指1）	汉语成语的手语表达（能指2）解读语表义	备注
1	道不拾遗	东西 / 扔 / 路上 / 捡 / 不	否定词后置
2	弄巧成拙	弄 / 聪明 / 反 / 拙	补充了"反而"的意思
3	投笔从戎	写字 / 放弃 / 参加 / 军队	"投笔"语序与汉语不同，"从戎"语序与汉语相同
4	一目十行	快速浏览多行 / 完成	"一"和"十"数字虚化
5	专心致志	专心 / 认真	"专心"和"致志"要区分

（二）综合性成语—相似策略

在汉语成语中，"综合性成语的语义可从各个语素的意义上推导出来，人们即使不知道来源，也有可能根据语素的语义推导出大概的意思。但要真正理解它，还必须进一步掌握它的整体意义"，例如"管窥蠡测""树大招风""叶落归根""对牛弹琴"等。针对这一类综合性的汉语成语，手语表达可以采取相似策略，示例见表3。

胡晶莹指出相似策略在翻译领域意味着"通过选择相似关系的维度，以及相似度的可见性，翻译必须对原文相互交织、相互重叠的特征进行排序。……提供对原文的解释"。相似策略运用在综合性成语的手语表达中，意味着作为能指层面的手语手势与作为所指层面的汉语成语意义的关系是相似，也就是手语表达无法实现在内容与功能上与汉语成语意义的对等表达，因此进一步地辅助补充，方可实现对汉语成语意义的准确表达。因为综合性成语的意义是双义性的，包括语表义和语位义（葛厚伟指出"语位意义是指成语在形成过程中融合多种因素而最终形成的现实意义，是成语的共时意义，在言语交际中直接使用的意义，能表达思想并能起交际作用"）。在使用手语对综合性成语进行表达时，既不可以忽略该成语的语表义，也不可以忽略该成语的语位义。因为语表义是构成该成语的形式要素，语位义是构成该成语的应用要素，放弃任何一个均不能体现出该成语的真正意义。综合性成语的语表义可以通过手语表达，但是其蕴含的语位义需要通过汉语文字的补充说明来进行辅助性的表达，以帮助手语使用者更好地理解和应用汉语成语。这就是部分对等原则。

表3　综合性汉语成语的手语表达——相似策略示例

序号	汉语成语语音（能指1）	汉语成语的手语表达（能指2）解读语表义	汉语补充说明解读语位义
1	八仙过海	八 / 神仙 / 过 / 海	比喻各有各的本领，各显各的身手
2	班门弄斧	班 / 门 / 耍 / 斧	比喻在行家面前卖弄本领
3	此地无银三百两	钱 / 埋起来 / 挖 / 没有	比喻想要隐瞒掩盖，结果反而暴露
4	对牛弹琴	对着 / 牛 / 弹琴	比喻对愚蠢的人讲高深的道理，也用来指说话做事不看对象
5	釜底抽薪	锅 / 火 / 柴 抽走（主手）锅 （辅手）	比喻从根本上解决问题

续 表

序号	汉语成语语音 （能指1）	汉语成语的手语表达（能指2） 解读语表义	汉语补充说明 解读语位义
6	赴汤蹈火	热水 / 捏着鼻子 / 过	比喻不畏艰险，奋勇前进
7	老马识途	马 / 老 / 走路 / 认识	比喻阅历多、经验丰富的人能看清方向
8	南辕北辙	南 / 北的手形交错	比喻行动和目的正好相反
9	抛砖引玉	砖 / 抛开 / 引来 / 玉石	比喻用自己不成熟的意见或作品引出别人更好的意见或好作品
10	破镜重圆	镜子 / 破 / 合 / 圆	比喻夫妻失散后重新团聚或者决裂后重新和好

（三）融合性成语—相符策略

胡晶莹指出，在汉语成语中，有一类成语"无论怎样理解语素义，也无论再怎么联想、推导，如果不了解成语出典的话，都不能准确理解成语义，被称为融合性成语。融合性成语在语义上是一个不可分割的统一体，整体的意义已不能从语素的意义中探求出来，人们可以了解这类成语的每个语素的意思，却未必能正确把握整个成语的意义，往往还需要知道它的来源才能明白。这类成语占的比例不算大，多有很强的典故性"，例如"青出于蓝""瓜田李下""叶公好龙""杯弓蛇影"等。针对这一类融合性的汉语成语，手语表达可以采用相符策略，示例见表4。

相符策略在翻译领域意味着贝洛斯的"译文可接受时，指的是原文与译文的整体关系既非完全相同，也非对等，也非相似——只是我们称为'良好匹配'的复杂关系"。如何在融合性成语的手语表达中实现良好匹配呢？融合性成语的双义性是语表义、语源义（葛厚伟指出"语源意义是指自由词组还没有成为成语，在一定的言语环境中出现之时所具有的意义，其意义受到上下文语境的制约。语源意义虽然并不是成语的真正意义，但对成语的含义起着一定的影响"）、语用义（李明指出"语用可以理解为语言的使用，在这个意义上，语用信息就是语言在使用过程中产生的信息"）构成的。融合性成语的含义与其语源义密切相关，但复杂的是，无法通过对其的分析推绎出该成语的意义。也就是，融合性成语的语表义和语用义共同构成了该成语的所指层面，语源义虽然与其相关，但其实与该成语的所指关涉不大。例如，"八面玲珑"虽然源自元朝马熙《开窗看雨》一诗中的"八面玲珑得月多"，但仅仅用手语准确打出了其语表义，对于理解这个成语"形容为人处世圆滑，各方面都应付得周到"的语用义没有帮助。所以，要想真正掌握这一成语，必须掌握的是该成语的语表义和语用义，但可以忽略其语源义，这就是良好匹配。

表4　融合性汉语成语的手语表达——相符策略示例

序号	汉语成语语音（能指1）	汉语成语的手语表达1（能指2）解读语表义	汉语成语的手语表达2（能指2）解读语用义
1	百年之好	一百年 / 好	结婚
2	杯弓蛇影	弓 / 喝酒（主手）/ 怕（主手）弓（辅手）/ 蛇（辅手）	怀疑 / 乱想 / 害怕
3	打小算盘	小 / 打算盘	小处 / 全 / 占 / 自己
4	瓜田李下	瓜田 / 穿鞋 / 不 / 李子树下 / 戴帽子 / 不	地方 / 嫌疑
5	囫囵吞枣	整个 / 枣 / 吞	读书 / 研究 / 快 / 分析 / 没有
6	井底之蛙	井 / 底 / 蛙	眼界 / 狭窄
7	老王卖瓜	老 / 王 / 卖 / 瓜	夸耀（自己）
8	七上八下	七（双手）（做上下数次动作）	心 / 慌乱
9	叶公好龙	叶 / 公 / 喜欢 / 龙	不 / 我 / 东西 / 喜欢 / 是 / 真 / 不是
10	一板一眼	板 / 钻眼	规矩 / 有力

三、结　语

正如贝洛斯所言的"译者都是守护者，更令人意想不到的是，译者也是其所用语言标准形式的创造者"，探究汉语成语的手语表达目前仅仅是开始。不仅其学术性还较为单薄，而且其样本的采集也远远不够充分，这也是目前汉语成语的手语表达研究的困境。在这期间争议性较大、需要思考的是，是否可以在这一研究中探索汉语成语的手语表达的范型，在这一范型被认可的空间内，探究具有可行性的汉语成语的手语表达，由此为这一研究探索新的路径，让更多的听障人受益，让中国成语在听障人群中更好地获得理解与应用。

参考文献

[1]　贝洛斯.你耳朵里有鱼？翻译及万物的意义.韩阳，译.北京：商务印书馆，2020.

[2]　费尔迪南·德·索绪尔.普通语言学教程.北京：商务印书馆，1999.

[3]　葛厚伟 . 今文《尚书》成语语义衍化及认知机制 . 青海师范大学学报（哲学社会科学版）, 2018(5): 127.

[4]　胡晶莹 . 成语用词特点及演变研究 . 南昌 : 江西师范大学学位论文 , 2007.

[5]　李明 . 词典中的语用义及其局限 . 广州外语外贸大学学报 , 2005(11): 14.

[6]　李婷 . 对外汉语教学中的成语教学 . 苏州 : 苏州大学学位论文 , 2015.

[7]　刘洋 .21 世纪以来汉语成语研究 . 云南师范大学学报（对外汉语教学与研究版）, 2013(3): 60.

[8]　刘永红 . 简析俄语成语的语义结构 . 中国俄语教学 , 1998(2): 55.

[9]　吕会华 . 中国手语语言学 . 北京 : 知识产权出版社 , 2019.

全民健身背景下高校残疾人康复体育发展对策研究

刘海群

摘要 我国残疾人体育事业，近年来在中央和各级政府的关心扶持下，获得全面提升，有了质的飞跃。残疾人康复体育较残疾人群众健身体育、残疾人竞技体育起步要晚，还在不断完善过程中，相关残疾人康复体育的研究也较少。通过研究发现，进入高校深造的残疾或身体障碍学生越来越多，在体育保健课程的基础上，逐步向体育养生、康复保健、康复体育发展。结合高校特殊教育现状，提出高校残疾或身体障碍学生实施康复体育课程构建及对策，旨在推动高校特殊教育的发展，推动高校的残疾人课程建设和改革，满足残疾或身体障碍学生身体健康和康复的需求，达到全民健身的要求。

2014 年 10 月，国务院印发了《关于加快发展体育产业促进体育消费的若干问题》，把全民健身上升为国家战略，提出要促进康体结合，积极研发运动康复技术。国务院颁布的《"健康中国 2030"规划纲要》明确将体医融合融入健康中国的内涵，并进一步指出：要加强体医融合和非医疗健康干预，并强调突出解决好残疾人等重点特殊人群的健康问题。《残疾人康复体育关爱家庭计划》的出台，体现了我国全民健身、健康中国国家战略下改善残疾人民生，加快推进残疾人小康进程。残疾人康复体育是一门将康复医学与体育运动良好结合的学科，借助各种运动项目与器械来帮助特殊人群治疗身体与矫正心理健康，达成促进残疾人健康发展的目的。在我国大约有 8500 万的各类残疾人，他们是构成我们全民健身社会不能忽视的群体，而康复体育为残疾人尤其是中重度残疾人的体育锻炼，不仅能提供均等化的公共体育服务，并且能够消除残疾人在平等享受体育运动中的障碍，使得中重度残疾人体育锻炼成为可能。对于建立健全残疾人公共体育服务体系，应为残疾人提供更加便捷、适用的康复体育活动，提高残疾人身体健康水平。

一、研究方法

本研究通过文献资料法和问卷调查法，调查选取浙江省内4所普通本科院校，2所省外普通高校（含有残疾学生的特教学院），2所特殊高职院校（有健全学生）体育教师共计80名，其中普通高校体育教师40名，普通高校含特教学院体育教师20名，特殊高职院校体育教师20名。通过邮件形式共发放问卷80份，回收76份，回收率95%，有效问卷76份，符合研究要求。

二、高校特殊教育现状

（一）高校残疾或身体障碍学生身体状况现状

随着国家对特殊教育越来越重视，近年来特殊教育发展迅猛，各类残疾人进入高校学习的机会越来越多，就读的途径也多种多样，可以进入综合性大学，也可以选择专门性特殊学校，高校能提供给残疾人学习的专业也越来越多种多样。多年来，高校为身体有残疾或有身体障碍的学生进行了多种体育课程尝试，总体达成的目标是使其课程和健全学生的体育课程有所区别。在不同性质的高校，身体障碍或残疾的学生类别也有所不同。前期从部分高校体育部门了解的情况显示，在普通高校就读的残疾学生以肢体残疾（生活能自理）为主，视力障碍学生和听力及言语障碍学生占极少数，生活和交流都不存在问题。导致他们身体障碍的原因多样，如手术后不能剧烈运动、先天性疾病、免疫性缺陷疾病、哮喘等，每万人有80—120人（2—3个班级）的学生需要上区别于体育与健康的体育类课程（见表1）。

表1　各类高校残疾或身体障碍学生身体情况

高校类型	身体残疾或身体障碍情况
普通高校	先天性疾病（心脏病等）、免疫系统疾病、哮喘、过敏性疾病、手术后康复期学生、肢体残疾（轻度，一侧脚或一侧手）、视力障碍学生（低视四级）、听力及言语障碍学生（听力三、四级）
普通高校（特教学院）	听力及言语障碍学生（一、二、三、四级）、视力障碍学生（一、二、三级、四级）、先天性疾病（心脏病等）、免疫系统疾病、哮喘、过敏性疾病、手术后康复期学生
特殊高职院校	肢体残疾学生、听力及言语障碍学生（一、二、三、四级）、视力障碍学生（一、二、三、四级）、先天性疾病（心脏病等）、免疫系统疾病、哮喘、过敏性疾病、手术后康复期学生

（二）各类高校特殊体育课程开设现状

各类高校身体障碍和残疾人的状况不同，开设的课程也有所区别，在以体育保健类课程为主的前提下，根据高校的特点开设不一样的课程。而在有特教学院的普通高校，身体障碍者和残疾学生是分开教学的，以行政班级授课为主，仅有部分就读于普通专业的残疾学生和普通学生在一起上课，并没有将残健融合在一起实施体育教学。特殊高职院校中，按照行政班级授课，残疾学生和健全学生分开教学，但是部分身体因疾病不能随班上课的健全学生会融入残疾学生班级进行融合体育教学。在调研了部分学校后发现，因特殊学生数量的不同，学校在为残疾人或身体障碍者开设的课程也越来越趋向于多元化，体育课程随着学生群体不同而产生明显变化，但仍以传统的体育保健类课程为主，普通高校开设体育保健课程的比率高达50%，但35%的高校和15%的高校以体育养生课、康复保健课的形式替代体育保健课，可见部分高校在长期教学中也意识到体育保健课并不能完全适应所有类型的残疾或身体障碍学生的体育运动需求。根据残疾学生或身体障碍学生身体状况开设有针对性的康复类课程仍显得不足，可见目前主流趋势仍是以保健类课程承担残疾学生或身体障碍学生的体育教学。但我们也看到一个现象：以残疾学生为主体的特殊高校，康复体育课程设置得会比普通高校要多很多，可见在特殊高职或含有特殊学院的普通高校，体育教学部门更加会从残疾人的需求出发，重新定义残疾人体育课程，建立康复体育课程（见表2）。

表2 残疾或身体障碍者参与的课程现状

单位：%

高校类型	体育保健课	康复保健课	体育养生课	康复体育课
普通高校	50	15	35	0
普通高校（特教学院）	45	55	0	0
特殊高职院校	0	50	0	50

（三）各高校师资现状

在调查高校体育师资来源后，发现师范院校比例最高，其次是体育院校和综合性高校，高水平运动员占比较小。可见在高校体育教师师资配备上，来自师范院校体育专业的教师占比与来自体育院校和综合性高校毕业的体育教师占比都接近一半，高水平运动员进入高校做体育教师比例不高，究其原因可能和学历不够存在较大关系。而在对残疾人或身体障碍学生体育课程授课上，基本由年龄较大的体育教师或者新进、缺乏经验的体育教师担任这类学生的体育课程授课，身体残疾和身体障碍学生的体育保健类课程并不受重视，从完成高校体育课程学时要求角度出发，师资储备也并不是为解决残障学生的体育需求而专门配备。在调查中我们也发现，部分教师曾经在大学里选修过特殊教育相关课程，比例并不高，可见在教师培养中，体育专业学生对特殊教育存在偏见，特殊教育教学师资培养亟须加强，以满足各高校中身体障碍或残疾学生的需求。目前我国体育教育学科课程设置上，残疾人体育的课程不属于体育教育专业学生的必修课程，在很多学校甚至没有开设（见表3、表4）。

表3　高校师资现状

单位：%

调查项目	师范院校	体育院校	综合高校	高水平运动员
师资来源	45	27	22.2	5.8

表4　高校师资特教专业学习现状

单位：%

调查项目	高校体育教师	高校（特教学院）	特殊高职学院
大学是否接受过特殊教育相关课程	5	8.4	12.8

三、高校残疾人体育教育中存在的问题

《普通高等学校招生体检工作指导意见》实施以来，残疾人进入高校的比率逐年增加，加上身体因疾病等原因导致的身体障碍学生也在增加。20世纪90年代开始，随着法治意识的提升及对自身身体健康的需求，学生对学校也提出了相应需求，高校也转变思路，从只有普通体育教学，慢慢为残疾学生或身体障碍者开设保健类体育课程，再逐步增加康复保健类、体育养生类课程，说明我们高校在教学中因应学生群体的改变也在改变课程和教学策略。具体授课方式，第一种是这类学生单独编班，将全校残疾或身体障碍学生以年级组班，专业打通，在各专业空余时间选定某个时间段来开设保健类课程，让学生参与体育教育，享受学校体育教育权益。第二种授课模式是残健融合的体育教学模式，即将残疾或身体障碍学生与健全学生融合

在班级里接受体育教育，平等地接受运动技能和体育教育知识，促进残疾学生和健全学生的融合与互动。然而，上面两种教学模式，虽然在高校存在较长时间，也取得了相应的教学成果，但在实践教学中，还是存在诸多负面因素。

（一）制度支持不足

残疾学生或身体障碍学生都或多或少存在运动能力不足的问题，单靠体育教师一人授课是难以有较好效果的，如肢体残疾人在运球时，球会经常滚走，体育教师一人难以应付较多学生的练习要求，如果配备体育支持者或多名体育教师同时教授残疾或身体障碍学生，体育课程效果显而易见地会提升很多。然而绝大多数高校因课时量、课酬、人员、考核等各种各样考量，缺乏制度的支持，很难进行多人教学，或一位体育教师教、健全学生志愿者做体育支持者的教学形式。而在美国，由于教育法规的要求（Public Law 94–92,the Education for Handicapped Children Act)，绝大部分（96%）的残疾学生进入一般学校，与健全学生在同样的环境下共同接受教育，因此其大多数学校有专门的适应体育专业的学生从事融合体育教育工作，并且得到学校在资金上的支持。

（二）体育经费与设施投入不足

特殊人群存在身体功能上的不足，或因疾病、手术等原因造成身体器质性改变，普通的教学器材等无法满足特殊人群的运动需求。然而普通高校并没有专项经费投入于特殊设施、器材的配备，如具有医学功能的康复类器材的购买，其需要较大经费的投入。各高校体育场馆的建设，也并未考量残疾或身体障碍学生体育健身的需求，特殊人群体育活动场地建设并未得到学校关注和支持。

（三）体育运动项目缺乏针对性

学校招收的残疾或身体障碍学生数量逐年上升，作为实施学校各类学科教学的教学部门，学校并没有做好充足准备。体育课程设置参照普通学生体育课程标准，项目教学仍以三大球、三小球、武术、健身操等常规课程设置。然而残疾或身体障碍学生参与体育运动的能力不足，常规运动项目难以适应或难以完成相关学习任务，针对性不强，导致上课流于形式，站着看的时间远多于参与的时间，实际效果不尽如人意。

（四）特殊教育体育师资不足

在前面调查中，我们也发现，有特殊教育课程教学背景的体育教师比例不高，而在部分开设特殊教育课程的学校，选择参与特殊教育课程学习的体育专业学生比率不高，究其原因，高校对体育专业的学生并未强制性要求学习特殊教育相关课程，也和体育专业的学生对特殊教育存在一定偏见有相关性。进而进入高校任职的体育教师缺乏相关特殊教育知识的学习，能提供给残疾或身体障碍学生的特殊体育教育的专业性不足，从而对特殊体育课程的改革或教学方法的改进都带来一定影响。

四、特殊体育教育策略

（一）多学科支持的残健融合的康复体育课程建设

体育保健课程虽然长期被各普通高校普遍采用，但随着时代变迁，大学专业丰富多样，以及招生入学要求改变，学生群体结构也在发生变化。越来越多不受身体条件限制的专业逐渐成为主流，如电子商务、数字媒体设计、民族传统技艺、工艺美术、面点制作、园艺设计等专业。学生群体来源复杂，高校单一的课程结构一定程度上无法满足学生群体的需求。而体育教师专业技能同样不能满足残疾或身体障碍学生对身体健康日益多元化的需求，医学类专业教师的介入，其对残疾或身体障碍学生的身体诊断或许能给体育教师更清晰的教学思路。依托高校的资源，可以多学科共同开展残疾或身体障碍学生的康复体育课程，以体育教师教授运动技能为主体，医学背景教师讲授康复医学知识、评估学生身体机能、给出运动处方建议，穿插 2 次心理学教师对学生心理的测试，体育教师综合评价每位学生心理和生理健康指数，合理制订每个人的个性化练习方案。4 学期的课程授课计划，医学＋康复类课时占比 50%，运动技能课时占比 50%，可以让学生习得 1—2 项运动项目技能，又能学会康复类练习方法和锻炼，习得终身体育能力，达成学校课程设置的目标。

（二）培养体育教师的特殊教育能力

国家对特殊教育的支持力度，不论是从特殊学校的数量，还是从残疾运动员取得的辉煌成绩，以及政策的倾斜来看，都有了质的飞跃，各类特殊教育相关的知识培训逐年增加。各高校应加强体育教师的特殊教育领域培训，体育工作的年度工作计划应适当加入每年安排几位教师参加特殊教育领域培训，有计划地逐年开展特殊教育体育教师师资培训，完成培训后，体育教师对特殊教育会有不同的理解，对残疾或身体障碍学生的体育教学会更有想法和动力，体育教育课程改革需要改变体育教师思维模式。

（三）加强残疾人康复体育场地和器材的建设

有条件的高校，可以开辟专门的康复实训室，购置康复类运动器材，可以参考医院康复科的康复器材，可以针对性地进行上肢康复练习、下肢康复练习、力量练习等，并区别于健身器材。或者购置适量的轮椅，可以开展轮椅篮球、轮椅太极拳运动等，在健全学生的体育课程上，借助轮椅等器材，部分残疾学生也能完成篮球、太极拳、羽毛球等运动，也能融入健全学生的体育运动。还可以购置一些弹力带、握力圈、瑜伽球、脚蹬器等许多轻器械，对残疾或身体障碍学生开展小力量身体功能训练，以促进残疾或身体障碍学生残疾肢体或损伤机体的锻炼和康复。

（四）加强残健融合的康复体育课外体育活动

加大宣传和开展残健融合体育活动，扩大残疾人参与学校体育活动的范围和项目，例如在每年开展的课外学校体育活动中适当增加或设计一项或几项适合残疾或身体障碍学生参加的课外体育活动，并且邀请健全学生和残疾学生一起参与活动。比如轮椅竞速接力，让健全学生尝试轮椅运动，可以更好地让健全学生体会残疾学生日常生活的艰辛，而在参与的过程中，其身体也得到锻炼，可谓是最佳的"残健融合"体育活动，这不仅丰富高校体育活动，也可以促进健全学生对残疾学生的包容，达成较好的学校体育融合，进而提升残疾学生社会融合。

五、结　论

我国高等教育随着时代的发展，规模逐渐壮大，绝大部分学生能进入高校接受高等教育，而各类符合市场发展需求的专业也应运而生，越来越多的专业对身体要求也逐渐放宽，身体残疾或身体障碍学生的就学得到了保障。而残疾人康复体育是残疾人体育教育中有利于残疾人或身体障碍者实现体育服务均等化的体现，为全民参与健身、增强体质提供了参与途径和保障。高校或特殊高校顺应时代发展需要，借鉴国外先进理念，应根据需求而设置课程，在学校体育教育中积极拓展残疾人康复体育课程模式，并作为残疾人课程改革的先锋阵地，培养残疾人或身体障碍者锻炼的基本方法和基本技能，为他们走上社会、融入社会提供交流的"桥梁"。

参考文献

[1] Block M. E, Obrusnikova I. Inclusion of physical education: A review of the literature from 1995–2005.Adapted Physical Activity Quarterly,2007,24:103–124.

[2] 国务院.关于加快发展体育产业促进体育消费的若干意见:（国发〔2014〕46号），2014–10–20.

[3] 金梅，王家宏，胡滨.全民健身国家战略中我国残疾人康复体育发展思路与路径选择.武汉体育学院学报，2017（12）: 5–10.

[4] 刘洋，王家宏，陶玉流，等.融合与策略：未来体育教师对"融合体育教育"意愿态度的研究.北京体育大学学报，2012（8）: 88–94.

[5] 王治丹.浅谈残疾人康复体育的现状及对策.当代体育科技，2017（5）: 15–16.

[6] 印发《"健康中国2030"规划纲要》.人民日报，2016–10–26（1）.

高等特殊职业院校专业建设：现状、问题与优化策略[①]

刘彦华

摘要 专业建设是高职院校内涵发展的重要抓手，专业建设水平决定了人才培养水平与办学水平。在高等特殊职业教育领域，四所高等特殊职业院校逐渐形成自己的发展特色，但是在专业总体规划、专业设置、专业领军人才、专业国际合作等方面还存在问题，期望通过设立校级专业建设委员会、构建专业（群）建设调整机制、提炼"特教味"的专业品牌、打造一流的专业教学团队、提升专业发展层次和开拓国际化合作办专业等，实现专业建设高质量发展。

进入中国特色高水平高等职业学校和专业建设计划（以下简称"双高计划"）建设时期，专业建设成为高水平高职院校和高水平专业群建设的重要抓手，恰当的专业布局与科学的专业发展战略则是"双高计划"建设的关键环节。2021年，教育部印发《职业教育专业目录（2021）》，形成了定位清晰、纵向贯通、横向融通的一体化专业目录体系。可以说，专业是高职院校办学和人才培养的基点，专业建设是高职院校内涵发展的重要抓手，在教学改革和发展中具有龙头作用。专业建设水平决定了人才培养水平与办学水平，对学校改革发展具有深远的影响。高等特殊职业教育作为高等职业教育的一种特殊存在，兼具普通教育、职业教育与特殊教育的三重属性，与高等普通职业院校相比，其在专业建设上尚有一定差距。为主动适应高职院校教育发展的新形势和对人才培养的新要求，如何结合特殊职业教育的特殊性，将高等特殊职业院校的专业建设提到一个新的高度，是我们必须认真思考与切实解决的重大课题。

---

① 浙江省高等教育学会2022年度高等教育研究课题一般项目"提质培优背景下高等特殊职院课堂教学质量提升路径研究"（课题编号：KT2022340）研究成果。

一、高等特殊职业院校专业建设的现状

从我国特殊教育的发展历史来看，职业技能的教育培养一直是其重要的办学理念。新中国成立以来，我国的特殊职业教育从初级的技术班走向中等教育的专业化办学，进而实现特殊职业教育的高等教育层次跨越，构建起相对完善的特殊职业教育体系。在高等特殊职业教育领域，浙江特殊教育职业学院、山东特殊教育职业学院、云南特殊教育职业学院、辽宁特殊教育师范高等专科学校等都是比较成功的高等特殊职业院校，其多种类型的残疾人高等职业教育有力地推动了中国残疾人高等职业教育的快速发展。本研究基于这四所综合类高等特殊职业院校上报教育部并公开发布于"现代高等职业技术教育网"（原中国高职高专教育网）的质量年度报告专栏的数据，以及学校官网信息，并结合全国高等职业院校状态数据监测中心数据，系统评价并比较四所综合类高等特殊职业院校 2019—2021 年专业建设情况，旨在为高等特殊职业院校高质量发展和高水平专业建设提供参考。

（一）专业布局

1. 专业设置情况

从 2019—2021 年开设专业来看（见表 1），四所高等特殊职院开设专业均有不同程度的调整。从增设专业角度来看，四所高等特殊职院根据区域经济社会发展，增设了当前人才市场需求量较大的专业，如山东特殊教育职业学院新增设言语听觉康复技术、中医康复技术和文物修复与保护 3 个专业，云南特殊教育职业学院新增康复治疗技术和书画艺术 2 个专业，浙江特殊教育职业学院新增学前教育、民族传统技艺和茶艺与茶文化 3 个专业。同时，对不符合市场需求的专业予以撤销，如辽宁特殊教育师范高等专科学校 2021 年撤销了假肢与矫形器技术和园艺技术 2 个专业。

表1　2019—2021年专业设置情况

院校名称	开设专业名称		
	2021 年	2020 年	2019 年
浙江特殊教育职业学院	1. 康复治疗技术 2. 特殊教育 3. 电子商务 4. 数字媒体艺术设计 5. 工艺美术品设计 6. 中西面点工艺 7. 学前教育 8. 民族传统技艺 9. 茶艺与茶文化	1. 康复治疗技术 2. 特殊教育 3. 电子商务 4. 数字媒体艺术设计 5. 工艺美术品设计 6. 中西面点工艺	1. 康复治疗技术 2. 特殊教育 3. 电子商务 4. 数字媒体艺术设计 5. 工艺美术品设计 6. 中西面点工艺
山东特殊教育职业学院	1. 康复治疗技术 2. 言语听觉康复技术 3. 中医康复技术 4. 特殊教育 5. 工艺美术品设计 6. 文物修复与保护 7. 服装设计与工艺 8. 计算机应用技术	1. 康复治疗技术 2. 言语听觉康复技术 3. 中医康复技术 4. 特殊教育 5. 工艺美术品设计 6. 服装设计与工艺 7. 计算机应用技术	1. 康复治疗技术 2. 特殊教育 3. 工艺美术品设计 4. 服装设计与工艺 5. 计算机应用技术
云南特殊教育职业学院	1. 移动应用开发 2. 大数据与会计 3. 电子商务 4. 网络舆情监测 5. 特殊教育 6. 现代家政服务与管理 7. 社区康复 8. 康复治疗技术 9. 艺术设计 10. 美容美体艺术 11. 工艺美术品设计 12. 民族传统技艺 13. 书画艺术	1. 移动应用开发 2. 大数据与会计 3. 电子商务 4. 网络舆情监测 5. 特殊教育 6. 现代家政服务与管理 7. 社区康复 8. 康复治疗技术 9. 艺术设计 10. 美容美体艺术 11. 工艺美术品设计 12. 民族传统技艺 13. 书画艺术	1. 移动应用开发 2. 电子商务 3. 网络舆情监测 4. 特殊教育 5. 家政服务与管理 6. 社区康复 7. 艺术设计 8. 美容美体艺术 9. 工艺美术品设计 10. 民族传统技艺 11. 会计

续　表

院校名称	开设专业名称		
	2021 年	2020 年	2019 年
辽宁特殊教育师范高等专科学校	1. 电子商务 2. 社区管理与服务 3. 现代家政服务与管理 4. 学前教育 5. 特殊教育 6. 口腔医学技术 7. 康复辅助器具技术 8. 康复治疗技术 9. 老年保健与管理 10. 艺术设计 11. 书画艺术 12. 美容美体艺术	1. 电子商务 2. 社区管理与服务 3. 现代家政服务与管理 4. 学前教育 5. 特殊教育 6. 口腔医学技术 7. 康复辅助器具技术 8. 康复治疗技术 9. 老年保健与管理 10. 艺术设计 11. 书画艺术 12. 美容美体艺术	1. 电子商务 2. 社区管理与服务 3. 家政服务与管理 4. 学前教育 5. 特殊教育 6. 口腔医学技术 7. 康复辅助器具技术 8. 假肢与矫形器技术 9. 老年保健与管理 10. 艺术设计 11. 美术 12. 美容美体艺术 13. 园艺技术 14. 康复治疗技术

从四所高等特殊职院 2019—2021 年专业数变化情况来看（见图 1），云南特殊教育职业学院和山东特殊教育职业学院的专业设置逐渐趋于平稳发展，浙江特殊教育职业学院开始扩大专业规模发展，而辽宁特殊教育师范高等专科学校正逐渐缩小专业规模。

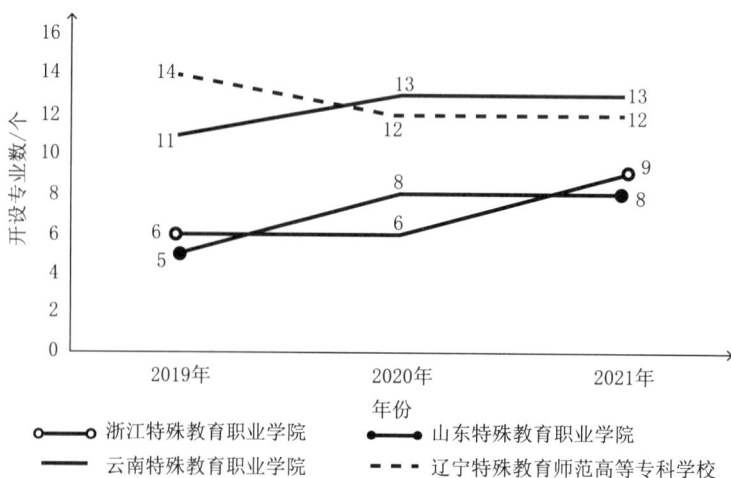

图 1　2019—2021 年专业数变化情况

从 2021 年开设专业布点数来看（见图 2），四所高等特殊职院专业布点数 42 个（含重复专业），开设专业较多的是符合产业人才需求实际、职业成熟稳定、专业布点较广、就业面向明确、名称科学合理的专业，如特殊教育（4 所）、康复治疗技术（4 所）、电子商务（3 所）、工艺美术品设计（3 所）等专业。

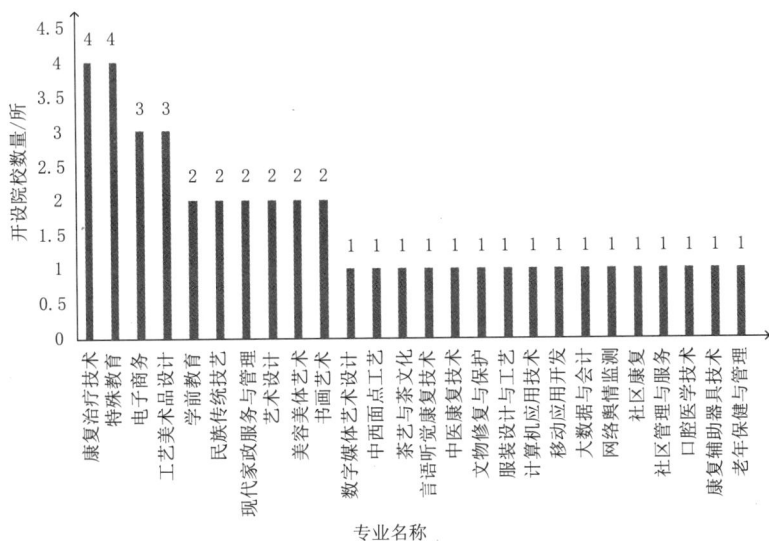

图 2　2021 年专业布点数

2. 专业大类分布

2021 年四所高等特殊职院开设专业 26 个（不含重复专业），涵盖了高等职业教育专科 19 个专业大类中的 8 个，其中文化艺术大类专业 7 个，占比 26.92%；医药卫生大类专业 6 个，占比 23.08%；公共管理与服务大类专业 4 个，占比 15.38%；财经商贸大类、电子与信息大类、教育与体育大类和旅游大类专业各 2 个，均占比 7.69%；轻工纺织大类专业 1 个，占比 3.85%（见图 3）。根据专业与产业结构匹配情况来看，除服装设计与工艺专业外，其余专业（含方向）均服务于第三产业，形成了以培养残疾人高级技能人才和服务残疾人事业专业人才为定位的专业发展格局。

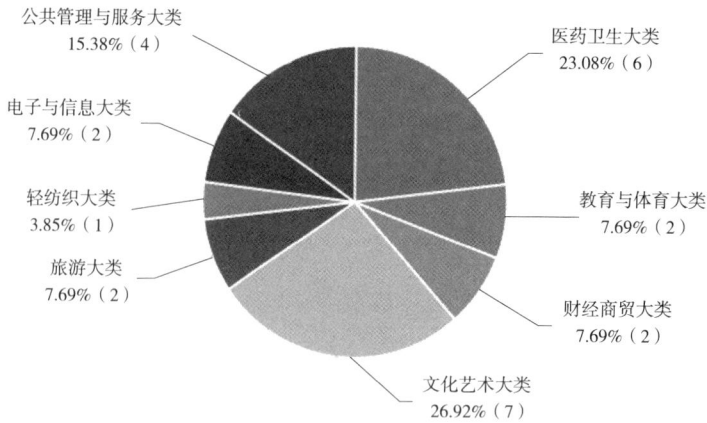

图 3 2021 年涵盖专业大类情况

从 2021 年专业大类布点数来看（见表 2），四所高等特殊职院均开设了医药卫生、教育与体育和文化艺术大类的专业。开设财经商贸大类专业的有 3 所（浙江特殊教育职业学院、云南特殊教育职业学院、辽宁特殊教育师范高等专科学校），开设电子与信息大类专业的有 2 所（山东特殊教育职业学院、云南特殊教育职业学院），开设公共管理与服务大类专业的有 2 所（云南特殊教育职业学院、辽宁特殊教育师范高等专科学校），开设旅游大类专业的有 1 所（浙江特殊教育职业学院）。

表 2 2021 年专业大类布点数

专业大类	浙江特殊教育职业学院	山东特殊教育职业学院	云南特殊教育职业学院	辽宁特殊教育师范高等专科学校	合计
医药卫生大类	1	3	1	4	9
教育与体育大类	2	1	1	2	6
财经商贸大类	1	0	2	1	4
文化艺术大类	3	2	5	3	13
旅游大类	2	0	0	0	2
轻工纺织大类	0	1	0	0	1
电子与信息大类	0	1	1	0	2
公共管理与服务大类	0	0	3	2	5
合计	9	8	13	12	42

在四所高等特殊职院开设的八个专业大类中（见图 4），开设文化艺术大类专业较多的学校是云南特殊教育职业学院，其次是浙江特殊教育职业学院和辽宁特殊教

育师范高等专科学校。开设医药卫生大类专业较多的学校是辽宁特殊教育师范高等专科学校，其次是山东特殊教育职业学院。与其他高等特殊职业院校相比，仅浙江特殊教育职业学院开设了旅游大类专业（中西面点工艺、茶艺与茶文化），山东特殊教育职业学院开设了轻工纺织大类专业（服装设计与工艺）。

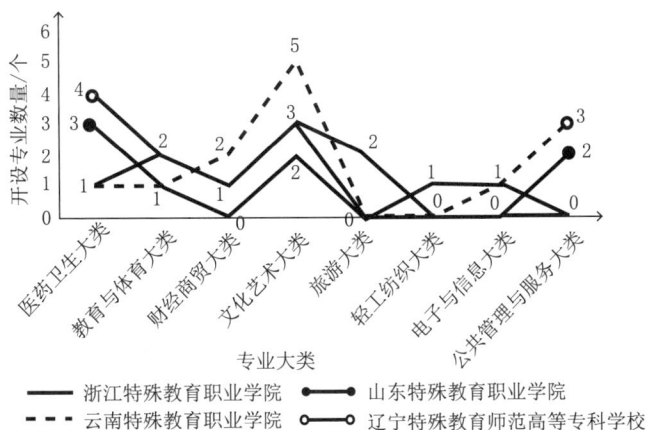

图 4　2021 年专业大类分布

3. 专业群建设

2019 年 4 月，教育部等印发的《关于实施中国特色高水平高职学校和专业建设计划的意见》明确提出，聚焦高端产业和产业高端，重点支持一批优质高职学校和专业群率先发展。从专业群建设来看（见表 3），浙江特殊教育职业学院和山东特殊教育职业学院分别建有省级高水平专业群 1 个，云南特殊教育职业学院建有 3 个校级专业群，辽宁特殊教育师范高等专科学校暂无高水平专业群。与普通高职院校相比，四所高等特殊职业院校在高水平专业建设上还存在一定差距。

表 3　2021 年高水平专业群建设情况

院校名称	专业群名称	等级	对应专业
浙江特殊教育职业学院	特殊教育	省级	特殊教育、康复治疗技术
山东特殊教育职业学院	艺术设计与工艺（特殊教育）	省级	工艺美术品设计、服装设计与工艺、特殊教育

续 表

院校名称	专业群名称	等级	对应专业
云南特殊教育职业学院	经济信息	校级	电子商务、会计、移动应用开发
	特殊教育与公共服务		社区康复、特殊教育、家政服务与管理、康复治疗技术
	艺术		艺术设计、民族传统技艺、美容美体艺术、工艺美术品设计
辽宁特殊教育师范高等专科学校	无	无	无

（二）专业师资队伍

1. 校内教师基本情况

从表4来看，四所高等特殊职业院校中，山东特殊教育职业学院教师队伍规模较大，教职工总数最多（191人），专任教师数最多（131人），生师比最低（8.56），高级专业技术职务专任教师比例较高（38.93%），其余三所学校上述指标差距不是太大，充足的师资队伍可减轻教师工作强度，让教师将精力专注于教育教学上。

表4　2021年校内教师基本情况

项目	浙江特殊教育职业学院	山东特殊教育职业学院	云南特殊教育职业学院	辽宁特殊教育师范高等专科学校
教职员工总数／人	172	191	165	166
专任教师总数／人	96	131	94	97
生师比	11.09	8.56	12.89	15.44
高级专业技术职务专任教师比例／%	26.04	38.93	25.53	26.81

2."双师"素质教师比例

师资队伍中专任教师的"双师"素质反映教师在实践教学中的能力。从"双师"素质教师比例来看（见图5），2019—2021年浙江特殊教育职业学院"双师"素质专任教师比例一直保持在80%以上，山东特殊教育职业学院双师素质专任教师比例在55%上下浮动，云南特殊教育职业学院双师素质专任教师比例变化浮动较大，2021年双师教师比例下降至38.30%。辽宁特殊教育师范高等专科学校双师素质专任教师比例保持在35%左右，双师素质教师比例低于同类高等特殊职院平均水平。

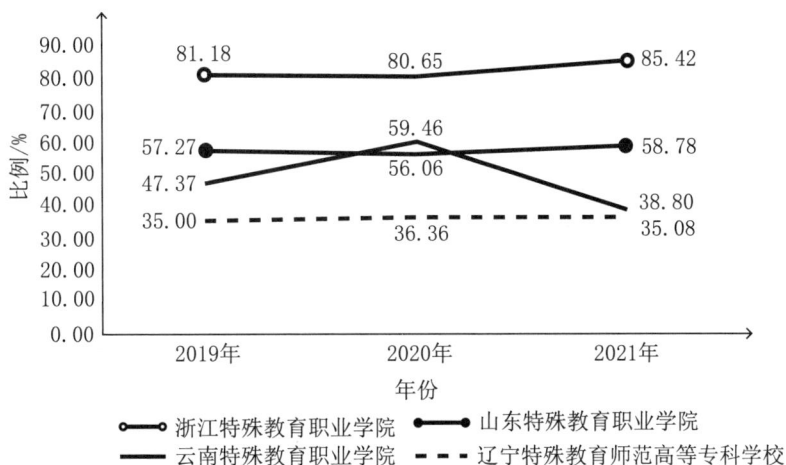

图 5　2019—2021 年双师素质教师比例

3. 企业兼职教师情况

企业兼职教师是高职院校教师队伍中不可或缺的一部分，体现了高职院校产教融合的教学特点和注重培养学生实践技能的特点。从企业兼职教师年课时总量上看，云南特殊教育职业学院（11870 课时）和浙江特殊教育职业学院（8099 课时）较高。山东特殊教育职业学院和辽宁特殊教育师范高等专科学校企业兼职教师课时较少，与前两所学校相比，差距较大。从年支付企业兼职教师课酬来看，浙江特殊教育职业学院年支付企业兼职教师课酬最多，达 82.54 万元，且全部由财政专项补贴支付。山东特殊教育职业学院企业兼职教师的课酬财政专项补贴支付占 1/3，其余两所学校的课酬都没有财政补贴（见表 5）。

表 5　2021 年企业兼职教师情况

项目	浙江特殊教育职业学院	山东特殊教育职业学院	云南特殊教育职业学院	辽宁特殊教育师范高等专科学校
企业兼职教师年课时总量／课时	8099	3688	11870	3220
年支付企业兼职教师课酬／元	825400	322100	735000	295320
课酬中的财政专项补贴／元	825400	102600	0	0

（三）专业国际合作

在专业国际合作方面，受办学条件限制，加之新冠疫情影响，四所高等特殊职业院校也在一定程度上滞缓了国际交流与合作。但是随着国家"一带一路"倡议的推进，四所高等特殊职院"走出去、引进来"的国际交流初显。

2021年，山东特殊教育职业学院以艺术设计与工艺专业群建设为契机，联合山东省服装设计协会与意大利米兰理工大学 POLI.design 设计学院，采用同声传译功能，共同举办山东特殊教育职业学院中意服饰与艺术设计国际课程暨纺织非遗助力听障学子技能提升课程。2019年，浙江特殊教育职业学院首次选派12名教师到美国加州州立大学长滩分校进行为时12天的特殊教育相关培训，邀请美国罗德岛学院惠颖博士来校作"美国特殊教育师资建设的现状与趋势"讲座，接待日本静冈县教育委员会和福井县企业访问团来校考察交流。

二、高等特殊职院专业建设中存在的问题

对四所高等特殊职院的专业建设进行比较分析，并对照《教育部　财政部关于实施中国特色高水平高职学校和专业建设计划的意见》要求，可发现四所高等特殊职院的专业设置与建设水平还有很大的进步空间，在专业建设中还存在一些亟待解决的问题。

（一）专业缺乏总体规划，争相创办综合性大学的倾向较为严重

学校层面尚未建立校级高屋建瓴的专业建设委员会，缺乏自我发展、自我调整的专业管理机制，难以对学校专业规划、专业结构调整和优化等重大问题进行指导，增设、调整专业有较大的盲目性，特别是持续扩招使原来学校专业数严重不足，导致不顾办学条件设置热门专业，想要早日使学校成为在规模上知名的"万人"大学。所以创办综合性大学成为高等特殊职业院校的首选，而从社会发展实际需求和市场供求方面考虑较少，专业调整存在滞后、匹配度不高等问题。

（二）专业设置趋同性明显，专业综合实力不高

一是从专业结构来看，四所高等特殊职院之间"错位发展、差异竞争"的意识不强，重复开设专业的现象比较普遍。二是专业设置不聚焦。各专业之间的支撑力不强，群内专业耦合度、资源共享度不高，残健融合的多学科专业协调发展的专业结构体系还需进一步整合。三是专业影响力不足。与普通综合性高职院校相比，高等特殊职业院校的优势特色专业还未在全国和全省树立起品牌，缺乏明显的优势。

专业核心竞争力有待进一步提高，服务残疾人和残疾人事业发展的专业特色不够突出。

（三）专业领军人才缺乏，存在"因人设庙"等现象

专业建设的关键是人才。近几年，四所高等特殊职院加大师资队伍建设，取得了一定成效，但是高层次教学名师、专业带头人和骨干教师数量明显不足，缺乏来自行业企业有一定影响力的领军人才、技术骨干、业务能手担任专业教研室主任和专业教师，尚未形成一支数量充足、专兼结合、结构合理、德才兼备的高水平教学创新团队，导致专业建设难以实现异军突起的跨越式发展。

（四）专业国际化建设需要进一步"走出去"

目前，四所高等特殊职院的专业国际化刚刚起步，尚未与国外院校建立实际联系。随着国家"一带一路"的推进，专业教师国际化视野需要进一步拓宽，需要与国际先进成熟的专业标准、课程标准、教材和数字化教育资源对接。

三、高等特殊职院专业建设的优化策略

（一）设立校级专业建设委员会

"双高计划"的一大创新点是强调"设立校级专业建设委员会，指导和促进专业建设"。学校从治理层面建立专业建设委员会，对专业的设立、结构优化和布局调整进行审议。这既有利于正确处理好行政权力与学术权力的关系，充分发扬学术民主，也有利于不断提高专业建设水平。同时积极吸纳来自产业一线和行业企业专家的意见建议，从而更好地推进专业建设适应经济社会发展和产业发展需要。另外，建立专业评估制度，完善专业（群）"绿、黄、红"预警机制。结合新生报到率、对口就业率、就业满意度、用人单位满意度等关键性指标，每年开展一次专业评估活动。加大对评估结果为"绿牌"专业的扶持力度，减少"黄牌"专业招生人数，暂停"红牌"专业招生，取消连续 3 年不招生的专业。

（二）构建专业（群）建设调整机制

契合产业结构调整是专业（群）建设的发展动力。一是优化调整专业布局和专

业结构。准确把握国家产业结构发展趋势和残疾人事业发展战略，以及学生成长发展需求和终身学习发展需要，增设产业发展急需的新专业，撤销产业发展淘汰的专业。二是推进高水平专业（群）建设。根据产业发展需要和人才培养实际，构建一个科学的专业（群）建设动态调整机制。基于"产业链—人才链—教育链"，重新调整专业（群）布局，构建"职业岗位相继、技术领域相近、专业基础相通、教学资源相融"的新型专业群。按照"分层分类、梯级发展"的思路，开展省、校两个梯级高水平专业（群）建设。

（三）提炼"特教味"的专业品牌

按照"扶强""扶特""扶需"的原则，通过精准分析区域产业链岗位和人才需求，并根据听障生、视障生、肢残生和健全生等各类学生的不同特点，确定专业的人才培养面向和必须掌握的技术技能，在"人优我特""人特我强"上下功夫，引导同一专业错位发展，打造具有"特教味"的专业品牌。一是做强省级特色专业，在经费投入、师资引进和培养、实训室建设等方面加大倾斜力度，促进特色专业高质量发展。二是培育校级特色专业，做精做细特色培养，"量身打造"一些与地方经济发展紧密结合的特色专业，如浙江特殊教育职业学院开设的"茶艺与茶文化"专业。三是扶持一些社会经济发展急需的薄弱专业，如康复治疗技术专业等，拓宽高等技能型人才培养目标。

（四）打造一流的专业教学团队

加强专业师资队伍建设，将打造教学名师、教学团队等作为专业师资队伍建设的重点，坚持培养提高和引进改造相结合。一方面，实施青年人才培养工程，加大经费资助力度，实施博士倍增工程，鼓励青年教工攻读博士学位，选派教师到境内外进修和访工访学。注重培养"引领性"教师，即专业带头人。作为一名"领导者"的专业带头人，其所承担的角色任务不再局限于个体层面，而是要带动整个专业教学团队实现专业发展的目标。另一方面，组建高水平教学创新团队，实施"双师型"教师培养工程，柔性引进学校紧缺的高职称、高学历、有行业影响力的专业带头人和专业骨干。重视兼职教师队伍建设，建立"企业兼职教师库"，加大对行业企业工程技术人员、高技能人才的聘用力度。建成一支道德高尚、业务精湛、结构合理、充满活力、有仁爱之心的特殊教育师资队伍。

（五）提升专业发展层次

立足于贯彻职业教育、特殊教育与普通教育的三重属性办学，建立多通道成长、可持续发展的梯度职业教育。一是考虑学生学业发展进阶需要，做好与职业本科或应用型本科（3+2）五年贯通培养，畅通高素质特殊职业教育人才成长渠道。二是考虑中高职衔接，加强与中等特殊教育学校、中等职业学校合作，深入对接中高职一体化（3+2）五年贯通培养。三是探索建设特殊教育职业本科层次专业，实现学校转型升格。充分挖掘本科职业教育"职业性"和"高等性"的内涵，坚持转型与升级并举原则，高起点、高层次、高要求推进专业建设，重定培养定位，重建课程体系，重配师资队伍，重塑管理机制，通过长学制培养一批高层次、高水平的技术技能型人才。

（六）开拓国际化合作办专业

国际交流已经成为高水平职业院校和专业的重要标志。高等特殊职业院校在服务好区域经济发展的同时，还应该具有国际视野。在专业建设中，必须注意统筹兼顾"引进来"与"走出去"。一是注重引进国外优质教学资源，主动对标国际职业教育标准体系。通过与信誉良好的国际组织、跨国企业以及职业教育发达的国家等开展交流合作，探索中外合作办学，联合开发课程，建立教师交流和学生交流机制。二是实施"走出去"战略，开展国际化项目推广，与国外知名的教育类、艺术类高校建立合作关系，启动人才培养项目合作，依托"残疾人非遗传承行动"，积极参与国家"一带一路"倡议，服务国家国际化发展战略。

参考文献

[1]　郭福春.高水平专业群在高水平高职院校建设中的现实意义分析.中国职业技术教育,2019(5):22.

[2]　教育部,财政部.关于实施中国特色高水平高职学校和专业建设计划的意见:教职成〔2019〕5号,2019-03-29.

[3]　雷炜.高等教育质量保障体系研究:以浙江省为例.杭州:浙江工商大学出版社,2020.

[4]　宋亚峰,潘海生,王世斌."双高计划"建设院校的专业布局与生成机理.江苏

高教 , 2021(2): 112–118.

[5]　王博 . 本科层次职业教育专业怎么办？——基于不同专业办学内涵论争的初步探讨 . 职教论坛 ,2021(3):36–42.

[6]　王亚南 , 石伟平 . 转型发展背景下高职院校专业带头人角色定位的实证研究——基于对专业带头人岗位职责书的内容分析 . 中国职业技术教育 ,2017(15):20.

[7]　现代高等职业技术教育网 . 高等职业教育质量年度报告专栏 .https://www.tech.net.cn/column_rcpy/index.aspx.

[8]　杨克瑞 . 残疾人职业教育的中国模式与创新思考 . 中国职业技术教育 , 2022(4): 39.

[9]　周建松 , 孔德兰 , 陈正江 . 高职院校高水平专业建设政策演进、特征分析与路径选择 . 中国职业技术教育 , 2017(25): 62.

[10]　周建松 . "双高"建设背景下高职院校治理能力提升研究 . 教育与职业 ,2020(14):15–16.

残疾人职业教育发展的扶智困境及路径研究

姚晓霞

摘要 不断消除残疾人职业教育发展中的制约性因素，进一步巩固残疾人职业教育的发展内驱力，是实现残疾人个体发展与社会加速融合的迫切需要，更是残疾人扶贫工作全面开展的治本之法。新时代残疾人职业教育在享受社会发展带来的巨大红利的同时，也面临市场需求高层次、社会发展高速度带来的诸多挑战。本文结合新时代新格局，探讨新时代残疾人职业教育发展面临的新方向、新困境，紧扣主要矛盾的主要方面，提出构建体系化的"多维互动式"发展新出路，走出残疾人职业教育内涵发展的生态循环新路子。

教育帮扶旨在发展扶贫的自身发展力，以内生能力脱"穷根"，是开展精准扶贫的治本之法。职业教育作为教育的基本类型，因其对技能发展、专业设置的直接市场关注，更能在扶智之路上发挥优势。

残疾人职业教育作为残疾人教育的重要组成部分，培养残疾人的特定技能，直接面向市场需要，距离产业和行业最近，距离社会生产力最直接，在最大程度上解决了残疾人的就业能力发展问题，避免了因能力缺失引起的失业贫困及其引起的系列社会问题。发展残疾人职业教育可以有效缓解残疾人就业压力和适应社会发展的需要。经济发展向更高水平迈进，必然要求逐步消除残疾人职业教育中的制约性影响，扶智发展又必然以经济发展和国力、财力的增强为基础和保障。本文结合新时代对低收入人口的帮扶新格局，对残疾人职业教育扶智所面临的新方向、新困境进行详细分析，并提出促进改革与发展的新出路。

一、新方向：精准扶贫的成功经验为残疾人职业教育发展提供精准施策导向

为解决残疾人特殊生活困难和长期照护困难，2015 年 9 月，国务院印发《关于

建立困难残疾人生活补贴和重度残疾人护理补贴制度的意见》，决定全面建立困难残疾人生活补贴和重度残疾人护理补贴制度。这是保障残疾人生存发展权益的重要举措。2015年11月，中央扶贫开发会议召开，习近平总书记发出坚决打赢脱贫攻坚战的总动员令，将残疾人扶贫纳入国家精准扶贫战略，在政策上进一步体现了优先保障和特别帮扶的精准施策导向。精准扶贫的提出，创新了扶贫开发模式，有利于提高扶贫工作的效率与效益。

全国脱贫攻坚目标任务已经完成，中国残疾人扶贫也经历了从救济式扶贫向开发式扶贫和社会保护并重、从关注残疾人生存问题到发展问题的转变，扶贫方式也从粗放向精准转变，扶贫主体日益多元，社会扶贫助残氛围日渐浓厚。这为残疾人打破贫困壁垒、积极融入社会打下了坚实的基础，也为残疾人职业教育的发展营造了良好环境。

（一）残疾人职业教育政策形成体系化格局

我国残疾人职业教育政策已逐步形成战略化、体系化格局。残疾人职业教育是"造血"式帮扶的"干细胞"。我国已基本形成了完备的残疾人职业教育体系。1994年《残疾人教育条例》规定："残疾人职业教育，应当重点发展初等和中等职业教育，适当发展高等职业教育，开展以实用技术为主的中期、短期培训。残疾人职业教育体系由普通职业教育机构和残疾人职业教育机构组成，以普通职业教育机构为主体。县级以上地方各级人民政府应当根据需要，合理设置残疾人职业教育机构。"1996年《中华人民共和国职业教育法》规定："残疾人职业教育除由残疾人职业教育机构实施外，各级各类职业学校和职业培训机构及其他教育机构应当按照国家有关规定接纳残疾学生。"2008年修订的《中华人民共和国残疾人保障法》规定："残疾人教育应当根据残疾人的身心特性和需要，在进行思想教育、文化教育的同时，加强身心补偿和职业教育；政府有关部门、残疾人所在单位和有关社会组织应当对残疾人开展扫除文盲、职业培训、创业培训和其他成人教育，鼓励残疾人自学成才。"2016年《"十三五"加快残疾人小康进程规划纲要》提出，"加快发展以职业教育为主的残疾人高中阶段教育"，"依托现有特殊教育和职业教育资源，每个省（区、市）集中力量办好至少一所面向全省（区、市）招生的残疾人中等职业学校、一所视力障碍学生高中、一所听障学生高中；改善残疾人中等职业学校办学条件，加强实训基地建设，提高教育教学质量"。除了国家层面的政策，地方也出台了不少相关的配套措施。我国残疾人职业教育的法律体系已基本形成，为残疾人就业提供了重要而全面的职业教育支持和保障。

（二）残疾人职业教育服务体系形成对中高等教育阶段的发展支持

残疾人职业教育支持服务体系基本形成，并与普通职业教育体系逐渐融合。进入 21 世纪，特殊教育政策的发展力度呈时序性递增，且制度间的衔接性与关联性越来越紧密和连贯。残疾人事业开始被纳入国家发展大局，既为残疾人事业发展带来了难得的机遇和有利条件，也提出了更高要求。2001 年，《中国残疾人事业"十五"计划纲要》和《残疾人职业教育与培训"十五"实施方案》出台，对残疾人职业教育体系构建提出了更为具体清晰的目标。2006 年 6 月，《中国残疾人事业"十一五"发展纲要（2006—2010 年）》提出要积极发展残疾人高级中等教育和高等教育的总目标，鼓励兴办残疾人高等教育。2009 年发布的《关于进一步加快特殊教育事业发展的意见》中对残疾人高中阶段职业教育发展提出了要求，同时也强调要加快推进残疾人高等教育发展。值得一提的是，2007 年颁布实施的《残疾人中等职业学校设置标准（试行）》是目前我国唯一的以职业教育为主题的特殊教育学校职业教育政策，这一标准的出台对残疾人中等职业教育的科学规范和质量提升起到了重要作用，也完善和丰富了残疾人职业教育政策体系的构成。在这一阶段，残疾人职业教育伴随着特殊教育的大发展，也在围绕办学方式的改革与创新、办学资金保障与配置、教育对象拓宽等方面积极探索，我国残疾人职业教育支持服务体系得到了快速完善和提升。

（三）残疾人职业教育目标转向：从量变到质量

我国社会的主要矛盾已经转化为人民日益增长的美好生活需要和不平衡不充分的发展之间的矛盾，但仍然处于并将长期处于社会主义初级阶段的基本国情没变。在社会主义现代化建设的征程中，人民日益增长的需要由物质文化发展为对美好生活的向往，但是经济社会的发展在很多方面还难以满足相应的需要，从而形成了供求不平衡的矛盾冲突，外在地表现为民众在一些方面的不满意、不认同、不幸福，残疾人群面临未来新的贫困发生和多元化需要难以得到满足的问题。

持续致力于社会主要矛盾的有效解决，时代对残疾人职业教育精准帮扶的要求就在于助力解决残疾人职业教育服务经济社会改革发展与社会个体生存生活的相互关系中的问题，而且要根据贫困标准的变化和相对贫困与绝对贫困的发生机制，结合第二个"一百年"的阶段安排体现出时空上的前瞻性。

一方面，要结合当前的残疾人职业教育现状，基于经济社会改革发展国家战略布局，深化残疾人职业教育供给侧改革，在一定程度上解决残疾人职业教育资源和机会供给不充分的问题。总的方向就是要做好职业启蒙、做强中等职业教育、做优高等职业教育、做大职业培训。如此，才能为残疾人职业教育面向残疾群体提供体系化的保障，促进残疾人职业教育发展与社会需求紧密对接；才能确保残疾人职业教育精准扶贫有的放矢。另一方面，着力于解决不平衡的问题，残疾人职业教育精准帮扶要着重结合区域和个体的现实差异，针对残疾人职业教育的真实需求，进行资源的合理有效配置，引导推动以强带弱。

二、新困境：社会发展的全面开放性与残疾人职业教育发展定向培养之间的矛盾

（一）市场需求高层次与人才培养兜底线的现实困境

随着经济发展进入新常态，呈现出增速换挡、动能转换以及结构优化的局面。国家统计局《2021年国民经济和社会发展统计公报》显示，新产业、新业态、新模式加速成长。全年规模以上工业中，高技术制造业增加值比2020年增长18.2%，占规模以上工业增加值的比重为15.1%；装备制造业增加值增长12.9%，占规模以上工业增加值的比重为32.4%。全年规模以上服务业中，战略性新兴服务业企业营业收入比2020年增长16.0%。全年高技术产业投资比上年增长17.1%。全年新能源汽车产量367.7万辆，比2020年增长152.5%。全年网上零售额130884亿元，按可比口径计算，比2020年增长14.1%。全年新登记市场主体2887万户，日均新登记企业2.5万户，年末市场主体总数达1.5亿户。新产业、新产品、新业态、新模式不断成长。战略性新兴制造业以及战略性新兴服务业都保持较快增长。"人力资源是经济社会发展的第一要素，经济社会越发展，越需要高质量的职业教育。"这势必要求有更多符合经济产业发展需要的各级各类技术技能型人才。实施残疾人职业教育精准帮扶、长效帮扶，就必须融入并服务于经济社会发展，着力促进社会生产力的进一步解放和人才红利的有效释放，通过精准发力人力资本持续、深度开发，帮助

残疾群体融入新时代国家发展战略、经济结构与产业转型升级的大势和人才需求。

在残疾教育的培养体系中，职业教育作为实用性技能教育，能够保障个体带着一技之长进入劳动力市场，是学习以适应就业与创业需要的重要途径。但是，面临以"技工荒"为表象的结构性失业等问题，根本上的原因在于从业者的以技术技能为核心的职业综合素养不适应市场的需求。残疾人职业教育，尚处在以普惠性的方式兜底残疾人职业教育的发展阶段，职业技能培养难以"精准式"输出样态对接市场高层次人才的需求端。如何加强"扶智""扶志""扶技""扶能"的总体推进，激活个体内在动力，瞄得准、锁得定、扶得精、扶得住、扶得好，这是残疾人职业教育人才培养面临的主要难题。

另外，残疾人职业教育与产业、市场、社会维度的需求融合不足。残疾人职业教育的本质特征与功能定位就在于进行生产能力的培养，以满足经济社会发展的多元化需求。基于个体职业活动全过程的环节关系，这种需求既有通过优质教育培养培训服务，以应对来自家庭及个体的选择性需求，也作为人力资源开发的出口端，直接面向市场、面向社会组织提供各级各类人才及人才的后续提升服务。但也正是由于观念认识、师资队伍、教育质量、专业设置、课程体系、教学方式、技能标准等多方面原因，职业教育发展在一些地方处于"上热下不热、校热企不热"的尴尬境地，校企深度合作、产教深度融合还不能有效适应技术创新、产业升级、经济转型、社会变革对人这一关键因素提出的新要求，也难以很好地满足精准帮扶对残疾人职业教育服务、促进、引领地方经济社会发展的要求。

（二）精准帮扶全覆盖与资源配置不平衡的发展困境

虽然我国残疾人职业教育在整体上获得了长足的发展，但区域发展、城乡发展、类别结构在资源配置方面的不均衡问题仍然突出。第一，区域之间存在差异。因为我国各地区经济、文化、社会发展和人口分布的差异显著，所以各地区的残疾人职业教育水平也参差不齐。就残疾人职业教育分布学校来看，全国近三分之二的学校集中在北上广、江浙等东部地区，部分中西部地区的中高等残疾人职业教育院校分散而且少，甚至有些省份还没有残疾人中高等职业学校。第二，城乡之间存在差异。我国的城乡二元结构带来了资源配置方式的不同，导致我国城市和农村残疾人接受职业教育的机会也不尽相同。城市拥有丰富的教育资源，残疾人职业教育在城市开展得系统而又规范。农村地区因为资源的匮乏而显得相对无序，较多地区仍无特殊教育学校。第三，残疾类别之间存在差异。目前我国残疾人职业教育主要面向听力残疾和视力残疾，而像智力残疾、语言残疾、多重残疾等其他残疾类型的职业教育发展的水平，则呈现明显的滞后性。

（三）个体发展的可持续性需求与培养模式的非持续性矛盾困境

个体在不同生活阶段都会遭遇转换和衔接的困境，需要个体应对角色、环境与发展任务的改变来融入新阶段，进而获得个体发展的可持续性。与健全人相比，残疾人在生涯转衔的过程中遇到的困难更多，从家庭教育走向学校教育，从学校教育走向职场的过渡过程中，残疾学生相较于健全学生需要更多支持。现有职业教育发展的目标动力仍是以"就业第一"为导向的培养模式，紧盯"眼前"的需求导向往往导致对可持续性及后续发展性的关注不足。残疾人职业教育并未跳脱出职业教育目标认定的大方向，虽在一定程度上解决了残疾学生毕业后的第一阶段的短暂就业问题，但对残疾学生整体的生涯规划则因学校教育结束而终结。

此外，残疾人遇到的障碍并非仅由自身残疾所致，社会与环境中的障碍和限制也是导致残疾人活动与功能受限的重要因素。如何在残疾人职业教育中融入可持续发展理念的培养，帮助残疾群体建立应对社会困难、生活困境的发展型能力与自信，最大限度发展他们的优势和潜能，促进其在不同生涯阶段之间的顺利转衔，仍是当下残疾人职业教育所面临的一大难题。社会发展越是快速，职业生涯的变更可能性就越会加大，残疾个体自身可持续发展也将面临更大挑战。

三、新出路：构建体系化的"多维互动式"扶智路径

精准帮扶是实现残疾人帮扶政策无障碍的关键。残疾人职业教育的精准帮扶，是集合力的帮扶，是教育主体、教育客体、社会环境、市场机制、政策支持等多向互动式的有机发展，要素间的体系化运作是教育生态良性循环的必要条件。

（一）纵横布局：以"资源互通"带动区域平衡

第一，加强整体规划，统筹管理。残疾人职业教育只有融入国家加快构建的现代职业教育体系之中，才能获得可持续性发展，并在此基础上整合全国残疾人职业教育资源，根据各地区经济发展、残疾人职业教育水平，开展对残疾人职业教育

的总体规划、资金投入、资源配置、政策措施的统筹管理。统一规划布局，进一步融入各区域残疾人群分布密度、残疾类型分布特点、经济社会发展水平等实际发展情况。

第二，资源动态配置，注重均衡。教育公平的关键是机会公平，根本措施是合理配置教育资源。在配置残疾人职业教育资源时，需要根据各地区残疾人职业教育发展要素的变化，进行有效的动态配置。这里强调的资源配置均衡化，不是简单地追求形式上资源投入的均等化，而是注重配置效率的均等化；既需要关注中西部和农村地区教育资源的满足和完善，也需要注重东部和城市地区资源的投入和使用效率，防止资源投入的重复和过度，最终提高教育资源的有效性。

第三，分层分类发展，示范引领。需要在全局规划下，对城乡不同类型、发展水平不同的残疾人职业教育学校区分对待，加强院校间的合作和协同创新，推动建立各地区兄弟学校联合办学的工作机制。《教育部等四部门关于加快发展残疾人职业教育的若干意见》中指出，我国目前残疾人职业教育的重点是残疾人中等职业教育，建议在具备条件的城市和地区，重点建设一所残疾人职业教育教学的骨干示范性学校，发挥其示范引领作用。此外，加大对各类残疾类型学生的研究，扩大残疾学生就读职业教育学校的机会，不断为他们提供更高质量的职业教育。

（二）横向拓展：以"社会性在场"构建融合型人才培养模式

就业是促进低收入群体发展的直接动力。残疾人的就业问题是一个社会性问题，因此对其的研究必须在社会性"在场"的语境下，从社会学的视角进行审视，将其置于广阔的社会网络背景中去考察，才能深刻揭示问题的本源。基于社会网络理论，在当前我国推进残疾人支持性就业的过程中，必须将支持性就业的思想理念及其相关组织嵌入到广阔的社会生态系统中，形成立体、多维、网络化的嵌入格局，才能充分开发与利用有关社会资源，取得社会的广泛支持，以获得更多发展机遇。社会性的"在场"，要求残疾人职业教育必须是具有社会融合性的。

第一，准确定位残疾人职业教育目标。一方面，既需要从残疾人就业的行业和岗位着手，确立基于岗位胜任力的多维人才培养目标，又因残疾学生的特殊性，使得其在学习能力、方式、就业路径上与普通学生有一定的差异，因而在遵循职业教育人才培养规律的前提下，还需要根据这些差异性进行相应的调整。另一方面，坚持产教融合、校企合作是职业教育的根本和出发点，需要进一步落实现代学徒制度，把企业的岗位需求有效地转化到人才培养课程体系中，帮助残疾学生实现课堂知识的迁移、工作场所能力的转化，从而真正提升人才培养与社会需求的黏合。

第二，构建残疾人职业教育融合发展模式。1994年联合国教科文组织通过了《萨拉曼卡宣言》，指出并推广"全纳教育"。随之我国的《残疾人教育条例》也提出，对残疾学生的职业教育应最大程度地融入普通教育。在这一理念的践行过程中，构建残疾人职业教育融合发展模式成为趋势。越来越多的残疾人进入有条件的普通职业技术学校开展随班就读；同时，越来越多的残疾人职业学校也开始与普通职业学校进行专业建设、人才培养、技能培训、学分互认等多方面的合作。这既打破了传统相对隔离的残疾人教育，也为残疾人的社会交往、融入和适应提供了平台和基础。

（三）纵向延伸：以"要素改革"推动内涵建设

《国务院关于印发国家教育事业发展"十三五"规划的通知》中，明确了教育事业要深化产教融合、校企合作、工学结合的发展方式。伴随着教育的普及化、大众化，单一地培养学生掌握某项技能不能再作为残疾人职业教育的目标，而应该从人的全面发展、教育的总体目标和终身学习等内涵方面，来考虑重新定位残疾人职业教育的内涵发展方向。以资源、规模扩张为主要特点的粗放型发展模式已经不适应时代发展需要，现阶段的残疾人职业教育必须紧跟时代进行实质性的变革，解决目前面临的主要问题和主要矛盾，摸索出适合本地区残疾人职业教育发展的内涵建设新路子。

内涵发展的关键要素是加强专业建设，建设一批特色鲜明、掌握职业技能、有核心竞争力的专业和专业群。一方面，要将专业和产业、行业紧密相连，立足当地市场需求和区域经济发展，邀请企业参与专业建设，紧扣企业特色和优势，用需求指导专业规划与建设，按照"巩固优势专业、改造传统专业、淘汰劣势专业、发展新兴专业"的思路确定专业布局，使专业设置更加贴近社会、贴近市场。另一方面，创新残疾人中高等教育的衔接体制，进一步拓宽衔接标准内涵。整合统一的专业目录，打通专业衔接的壁垒，体现出专业、行业与职业的一体式专业构成。并通过紧抓专业建设这一主线，有效推动残疾人职业教育的内涵发展。

内涵发展的核心要素是师资队伍建设。教学教育的根本，在师资队伍建设过程中，可以立足现实需求，采用"引进来""走出去"两种方式提升师资队伍水平。一方面，学校应根据各级各类教师的不同特点和发展实际，通过优惠政策和校企合作等引进行业专家、优秀的外校专业课教师等来校担任兼职教师。另一方面，学校应通过挂职实践、轮岗培养、专业研修、交流学习等途径，推动在编在岗教师真正成为"双师型"教师，形成一支专职为主、专兼结合、数量充足、素质优良的教师队伍，促进残疾人职业教育的内涵发展。

内涵发展的重点要素是加强校园文化建设。紧扣残疾学生的特点，将支持服务体系融入校园文化建设。通过环境调适与支持服务，消除残疾学生在院校物理环境中的障碍，引入通用设计原则，创造无障碍校园环境；通过各类体育、艺术、技能类文化活动，帮助学生树立自我意识和拼搏精神；通过与职业康复服务的结合，系统促进残疾学生的康复，为学生提供机会探索与自身工作能力相适应的职业；通过就业支持服务，为学生提供劳动力市场信息、就业指导等内容，提升残疾学生就业自信。

四、结 语

精准帮扶，是视角，是目标，亦是方法论。新时代，残疾人职业教育迎来了政策支持、资源投入的发展春天。以精准帮扶为导向的助残帮扶工作，目的性更强、针对性更强、决策性更强。现阶段，残疾人职业教育面临着自身的发展困境，残疾人职业教育发展需要精准的发力、靶向的帮扶。构建体系化"多维互动式"发展的新出路，是突破传统单一建构的增量提升，是针对发展弱项的增强发力，是面向发展短板的补足加持，是助推内驱动力的"精准"之法，更是精准帮扶方法论在残疾人职业教育发展中的现实运用。依托精准帮扶的大势，把好舵、用好法，走出残疾人职业教育内涵发展的生态循环新路子。

参考文献

[1] 冯元，张金福 . 近三十年我国特殊教育政策发展进程的理论阐释——基于历史制度主义的分析 . 教育发展研究，2017(11): 15.

[2] 葛道凯 . 坚持以人民为中心的发展理念 推动高等教育内涵发展 . 中国高等教育，2017(20):13.

[3] 李佳颖.改革开放以来我国特殊教育政策的变迁与发展研究.沈阳:沈阳师范大学学位论文,2012:5.

[4] 刘延东.加快推进职业教育现代化 开创我国现代职业教育新局面——在推进职业教育现代化座谈会上的讲话.中国教育报,2017-01-24.

[5] 刘长庚,郑品芳.论习近平精准扶贫思想对教育精准扶贫实践的指导.湖南大学学报(社会科学版),2018(6):1.

[6] 杨立雄,兰花.中国残疾人社会保障制度.北京:人民出版社,2011:43-47.

[7] 杨小敏.精准扶贫:职业教育改革新思考.教育研究,2019(3):126-135.

残健融合型高职院校学生就业支持体系建构与发展研究 [①]

赵晓旭 [②]

摘要 就业是实现个体社会价值的过程，对于残疾人而言同样如此。与健全人完善的劳动力市场相比，残疾人就业体系是在残疾人个体意愿、政府扶持、市场因素三方共同作用下形成的。本文从残疾人就业支持体系建构的综述入手，以高职院校"残""健"两类学生的就业现状、困境、心理特征为研究场域，结合不同类型"残""健"学生就业创业的微观行为样本，提出通过就业支持体系的保障政策目标反思、以拓宽残健融合型职业教育机会的"可达性"提升残疾人就业质量、以"无障碍"的工作场所和信息条件满足残疾人竞争性就业需要等体系构建，实现"残""健"学生自我与职业的双重发展。

一、残疾人就业支持体系研究综述

新经济发展与互联网媒介的迭代，在创造全新职业的同时也深刻改变了残疾人的就业方式。纵观国内外学术界对残疾人就业支持体系的研究，已有文献可以归纳为以下两条研究主线。研究主线之一从社会学角度出发，聚焦残疾人就业的影响因素，以影响因素"倒逼"支持体系。个体特征因素方面，王豪等运用领悟社会支持量表与就业压力量表建模分析认为，自尊对残疾人就业压力具有反向作用，而领悟社会支持下的社交行为对自尊具有促进作用；教育培训因素方面，白先春等认为残疾程度、教育程度、就业扶贫对残疾人就业的影响较大；社会环境因素方面，白琳

---

① 2023 年度浙江省中华职业教育科研项目"残健融合型高职院校学生就业支持体系建构与发展研究"（项目编号：ZJCV2023D05）研究成果。

② 赵晓旭，女，1985 年 10 月生，浙江特殊教育职业学院副研究员、教务处（科研处）副处长。

基于社会排斥视角认为社会环境中的"观念排斥"对残疾人与社会大众的意识与行动具有引导作用，导致残健隔离。残疾人就业模式"弹性指数"（flexicurity index）方面，尤其是灵活就业、弹性就业模式研究，其研究主题包括：残疾人贫困与灵活就业、国家福利政策与残疾人就业模式的关系、包容性福利政策与包容性就业、残疾人灵活就业对宏观经济和劳动力市场的影响、个人干预、社会干预与支持性的残疾人就业计划等。

研究主线之二从政策实施与评估的角度出发，聚焦就业支持政策与评估。就业政策方面，郭俊华等通过间断—均衡理论，梳理我国残疾人集中就业政策的变迁历程、逻辑，提出政治经济体制改革、中央和地方政府创新、政策性问题生成是推动残疾人就业政策变迁的驱动因素；就业方式方面，何燕认为庇护性就业是一种过渡性就业，未能发挥出社会和残疾人参与的主动性，而最终目的是促进残疾人融入竞争性就业的环境中。

总体而言，残疾人就业支持体系为我国积极劳动力市场政策的组成部分，相关专家学者就近年来残疾人就业研究的热点、前沿与展望进行了梳理，根据残疾人就业流量趋势图并结合我国残疾人就业政策，残疾人就业研究可以划分为具有"金字塔"特征的三个阶段。第一个阶段（2010—2012年）主要讨论残疾人就业模式、就业障碍、包容性就业。2008年，中共中央、国务院颁布《关于促进残疾人事业发展的意见》指出，要依法推进按比例的残疾人就业模式，集中就业模式开始落后于按比例的残疾人就业模式。2011年，世界卫生组织和世界银行发布了《世界残疾报告》，包容性概念在残疾人教育、残疾人就业政策、残疾人就业服务体系建设等方面得到学界关注，两者很大程度上促进了残疾人就业研究第一个流量高峰出现。第二个阶段（2012—2016年）主要讨论残疾人就业政策、残疾人职业教育。2012年，党的十八大提出要健全残疾人社会保障体系和服务体系，切实保障残疾人权利，一些学者开始从理论和经验层面探讨"积极福利""优势视角"下的残疾人就业实践。这一时期对残疾人职业教育的讨论则和期刊特性有很大关系，《中国特殊教育》《成人教育》《职业技术教育》等期刊是残疾人就业核心文献流量出现波动的主要原因。在这两个因素的共同作用下，残疾人就业核心文献流量于2014年迎来了第二个高峰。第三个阶段（2016年至今）主要讨论残疾人共同富裕、无障碍环境建设。2015年国务院印发《关于积极推进"互联网+"行动的指导意见》，2021年，中国残联出台《关于支持浙江残疾人事业高质量发展促进残疾人共同富裕的实施意见》《机关、事业单位、国有企业带头安排残疾人就业办法》文件后，以带头安排残疾人就业、残疾人服务均等化促进残疾人共同富裕等议题被广泛讨论，政策和期刊的双重效应促使残疾人就业研究迎来第三个高峰。

政策制定者和实施者一直在努力探索基于社会融合的残疾人就业支持模式，较多地关注政策的预期结果，却较少质疑政策演进的过程如何塑造结果。随着政策的演进，一系列的实际问题接踵而至，包括教育机会尤其是职业教育机会的供给比例在不同残疾类别人群中不平等、就业主体能动性发挥一般、集中就业模式下残疾人社会融入程度不高等。残健融合型高职院校，具备高等教育性和职业性的双重特点，同时融合残疾人学生和健全学生两类群体，对于研究残疾人就业支持体系的教育供给质量、主体能动性发挥、残健融合等建构内容具有一定的典型意义。

二、残健融合型高职院校学生就业支持现状

（一）残、健毕业生就业率呈现"跷跷板"现象

目前，结合残疾人特殊生理状态，我国制定并实施相关法律法规和措施，保障安置残疾人就业，满足残疾人就业需求。在残健融合型高职院校中，面向残疾人（招生对象主要为残疾学生）、残疾人事业（招生对象主要为健全学生）开展招生，普遍存在残疾学生就业率高于健全学生的现象。以浙江特殊教育职业学院为例，为贯彻落实国务院关于《促进残疾人就业三年行动方案（2022—2024年）》的要求，学校按照残健学生类别，建立"一人一策"就业服务台账，开展"一对一"精准服务。根据2021—2022学年高职院校人才培养状态数据采集与管理平台，学校2022届毕业生初次就业率达96.21%，其中直接就业率71.07%，高质量就业率13.34%。浙江省教育评估院数据显示，2022届毕业生就业率为97.61%。近年，学校毕业生毕业一年后就业率基本保持稳定，但残疾学生的就业率相较健全学生而言高1—3个百分点（见表1）。

表1 2018—2022年浙江特殊教育职业学院学生就业相关数据一览

序号	数据内容	单位	2018年	2019年	2020年	2021年	2022年
1	整体就业率	%	95.94	96.09	99.12	99.46	97.61
	其中：残疾毕业生		98.30	97.90	99.67	100.00	98.16
	健全毕业生		93.70	95.76	98.00	98.85	96.75

续　表

序号	数据内容	单位	2018 年	2019 年	2020 年	2021 年	2022 年
2	毕业生本省就业比例	%	95.31	89.61	84.62	89.49	97.44
3	月收入	元			3222.17	3273.84	4746.00
4	专业对口度	%	84.69	82.68	83.30	85.23	89.06
5	学生毕业一年后对母校满意度	%	84.16	84.98	82.58	85.91	92.83
6	自主创业比例	%	0.31	0	0.44	0	4.35
7	雇主满意度	%	—		98.84	97.07	95.60

数据来源：浙江特殊教育职业学院公开发布的《年度质量报告》《年度就业质量报告》。

（二）残疾人就业支持政策目标定位偏差

政策目标的定位偏差是从福利治理理念、治理目标、治理关系、治理过程等方面探究基层治理场域对残疾学生就业政策目标定位的深层次影响。单维度的治理关系妨碍了福利治理主客体间的平等互动，从关系角度看，社会治理更多强调多方参与和协商合作。依据福利治理理论，平等的互动关系是福利政策目标定位的内在要求。具体到残疾人就业支持政策，就是在目标定位主体与目标定位对象之间形成平等的关系。在残健融合型高职院校中，负责就业指导的辅导员、班主任、系部专业课教师将残疾学生与健全学生看作平等主体，积极给予就业技能培养支持、就业交往能力支持。但在社会交往过程中，部分从事残疾人工作的基层人员并未把残疾人看作平等主体，大部分残疾人仍处于弱势，其诉求很难得到工作人员的及时回应，呈现单维度的治理关系，而治理关系直接影响着就业信息资源获取的渠道和效率。

（三）残疾学生就业的政策支持主体能力有待提升

从政府层面看，统筹协调有待完善，较难调动社会协同合力。体现在：其一，顶层设计有待完善，统筹协调不够顺畅。残疾人职业教育与就业政策的颁布与落实，牵涉教育、民政等多个部门，部门间关系的协调性有待进一步提升。其二，社会合力不足。长期以来我国残疾人职业教育对教学行政主管部门有较强的黏性，公办的残健融合型高职院校在残疾人职业教育服务供给和资源获取上具有绝对的垄断地位，导致社会各界参与支持残疾人职业教育欠缺认识与机会，难以形成多元共治局面。

从社会组织层面看，社会结构的变化和残疾学生的实际需求之间存在着供需失衡，这主要表现在：其一，不同类型的残疾人口变化与残疾人职业教育覆盖面不相匹配。自"二孩政策"实施后，视力、听力残疾人减少，而中重度智障、孤独症等类型明显增加。但在残健融合型高职院校的办学面向方面，针对智力残疾学生开展的职业教育、培训还比较少，智力残疾学生接受职业教育的机会还相对欠缺。其二，各组织的特殊教育支持与残疾人的全纳需求不相匹配。调研结果显示，职业院校仅有 15.6% 的教师在任职前接受过心理学、教育学、特殊教育学等相关理论、实践方面的学习、培训，因此多数教师对残疾人的认知较为模糊，自然也就缺乏对残疾学生身心发展规律的掌握；社区支持层面的社区氛围及辅助技术应用同样也相对薄弱，有 91.9% 的家庭表示所在社区从未开展过关于特殊儿童教育的家长培训。

从非正式社会支持的层面看，教育参与有待加强，专业化程度相对欠缺。古往今来，家庭在残疾人的社会支持供给中起基本作用，包括经济保障、情感慰藉等。因此，在残疾人职业教育非正式的社会支持中，残疾学生家长也扮演着主要角色，其存在的问题具有一定代表性。主要体现在：其一，教育参与缺位。受传统文化的影响，子女的教育任务主要是由学校负责的，大部分家长缺乏参与学校教育的意识，没有认识到自己的权利和义务，更遑论残疾学生的其他亲属及邻居等在残疾人职业教育中的参与范围与程度；其二，家庭对残疾学生接受职业教育所给予的指导科学性不强。由于我国残疾儿童家庭支持服务体系和与之相关的家庭教育研究仍处于起步阶段，《中华人民共和国残疾人保障法》等相关条例也尚未明确提出对残疾儿童家长提供家庭教育态度、知识及能力咨询与指导的系统支持。所以整体上我国现行的残疾学生家庭教育支持的科学性不够。

（四）残疾学生就业客观方面存在"晕轮效应"

"晕轮效应"最早是由美国著名心理学家爱德华·桑戴克于 20 世纪 20 年代提出的。他认为，人们对人的认知和判断往往只从局部出发，扩散而得出整体印象，也即以偏概全。一个人如果被标明是好的，他就会被一种积极肯定的光环笼罩，并被赋予一切都好的品质；如果一个人被标明是坏的，他就被一种消极否定的光环所笼罩，并被认为具有各种坏品质。这就好像刮风天气前夜月亮周围出现的圆环（月晕），其实圆环不过是月亮光的扩大化。据此，桑戴克为这一心理现象起了一个恰如其分的名称"晕轮效应"，也称作"光环作用"。残疾人作为就业市场中的一个特殊群体，身体局部的组织功能缺失导致其在就业市场中产生"晕轮效应"，即使是接受了高等职业教育的青年学生，也存在此类现象。在校期间，通过残健融合的过程一定程度上削弱了"晕轮效应"，但毕业后走上社会，要经历"大社会"的融合，人类个体的相互认知很多时候是由自身的推理产生，虽然健全人及其意识形态是社会主流文化，但是由于很多健全人在成长过程和生活经历中缺乏对残疾人个体及其生活的理解和认知，导致以健全人为主的社会主流文化对残疾人的生存能力存在偏见，潜意识中认为残疾人没有足够的能力创造社会价值，无论残疾人的实际能力如何，最终根据残疾现象而对残疾人加以否定。残疾人在职场遭遇的身心空间隔离，很大程度上是因为当下的社会结构是以健全人的行为交流模式为主轴。综合评判当下劳动力市场，残疾人的劳动就业权确有长期低于健全劳动者的迹象，这与共同富裕的理念相违背。

（五）残疾人职业选择带有稳定和空间邻近的特征

严酷的社会竞争环境使残疾人选择职业时倾向稳定和空间邻近，优先选择居住地附近，具有稳定的收入、劳动时间及社会保障的工作机会。调研过程表明，残疾人由于自身或者家人对未来的考虑，求职时将工作的稳定性放在首位，要求工作有稳定的收入、适宜的劳动强度和完善的保障待遇等。这一方面是出于家庭对残疾子女的未来生活的考虑，希望子女能有稳定的生活；另一方面是稳定的工作能够降低残疾人自身被社会竞争环境淘汰的风险。空间邻近是另一个求职特征。依据《2022年浙江特殊教育职业学院年度质量报告》的就业地区分布数据显示，浙江省内就业人数大于浙江省内生源人数，毕业生主要在浙江省内就业，尤其是在杭州地区，由此可以看出杭州就业机会更多、就业环境更好、毕业生更倾向于留杭工作。残疾人往往希望工作单位靠近居住地，这是由残疾人自身条件和客观环境决定的。由于残疾人行动不便，出行时对外界环境存在一定依赖性，工作地靠近居住地可以方便残疾人工作，降低风险。

（六）校园信息共享平台建设不完备，导致就业资讯碎片化

数字经济时代，残疾人招聘信息零散分布在各类线上平台和线下活动，一般的高校未针对残疾学生提供具有针对性的信息利用场域。就业资讯的碎片化不仅让部分残疾人错失了更适合自己的就业机会，也使部分招聘企业与适宜的残疾人高层次人才失之交臂，给双方带来不便。此外，完备的信息共享机制对残疾人维权也能起到积极作用，残疾人在从择业到就业过程中处于弱势地位，其劳动权益极易受到侵害。

三、高职院校残疾学生就业心理特征

（一）工作意愿强烈，渴望实现个人社会价值

美国心理学家马洛斯提出了著名的需求层次理论，他认为人作为一个有机整体，具有多种动机和需要，包括生理需要、安全需要、社交需要、自尊需要和自我实现需要。与健全人一样，残疾人也有同样的社会生产生活需要，尤其是工作的需要。在残健融合型高职院校中，职业生涯规划与就业指导课作为学生在专业课、公共基础课以外的公共必修课之一，其课程目的在于使学生具备主动规划专业成长的意识与能力，并依照专业发展规划实施专业提升计划，将专业学习成果运用于工作，残疾学生、健全学生通过同一个校园、同一个仿真实训场景，基于循证的方法通过职业生涯规划与就业课解决普通教育环境中的融合教育就业实际问题。从课程反馈来看，残疾学生表现出更为强烈的工作愿望，渴望实现个人社会价值。

（二）具有制度、组织、圈群依赖心理

国家对于残疾人就业的制度设计及残联组织的功能定位，导致较多的残疾学生及其家庭形成了解决就业问题上的依赖心理，残疾青年学生无论在校期间或在社会生活中，普遍依赖制度、组织、圈群。在个体化时代，一方面，青年的自由度和可选择机会空前增加，但另一方面，也不得不承受由此所带来的各种生理和心理的挑战，即个体化时代的自我认同危机。在个体化的社会中，公社、单位等共同体逐渐瓦解，不复存在，原本确定的社会身份日渐模糊，人们不再通过组织或单位来确认自我，回答"我是谁"的问题，而需要主动与外界发生交往才能形成社会关系，寻找个体身份和群体归属。正是这一特点，使得个体化时代的青年人有着更强的社会交往需求，而这一特征在残疾青年中表现得更加明显。原本的地域性、残疾类型、残疾程度使残障青年们在入校前已经拥有自身的圈群，在入校后、就业时，这些圈群发挥了不可替代的作用。对于追求个性、"去组织化"以及"社会交往泛化"的当代青年而言，其建立社会关系的方式与以往有所不同，需要新的组织形式来承担个人与社会联结、就业与社会融入联结的功能。

（三）存在强烈的职业危机，工作要求存在多样性

同时，随着社会的发展，人才竞争越来越激烈，劳动力市场逐渐进入"买方市

场"，用人单位在员工招聘及轮换时处于强势地位，而这对健全人和残疾人产生了重要影响。由于自身缺陷，残疾人在劳动力市场中处于明显的劣势，这导致残疾人具有强烈的职业危机感。由于担心被用人单位淘汰，其不仅努力工作，而且工作之余通过各种途径参加职业教育，提高自身就业能力，这些也是残疾人职业危机感的表现。

四、残健融合就业微观行为样本 [①]

（一）自主创业行为：陈小杨（肢残生）的外贸公司

陈小杨，肢体残疾，特殊教育高职院校电子商务专业毕业生。他乐观向上，但他并不是被命运青睐的宠儿，3 岁的时候在家门口玩耍，因为意外造成左腿粉碎性骨折，终生无法痊愈，但是伤痕从来没有长在陈小杨的内心，他一直告诉自己："我和别人一样，只是我要付出更多的努力。"在浙江特殊教育职业学院求学时，陈小杨相继在浙江省"互联网＋"大学生创新创业大赛中荣获银奖，同时还获评共青团浙江省残疾人联合会委员会优秀团员。创业，是陈小杨最爱的话题，他目前已经拥有了相对成熟的商业模式，有了一个自己代理的品牌，很难想象，眼前这位朴实的小伙子，仅仅依靠电商创业，3 年内赚了 100 多万，更难想象，他还是一名肢体残疾者。他并不愿多谈及自己的伤残情况，却也不避讳这一点，只是他更愿意展示他积极向上、乐观进取的一面。学校的一间普通教室，就是陈小杨在校期间的工作间。这间闲置的教室里，正面挂着"厚德博爱 勤学自强"的校训，两张桌子、三台电脑，四周的架子上以及地上则堆满了一包又一包的衣服。陈小杨踏踏实实研究市场，比如为什么选择卖衣服？因为杭州有着天然优势，自己也有一些经验；为什么选一些国潮类的品牌？一方面因为淘宝本身在推广，另一方面也比较符合时下年轻人的口味。在具体运营方法上，店铺忙的时候会叫一些同学和家人帮忙，也会向老师请教，但大部分的时间需要自己琢磨。一点点地钻研，陈小杨的店铺正慢慢步入正轨，他很感谢专业老师和学校领导为他的创业之路助力，也很感恩自己能在杭州从事淘宝工作，各方面的资源和条件都会顺利一些。毕业后，陈小杨内心目标越来越清晰，创业才是他唯一的路。于是他在寻找货源、积累客源的基础上，不断寻找

---

① 以下半结构访谈内容中的姓名均为化名。

新的经营模式，将他的聪明才智全部用在互联网创业上。

自主创业在残疾人中比重不高，并且以小店、个体户为主，具备法人单位的公司企业并不多。像陈小杨这样自主创业，规模、资金、技术、营销等都是制约企业进一步发展的因素。这类残疾学生自身综合素质较高，接受了完整的基础教育和高等教育，社会化程度较高。其认为，残疾是不可改变的，社会偏见也只有靠残疾人自身的努力才能扭转，因此，只有自信、自强、自立才能改变自身的命运。对于工作，这类残疾人希望能够像健全人一样在市场中找到一份自己满意的工作，而不是依靠政策帮助。

（二）支持政策下的创业行为：无声筑梦团队（听障生）与残疾人之家

无声筑梦团队，听力障碍，特殊教育高职院校中西面点制作专业毕业生。通过浙江省残联和学校的帮助，在位于杭州市马塍路的残疾人大学生创业实训和残疾人文创孵化基地（依托省残疾人之家）内自主创业，追逐梦想。烘焙店、理发店、按摩店、快递店……一家家店铺不断吸引着社会关注的目光。

"筑梦烘焙"，是马塍路南端的第一家店。小店的合伙人是四位来自浙江特殊教育职业学院的大学生。玻璃门上贴着一张"简单介绍"：我们店由四个有听力障碍的烘焙师组成。咖啡师荣瑞祥、面包师傅千、甜品师陈露、运营管理周斐尔，四位年轻人是初次创业，但分工明确。除了周斐尔还在读大二，其余三位都已经毕业。刚刚走进店里，正在前厅忙碌的荣瑞祥顺手拿出一个手写板。他身后的提示上写着："交流不便，可以使用手写板或打字哦。"在"筑梦烘焙"的隔壁，是一家名叫"无声发艺"的小店。橙色的门头彰显活力，灰色门框、透明玻璃简单干净，门上挂着营业中的牌子和理发价格的海报，进门右手边贴着温馨提示，告知顾客本店理发师需要通过手绘板写字或文字翻译软件进行沟通交流。粉色的提示牌除了写明基本情况，还鼓励顾客在理发完毕后给理发师比一个大拇指，倍显温馨。理发师是听障者陈师傅。陈师傅用笔和板与客人交流，双方需求达到一致就开始利索工作，手上动作半刻没停，电推、小剪刀、梳子，理发工具在他手中有序地交替。送走客人，陈师傅抖抖理发围布，用刷子将掉在理发椅上的头发扫到地面，再用扫帚将碎发扫起。片刻之后，店里光洁如初。"无声发艺"于2022年6月开业，营业时间从早上8点半持续到晚上9点，提供快剪、洗发、洗剪吹等各种服务，其中快剪仅10元。上午8点半开门后，陈师傅会把店里的毛巾都整理好，晚上下班前洗好毛巾、整理清扫。价格实惠，手艺不错，来光顾"无声发艺"的人不少。老人、小孩、学生、青年，还有来洗头的姑娘，这里什么年龄段的客人都有。"无声发艺"的主理人沈国权介绍，店里目前只有他和陈师傅两个无声理发师，两人既是同学也是老乡，相互支持着把店开起来。刚开业时，有些新顾客不知道情况，以为这是一家健听人开的理发店，后来才知道是听障者开的理发店，虽然刚开始在沟通上有些不适应，但看到最后的理发成果，这些顾客在理过之后还会来第二次、第三次，沈国权和老顾客混熟之后，彼此之间都很信任。

除了烘焙和理发之外，附近还有按摩和快递小店，这些都是毕业于浙江特殊教育职业学院的学生开办的，这一群听障者在这里努力实现自己的梦想。残疾人高等职业教育产教融合从 1.0 版发展而来，2020 年，学校中西面点工艺专业与杭州知名西点品牌"莫卡乡村"直属公司杭州嘉启品牌服务有限公司签订校企深度合作协议，通过建成校内全真生产性实训基地、校外创业孵化基地，为听障学生搭建全真就业实训、创业运营实践平台。省残疾人之家内的"筑梦烘焙"、"无声发艺"、推拿、圆通快递等无声小店就是 2.0 版，通过政府主办、企业开办、社会兴办建立"三驾马车"并驾齐驱的模式。

（三）再就业行为：丁小草（视障生）从本科到高职的求学经历

丁小草，视力障碍，特殊教育高职院校康复治疗技术（推拿）专业大一学生，全盲。从幼儿园至普通高中一直就读于盲人学校，并以优异的成绩考取了某应用型本科高校特殊教育学院的钢琴调律专业，四年本科学习后掌握了较好的专业技能。但因生活成本较高、身边无亲人照顾等实际原因，毕业后在高校所在的北方大城市无法扎根。回到家乡小县城后面临的就业问题是"无业可就"，小县城没有钢琴调律的就业需求。曾经想自主创业创办一家钢琴调律的工作室，但因运营手续、启动资金等实际问题，最终放弃了。在本科毕业后第 2 年，丁小草最终选择了再次参加残疾人单独招生考试，考取了特殊教育高职院校的康复治疗技术（推拿）专业，目前正在校学习推拿相关技能。

残疾人的就业面相对较为狭窄，这与传统观念、社会接纳度有正相关关系，视障生以推拿工作为主，听障生以电子商务、中西面点工艺工作为主，精神障碍学生以餐饮服务行业为主，从一定程度上制约了残健融合型高职院校专业的设置、职业技能的培养宽度。

（四）稳定性就业行为：宋小超（健全生）的跳槽

宋小超，健全生，特殊教育高职院校特殊教育（师范）专业毕业生。大三那年的实习，宋小超选择了学校所在城市的特殊教育康复机构，主要承担孤独症谱系小龄儿童的康复与教育。凭借着扎实的专业技能得到了实习机构的肯定，但与同班同学一样，宋小超心里有一个"考编梦"。作为师范生，希望自己考入事业编制，能够进入公办的幼儿园、小学等教育单位工作，但又面临着学历等级的门槛。

宋小超的家乡为浙江省山区26县之一，相对欠发达，县里的特殊教育学校面向专科学历应届师范生招收一定数量的特殊教育教师，宋小超最终成功被录取，从大城市的教育机构跳槽至山区的特殊教育学校，获得稳定的事业编制。面向残疾人事业的专业设置较少，培养的高技能人才数量亦相对较少。在就业过程中，健全生更希望获得相对较为稳定、体面的工作，这与高职的学历条件产生了一定的矛盾。这类学生比较在意工作是否稳定，包括稳定的工资收入、保障制度等，往往自我认同感一般，自信心一般，社会化程度不高，缺乏挑战客观工作环境的毅力。此外，女性相对于男性更倾向于从事稳定的工作。

五、就业支持体系的融合特征与发展趋势

残健融合型高职院校中，残、健学生就业行为发生的过程也是形成就业支持体系的融合过程，在这个过程中，基于残、健双方的认知及社会适应，其就业行为与社会融合产生相互作用，从而推动就业支持体系的形成。这要求残健融合型高职院校准确作出高职教育发展趋势的基本判断，明确把握高等职业学校是培养高素质人才的基础和摇篮的大方向，要把满足社会需求作为学校发展的动力，通过加强残疾学生、健全学生的就业支持体系构建，提升毕业生就业率和就业质量，为实现中国式现代化发展目标作出贡献。

（一）加强就业支持政策保障反思，为残疾人就业提供制度保障

残健融合型高职院校立足面向残疾人、服务残疾人事业的办学定位，其培养目标主要是实践一线技术技能岗位的高素质技术技能人才，这要求形成有别于普通高校的高职毕业生专项就业政策体系。

政府方面，完善顶层宏观设计，建立健全有效的统筹协调机制。综合国内外经

验，政府在公共治理中扮演的应当是"掌舵"的角色而不是"划桨"的角色。因此，政府作为公共服务的提供者与权威分配者应当发挥主导作用，做好顶层设计，在法律、政策、制度等方面为残疾人职业教育发挥引领作用，同时调动与协调残疾人职业教育社会支持体系中其他支持主体的内生动力。

社会组织方面，积极对接残疾学生需求，建设全纳包容环境。残健融合型高职院校是残疾人职业教育教学与实习实训、提升残疾人职业技能的供给端。一是应深入研究残疾学生职业教育的内在规律，为残疾人职业教育中存在已久的问题，如智力残疾学生的职业教育课程设计、残疾人职业教育的"双师"型队伍建设等提供在学理层面解决的可能性。同时，加强对残疾人职业教育法律法规的研究，为政策的制定与完善提供参考。二是应为残疾学生职业教育质量提升赋能。如设计开发评估职业学校（班）办学条件、残疾学生职业教育适应情况、社会支持体系协同情况等的通用量表，做好残疾人职业教育的评估工作，着重于助力残疾人职业教育质量的提升；推动加强相关专业建设，为职业学校（班）输送能胜任残疾人职业教育的一线教师。

企业是残疾学生实习实训与最终就业的主要场所，是提升残疾人职业教育市场需求导向的重要主体。企业在残疾人职业教育社会支持体系中所供给的内容应当包括：一是在政策的引领指导下，通过孵化基地、利益融合等多种方式，自觉担当校企协作与产教融合的时代重任，并适时考虑建设兼具生产与教学功能、无障碍特征的公共实训基地；二是理顺特殊教育与职业教育的关系，考虑与特殊教育学校、职业院校合作改进与研发适宜残疾学生的专业课程；三是通过聘请企业技术人员、高技能人才等到残疾人职业院校担任专兼职教师，同时支持特殊教育学校教师参与企业实践，实现学校与企业之间全方位的融合。非正式的个人支持方面，建立良好互动桥梁，营造积极情感氛围。在支持方式与范畴方面，非正式的个人支持与正式支持主体相比，其专业性较弱，但对于残疾人来说，非正式支持是其获取情感支持的重要渠道。以家庭成员支持为例，残疾人职业教育支持体系中的家庭支持主要包含生活保障范畴的物质支持，营造尊重、信任、鼓励残疾学生的家庭氛围等情感支持以及与职业学校（班）沟通协作的信息支持。

（二）鼓励健全学生群体积极帮扶残疾学生就业，构建融合性质的就业支持体系

实现共同富裕的道路并非一蹴而就，是从部分到整体的社会逐步富裕的过程，是由先富带动后富，最终实现社会主义共同富裕的宏伟目标。残健融合型高职院校应加强对健全学生的引导，在校期间即开始将残疾人事业作为社会责任，主动为残疾人实现与社会其他群体共同富裕添砖加瓦。与此同时，积极呼吁"先富"企业为残疾人提供更多工作岗位，落实有关税收等优惠政策，促企业由被动接收残疾人转变为主动吸纳所需残疾人人才。此外，共同富裕的实现是一个动态的过程，是人们持续创造与探索美好生活的愿景。在实现共同富裕的过程中，积极倡导残疾人在不同就业阶段探索新生活，体悟新希望，踏实走好共同富裕的每一步。

（三）充分发挥残疾人就业主体性，鼓励残疾人自主创新创业

鼓励残疾人大胆尝试创新创业，以更有利于其适应社会发展，实现自我价值。地方政府要完善残疾人创业补贴制度，联合各金融机构设置残疾人创业贷款，成立残疾人创业专项基金，每年定期拨款，给予一定支持，对于进展顺利、经营状况良好的项目要加大补贴力度，适当降低税收和实行行政事业性收费减免优惠。与此同时，也要放宽残疾人自主创业门槛，营造宽松自由的创业环境，倡导吸引更多的残疾人参与创业，实现自我独立，为共同富裕夯实物质基础。

（四）从"场所无障碍"到"信息无障碍"，满足残疾人竞争性就业需要

信息闭塞是阻碍残疾人就业的关键因素。建立一个由政府领导、企业配合的综合专业的就业信息平台尤为重要，平台囊括职业介绍、职业评估、职业培训、就业登记、工作帮助、失业指导等多方面信息，从残疾人角度出发，切实解决其就业问题。借助互联网信息技术加大推广力度，发布平台使用信息，让更多的人知道并利用好平台。同时，该平台也提供法律援助、法律帮扶指导，由专职律师回应咨询，解决残疾人在就业过程中遇到的各种劳动仲裁问题。法律方面的支持，利于其维护自身权益，切实解决自身困难。人社等部门提供激励措施促进校企合作，鼓励企业为残疾人提供实习、见习机会，支持企业及学校内部培养残疾人就业辅导员，利用政府采购机制将残疾人就业辅导员引入支持系统，为残疾毕业生就业转衔提供支

持；建立残疾人培训及用工数据库，探索"互联网+"大背景下现代学徒制的残疾人培训模式；积极动员社会组织开展残疾人就业支持工作。

（五）提升面向孤独症谱系群体的职业教育"可达性"

职业教育对于孤独症谱系群体习得职业技能、实现就业转衔、高质量参与社会生活具有重要作用。杭州市杨凌子学校是我国最早建立职高部的培智学校，通过基础课程、职业样本课程、拓展课程、基地课程、转衔课程构建了较为成熟的职业教育生涯发展课程体系。但基于孤独症谱系群体的高等职业教育干预方法、影响因素、就业质量、教育模式等循证实践类量化研究目前较少，且教学实践过程中，不同表现、等级的孤独症谱系学生求职相对较难。对于某些具有一定劳动能力的孤独症谱系群体而言，其对工作的渴望又非常强烈。可依托培智学校与高校、科研院所联合共建专门类实践基地、研究机构，构建完善康复教育、职业培训、就业支持、托养安置等多环节相互衔接的孤独症生命全程支持体系，鼓励相关高校开设孤独症康复教育专业，建立完善孤独症康复教育专业技能人才认证培训体系和师资职称体系。

参考文献

[1] 白琳.社会排斥理论视角下的中国残疾人就业问题.人口与经济,2008(S1): 22–23,34.

[2] 白先春,邓晓艳,宦颖洁.我国残疾人就业影响因素的实证研究.残疾人研究,2018(2): 92–96.

[3] 陈霖.我国残疾人劳动者实现平等就业的法律困境与优化路径——以日本促进残疾人就业的相关经验为启示.现代经济探讨,2018(7): 116–125.

[4] 郭俊华,刘琼,丁依霞.我国残疾人集中就业政策变迁历程、逻辑与展望.中国行政管理,2022(1): 80–87.

[5] 何燕,江琴娣.庇护式工场：残疾人福音.社会福利,2010(8): 34–35.

[6] 焦若水,李国权.近十年来残疾人就业研究的热点、前沿与展望.江汉学术,2021(5): 93–102.

[7] 邱仁富.思想政治教育话语研究：现状、问题与发展.思想理论教育,2014(9):

37–43.

[8]　王豪 , 刘冯铂 . 残疾人就业压力的影响因素及其作用机制 : 自尊和社交行为的多重中介效应 . 残疾人研究 , 2017(1): 81–86.

[9]　王阳 , 张攀 . 个体化存在与圈群化生活 : 青年群体的网络社交与圈群现象研究 . 中国青年研究 , 2018(2): 83–88.

[10]　肖昕茹 . 参与和融入残疾人社会空间研究 . 北京 : 东方出版社 , 2016.

[11]　周小李 , 刘志敏 . 提升高校思想政治教育话语亲和力的四个着力点 . 光明日报理论版 , 2021–05–31.

基于"工匠精神"的宁波市特殊学校中职学生培养策略研究

袁 东 石 青 孙铮逞 周 儿

摘要 工匠精神的培育和传承是社会主义核心价值观的具体体现，也是职业精神更高层次的升华。本文以宁波市特殊教育学校为研究对象，采用文献资料法、访谈法、问卷调查法、个案研究等方法，着重研究和分析了宁波市城区3所特殊教育学校（宁波市特殊教育中心学校、宁波市达敏学校、鄞州区特殊教育中心）开展残障学生职业与生涯教育的基本情况，重点研究了宁波市特殊教育中心学校职业高中部的专业设置、场地与设备、师资队伍、教学活动及实习与实训，分析基于"工匠精神"的"大师进校园"和"师生进工场"特色教学及其成效。经过几年的努力，特教学生职业教育成效明显，受到学生、家长及社会各界的肯定与赞誉。同时本研究也分析了宁波市特殊教育学校职业教育存在的问题并提出相关对策。

提高特殊学生职业与生涯教育质量，离不开"工匠精神"；残疾学生获得就业机会，更离不开"工匠精神"的传承与发扬。"工匠精神"狭义上是指凝结在工匠身上的制作或工作中追求精益求精的态度与品质，广义是指凝结在所有人身上的这种态度与品质。

无论研究者们怎样界定"工匠精神"，其内涵都是劳动者们运用自身的专业知识经验和专业素养扎实工作、创新技艺的精神和态度。本文阐述了目前宁波市特殊教育学校职业教育的现状及问题，分析问题产生的原因，最后结合"工匠精神"的要求提出针对性的对策和建议。

一、问题的提出

特殊学生是社会上的弱势群体，但也有平等享受教育的权利，职业教育对残疾人自食其力地生活意义深远。如今国家出台了一系列推进职业教育的法规政策，我国职业教育步入了快速发展期。特殊学生的职业与生涯教育也属于职业教育体系的一部分。党的二十大报告提出要强化特殊教育普惠发展。特殊教育事业及残疾人职业教育政策的不断出台，彰显着我国特殊教育事业已经步入崭新的发展阶段。那么我们的特殊教育学校职业教育开办情况如何？在特殊教育学校中开设的职业与生涯教育课程有哪些？课程设置及培养方式是否符合当前社会的发展的需求？毕业生就业情况是否理想？后续跟踪指导是否有效、科学？这一系列问题都是本研究迫切需要解决的。

二、对国内外特殊职业教育的研究

（一）澳大利亚和韩国

蔡颖华在《澳大利亚对残疾人职业教育的研究及其启示》中介绍了澳大利亚残疾人职业教育的发展状况，澳大利亚的许多研究都在关注将残疾人纳入职业教育体系，以更好地为残疾人提供帮助与服务。总的来说，澳大利亚在残疾人职业教育领域的研究分为四个方面：残疾人参与职业教育的情况，残疾人职业教育的成效，残疾人完成职业教育后的就业情况以及残疾人参与职业教育的投入和回报。

金香花在《转型期韩国特殊教育发展研究》一文中介绍了随着韩国《残疾人等的特殊教育法》的颁布实施，特殊教育学校或特殊班级教育长期以来以注重基础知识技能的掌握为主的局面得到改变，专设为高中阶段特殊学生服务的特殊职业学校，实施了残疾学生就业和履行相关事务所需的各种职业技术教育。

（二）中国

党和政府历来重视残疾人职业教育。《国家中长期教育改革和发展规划纲要（2010—2020 年）》提出，特殊教育的发展任务之一即为"大力推进职业教育""加强残疾学生职业技能和就业能力培养"。《"十四五"特殊教育发展提升行动计划》指出，"支持特殊教育学校职教部（班）和职业学校特教部（班）开设适应残疾学生学习特点和市场需求的专业，积极探索设置面向智力残疾、多重残疾和孤独症等残疾学生的专业，同步促进残疾人的康复与职业技能提升，让残疾学生有一技之长，为将来就业创业奠定基础。探索开展面向残疾学生的'学历证书＋若干职业技能等级证书'制度试点，将证书培训内容有机融入专业培养方案，优化课程设置和教学内容，提高残疾学生培养的灵活性、适应性、针对性"。

残疾人职业教育是以就业为导向，培养残疾学生一技之长。通过让残疾学生接受教育，从根本上解决就业自立问题，使之将来能适应社会、立足社会、服务社会，促进社会和谐发展。

路荣喜在《现代特殊教育》2011年第5期卷首语中论述："要改革创新，实现特校职业教育跨越式发展，要将特教学校职业教育由粗放型发展向质量效益型转变；要由初等职业教育向中等职业教育延伸；要将单一化向多元化办学模式拓宽。"

通过"中国知网"检索发现，我国有关残疾人教育的研究相对丰富，而针对特殊教育学校残疾学生职业与生涯教育的研究则相对较少。综上所述，可以看出，不管是国外研究还是国内研究，针对特殊教育学校职业教育的研究仍然处于摸索起步阶段，无论是数量还是质量都有待提高。

就目前已有的研究来看，特殊教育学校职业教育研究的内容主要有：对特殊教育学校职业教育重要性的研究、对特殊教育学校职业教育现状的研究、对特殊职业教育学校建设的研究以及对特殊职业教育师资的研究。这些方面，部分专家学者已有论述，值得借鉴。但是，有关其重要性和现状的研究多停留在理论探讨层面，缺乏详细、全面的数据和事实作为支撑。这种研究很难有说服力，也很难让人对特殊教育学校职业教育的重要性产生具体认识。

国内外对该领域的现状研究多以某一所特殊教育职业学校为对象，没有对整个特殊教育学校职业教育状况进行系统研究。因此，只能从某些方面反映特殊教育学校职业教育办学成效以及存在的问题。

总之，国内外对特殊教育学校职业教育的研究较为分散，没有形成系统，不利于发现和解决实践中存在的问题，并且就某一地区的专门性研究甚少，因此，本研究的开展将填补这一空白。

（三）相关概念界定

1.残疾人

《中华人民共和国残疾人保障法》第二条规定：残疾人是指在心理、生理、人体结构上，某种组织、功能丧失或者不正常，全部或者部分丧失以正常方式从事某种活动能力的人。残疾人包括视力残疾、听力残疾、言语残疾、肢体残疾、智力残疾、精神残疾、多重残疾和其他残疾的人。

国家和社会在保障残疾人基本物质生活需要的基础上，为残疾人在生活、工作、教育、医疗和康复等方面提供设施、条件和服务。

2. 特殊儿童（学生）

特殊儿童（学生）是指与普通学生在各方面有显著差异的各类儿童（学生）。在教育上，又通常把特殊儿童（学生）分为广义和狭义两种。广义的特殊儿童（学生）是指与普通儿童（学生）在各方面有显著差异的各类儿童（学生）。这些差异可表现在智力、感官、情绪、肢体、行为或言语等方面，既包括发展上低于或高于一般水平的儿童（学生）以及有轻微违法犯罪的儿童（学生）。而狭义的特殊儿童专指残疾儿童(学生)，即身心发展上有各类缺陷的儿童(学生)。又称"缺陷儿童（学生）""障碍儿童（学生）"，包括智力残疾、听力残疾、视力残疾、肢体残疾、言语残疾、情绪和行为障碍、多重残疾等类型。

本研究中涉及的特殊学生为狭义的残疾学生。

3. 特殊教育

依《特殊教育辞典》的定义，特殊教育（special education）是教育的一个组成部分，是指使用一般的或经过特殊设计的课程、教材、教法和组织形式及教学设备，对特殊需要的儿童（学生）进行的旨在达到一般的和特殊培养目标的教育。

为了满足特殊需要儿童（学生）学习的需要而设计（提供）的教育，称为特殊教育。1994 年 6 月 10 日，联合国教科文组织召开的"世界特殊需要教育大会"通过的《萨拉曼卡宣言》说："每个儿童都有其独特的特性、志趣、能力和学习需要；教育制度的设计和教育计划的实施应该考虑到这些特性和需要的广泛差异。"不同种类特殊儿童（学生）的教育又可分为视障儿童（学生）教育、听障儿童（学生）教育、智力落后儿童（学生）教育、超常儿童（学生）教育、言语障碍儿童（学生）教育、情绪和行为障碍儿童（学生）教育、多重残疾儿童（学生）教育等。特殊教育的主要特色是考虑到每个孩子个体内在及个体之间的个别差异。

4. 特殊教育学校

特殊教育学校（special education school），是"由政府、企业事业组织、社会团体、其他社会组织及公民个人依法举办的专门对残疾儿童、青少年实施的义务教育机构"。特殊教育学校在我国一般有以下几种形式：盲校、聋校、盲聋哑学校、培智学校、综合类学校等，这些学校接收的残疾学生主要是视力障碍学生、听力障碍学生、智力障碍学生、行为障碍学生等，并承担着对此类学生的功能矫正、缺陷弥补及劳动教育工作。

目前，特殊教育学校的生源有重大变化，由之前的轻、中度残疾学生为主变为现今的以中、重度残疾学生为主。全纳教育思想影响下，轻度残疾学生大部分已经进入普通学校中随班就读，接受满足需要的支持性教育。

5. 职业教育

职业教育是对受教育者施以从事某种职业所必需的知识、技能的教育，也被称为职业技术教育。职业教育与基础教育、高等教育和成人教育，并称四大教育。职业教育（vocational education）是指让受教育者获得某种职业或生产劳动所需要的职业知识、技能和职业道德的教育。如对职工的就业前培训、对下岗职工的再就业培训等各种职业培训以及各种职业高中、中专、技校等职业学校教育等都属于职业教育。职业教育的目的是培养应用人才和具有一定文化水平和专业知识技能的劳动者，与普通教育和成人教育相比较，职业教育侧重于实践技能和实际工作能力的培养。职业教育是社会发展的产物，是人类文明发展的产物，也可以说是人自身发展的产物，而且是发展到某个特殊时期的产物，职业教育受益于社会，社会也可受益于职业教育，促进社会发展是职业教育的应有之义和神圣职责。

职业技术教育的立足点只能是现实中的"个体存在"，从事职业技术教育的主体、接受职业技术教育的主体全部是具有鲜活生命的人，他们对真实生活的需求和现有能力，决定了职业技术教育的教育目标、方法、内容、形式载体、水平等。只有切实关注现实生活的人，立足于基础层面的研究，才能对职业教育进行真实有效的分析与探索。无论是在人们理想中的职业教育还是在现实生活中的职业教育，如果偏离了它的逻辑起点，即现实生活存在中的人，都是违背科学的。

6. 特殊教育学校职业教育

特殊教育学校职业教育是指在特殊教育学校中对特殊学生（包括智障学生、听障学生、视障学生、行为障碍学生等）进行的获得某种职业或生产劳动所需要的职业知识、技能和职业道德的教育。《残疾人教育条例》中指出："各级人民政府应当将残疾人职业教育纳入职业教育发展的总体规划，建立残疾人职业教育体系，统筹安排实施。"

按照《残疾人教育条例》的要求，发展特殊教育学校的职业教育，有利于提高残疾学生的综合素质和就业能力，有利于提高残疾人的社会地位，有利于社会主义精神文明建设，它不仅是特殊教育学校的重要任务之一，而且是特殊教育学校蓬勃发展的基础，更是一项利在当代、功在千秋的崇高事业。职业教育是促进残疾学生智力、体力和创造力全面发展，帮助残疾学生掌握劳动技术和劳动知识的最重要、最有效的途径。职业教育具有职业性、劳动性和技术性，学生可以通过这一途径培养劳动观念和劳动技能，成为身残志不残的社会栋梁之材。特殊教育学校职业教育的最终目的是使残疾学生学到一技之长，能够自食其力地养活自己，能够有能力依靠自己的力量在社会生存。

特殊教育学校不仅要教学生基础的科学文化知识，更重要的是要教给学生赖以生存发展的职业技能。在特殊教育学校，职业教育不是可有可无的一门学科，而是不可或缺的教学内容，它是特殊教育的永恒主题。

特殊教育学校通过职业教育使特殊学生获得生存技能。残疾人能够通过职业教育，掌握生存所需的劳动能力和技能，某些缺陷也能得到有效弥补。对于特殊学生来说，职业教育为他们搭建了一条通往自理、自立生活的阶梯，因为有了职业教育，特殊学生才能与健全人同样享受生活的甜蜜。特殊教育学校职业教育除了具有普通职业教育所具有的专业性、区域性、实用性、开放性、生产性、时代性等特点，还具有其独有的特点，即特殊性、福利性、生活性和保障性。

（四）研究目的和意义

1.研究目的

职业教育是我国特殊教育事业发展的重要组成部分，它帮助残疾人掌握一技之长，并从中获得从事某种职业或生产劳动所需要的知识和技能，并且这些技能是残疾人适应社会、充分参与社会活动、自强自立和取得社会平等地位的重要条件和基础。

本研究以宁波市特殊教育学校为研究对象，对其在开展职业教育中存在的问题进行梳理、分析，进而找寻解决方法、对策，从而为宁波市特殊教育学校职业教育的发展指引新方向、开辟新途径。

2.研究的意义

（1）理论意义

本研究通过对宁波市特殊教育学校职业教育现状及存在问题的分析，认识到对于特殊学生而言，他们和健全学生一样，职业教育应成为整个教育生涯的一个环节，而不只是专门从事某种职业的唯一需要。要打破"职业教育即单一专业技能教育"的传统观念，将"发展学生生活能力、加强康复水平、全面提高生活质量、培养学生社会适应能力"作为新时代特殊教育学校职业教育的目标之一，从而丰富了特殊教育学校职业教育的内涵。

（2）实践意义

本研究对特殊教育学校职业教育、拓宽残疾学生就业渠道、增强残疾人群职业教育、提高残疾人就业水平具有一定的参考价值，对完善宁波市职业教育体系、开拓宁波市特殊教育学校与普通职业教育学校合作办学、加快宁波市特殊教育学校职业教育改革发展的步伐，具有指导意义和作用，以期为其他特殊教育学校的职业教育提供有益借鉴，建立以人为本、满足需求、与市场接轨的残疾学生职业教育体系。

（五）研究路径和内容

1. 研究路径

本研究以国务院办公厅转发的《"十四五"特殊教育发展提升行动计划》推进策略为依据，以党的二十大精神为指导思想，以宁波市3所特殊教育学校为研究对象，采用文献资料法、访谈法、问卷调查法等研究方法，着重从特殊教育学校职业教育开展的现状、存在的问题及对策等方面进行研究，既有理论层面的探讨，又有实践操作方面的分析，以期取得理想的研究成果。

2. 研究内容

本研究以宁波3所特殊教育学校为研究对象，以特殊学生职业教育为突破口，关注"工匠精神"培养现状。研究与实践相结合，研究者亲身参与到特殊教育学校的教育、教学工作中，了解特殊教育学校在实际工作中开展职业教育的情况，进而从中发现问题并提出解决的对策。

（六）研究方法

本研究主要采用文献研究法、问卷调查法、访谈法、个案研究方法。

1. 文献资料法

文献资料法，主要是通过查阅相关实体和网络文献资料，梳理当前国内外相关的研究，借此寻找到研究的理论依据和事实依据，确定自己的研究起点，提出属于自己的理论观点。

本研究主要通过图书馆和互联网收集国内外关于特殊教育学校职业教育的文献资料，并进行分析研究。

2. 问卷调查法

对宁波市特殊教育学校职业教育基本情况进行了调查。

3. 访谈法

访谈法是在问卷调查法的基础上，在与研究对象正式访问和交谈的过程中对有关问题进行探讨，抓住线索，追根究底，从而更进一步地掌握问题的具体情况，以便与问卷结果加以比较并加以补充说明，通过整理、分析，找出原因，为本研究提供事实依据。

4. 个案研究法

根据中职学生的残疾程度和能力水平，将宁波市特殊教育学校职高学生分为轻度、中度、重度三种类型，聚焦部分个案，选择适合不同类型学生的社会实践活动，有针对性地进行训练和提升。

本研究主要针对教育主管部门相关人员、特殊教育学校管理层、教师及特殊学生家长进行了访谈，进而在定量研究的基础上进行定性分析。

（七）研究重点、难点和创新点

1. 研究重点和难点

本研究的重点是通过前期的问卷调查与访谈，获得并统计相关数据，从中发现宁波市特殊教育学校职业教育培养"工匠精神"中存在的问题并提出相应的解决策略。本研究的难点是编制一套具有针对性的调查问卷，以及问卷的发放和回收。

2. 研究创新点

本研究以宁波市主城区 3 所特殊教育学校中职学生为研究对象，在特殊教育学校开展职业教育。宁波市特殊教育中心学校设立了多个专业技能工作室、"大师"进校园、建立校企合作基地等，并对个别学生进行了个案研究，融合"工匠精神"，全面提高残疾学生的道德和专业能力，从而为宁波市特殊教育学校职业教育的发展指引新方向、开辟新途径。

三、基于"工匠精神"的特殊中职学生职业教育的实施策略

以宁波市城区为例,目前有3所特殊教育学校承担特殊学生职业高中教育,具体学校与专业说明如下。

宁波市特殊教育中心学校:为听障学生设立工艺美术、中餐烹饪与营养膳食、服装设计与制作、信息技术专业;为智障学生设立中餐烹饪与营养膳食、园林绿化、家政服务与管理专业。其中,听障学生的中餐烹饪与营养膳食专业与宁波市甬江职业高级中学合作办学;听障学生的工艺美术、中餐烹饪与营养膳食专业与浙江特殊教育职业学院合作办学,开展"3+2"中职高职一体化教学。

宁波市达敏学校(宁波市特殊教育中心学校职业高中海曙教学点):为智障学生设立烹饪与家政专业。

鄞州区特殊教育中心(宁波市特殊教育中心学校职业高中鄞州教学点):为智障学生设立烹饪与家政专业。该专业与宁波市古林职业高级中学、鄞州区姜山镇成人学校合作办学。

(一)完善专业课程体系

本校以"学分制""走班制"教学为基础,全力推进"高效课堂建设"。针对学生选择专业的情况,中一、中二年级按"一生一课表"走班教学,课堂实施分层教学,促进学生相互学习、共同提升,同时也解决了部分专业教师人员紧缺的问题;强化学生实践能力和职业技能的培养,力争做到作业"产品化"。开设"专业选修课",以满足部分学生强化专业的需求。开设了8个专业选修课,学生自由选择。培智职高学生按行政班级课表上课,加强专业课技能培养,多安排实操课,安全完成预设课程目标。文化课以"单元主题式"的"生活化"(如生活语文、生活数学)为目标,让学生融入社会更便利。开展"2+1"模式,达到国家对职高学生的"顶岗实习时间一般为6个月"的要求。实习安置有序,学生从三个方案(学校安排、学校推荐、学生自主安排)中选择实习方式,并签订三方协议,从而真正能够逐步走向社会。

每年开展以"技能成就未来"为主题的职业教育技能展示月活动,逐渐提升学生的职业技能水平,展现学校职业教育办学成果。学生们根据自身专业参加了所有展示项目(见图1–图4),如烹饪、书签、布艺、骨木镶嵌、陶艺、智力拼图、纸艺、超轻黏土、丝网花、串珠、手链编织等项目。在技能展示月中,每位学生都能

参与技能项目比拼（见图5）。

图1　工艺美术展台

图2　盆景园艺展台

图3　烹饪与面点展台

图4　海曙教学点展台

图5　校领导为年度"技能之星"获得者颁奖

（二）专业课程融合工匠精神

为了培养特殊学生的职业技能，宁波市特殊教育中心学校持续开展"工匠、行家、大师进校园"活动，目前已形成一种制度。

工艺美术专业：学校已聘请浙江省工艺美术大师、宁波市工艺美术大师、国家B类人才、百千万人才杨建强先生定期为听障学生授课，内容有骨木镶嵌、银线镶嵌、红木雕刻等内容（见图6）；学校已聘请宁波市工艺美术大师、余姚市范江明越窑秘瓷工作室负责人范江明先生为学生们讲授陶艺选修课（见图7）。两位大师已正式被学校聘为"特约教师"，共授课20多次。学校已聘请中国十佳民间艺人、浙江省工艺美术大师徐剑佩先生定期为听障学生指导泥塑、木雕等技能（见图8）。

图 6　杨建强大师指导听障学生

图 7　范江明大师指导听障学生　　　　图 8　徐剑佩大师介绍木雕作品

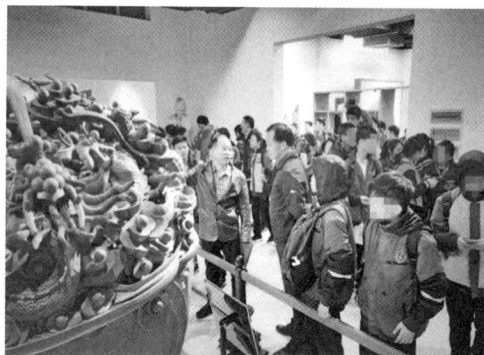

中餐烹饪与营养膳食专业：学校已聘请浙江点心大师、西式面点高级技师、西式面点高级技师国家级考评员水佩君老师定期为听障学生授课（见图9），指导制作手指饼干、蛋糕等。

图 9　水佩君大师指导听障学生烘焙手指饼干

服装设计与制作专业：学校已聘请宁波"红帮裁缝"第七代传人戚柏军先生（高级实验师、高级工艺师技师、国家级服装一级考评员，宁波胤一红帮贸易有限公司CEO）定期为听障学生授课，内容有服装设计与制作、手工缝制西服等（见图10）。

图 10　戚柏军大师给学校服装专业学生授课

园林绿化专业：请宁波市植物园刘双博士为智障学生讲解植物、园艺知识。通过学校物业公司聘请专业人员在学校农场养护、种植农作物（见图11）。

图 11　宁波市植物园刘双博士为智障学生讲解植物、园艺知识

为了加强校外专业师资队伍建设，2016年学校承担了"中国—芬兰合作听障儿童融合教育实验项目"（聋健融合职业教育实验分项目），开展职高融合教育卫星班教学活动（见图12），中餐烹饪与营养膳食专业听障学生，每周四下午到宁波市甬江职业高级中学烹饪专业学习，由两校教师（范雅萍、陈学海）共同授课（见图13）。

图12　中芬合作听障儿童融合教育试验项目组中外专家与学校领导合影

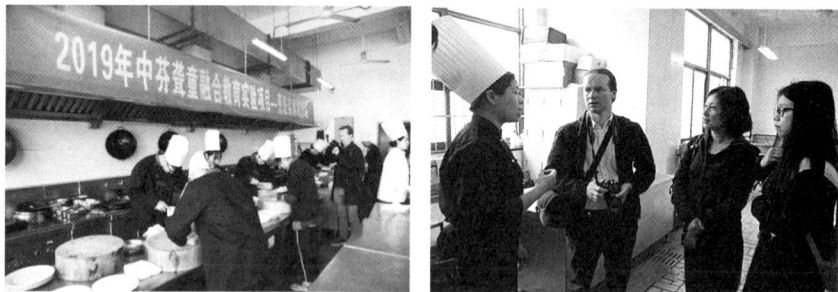

图13　中芬听障儿童融合教育项目现场教学展示

校内专业教师和本专业学生、校外专业大师与本专业学生都实行"师徒结对"，正式拜师学艺，签订合约，定期传承与指导（见图14、图15）。

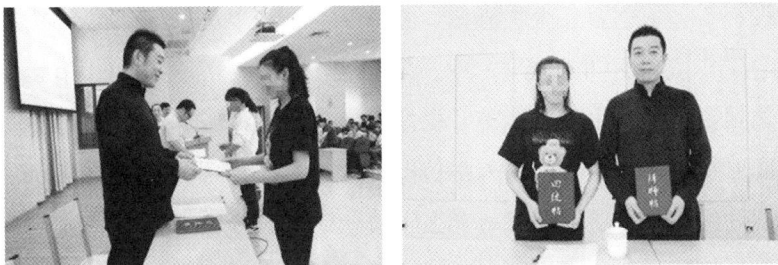

图 14　红帮传人的戚柏军大师与学生进行师徒结对

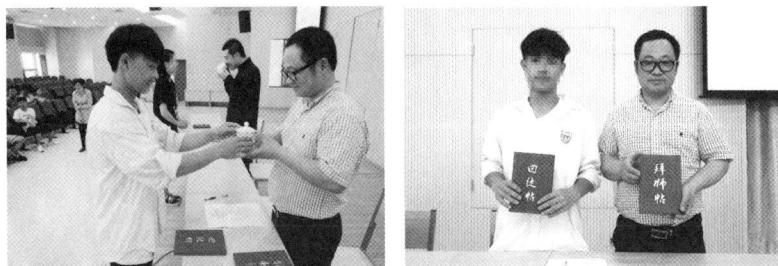

图 15　杨建强大师与学生进行师徒结对

（三）培养教师工匠技能

为了加强专业教师技能，学校选派多名青年教师到省内外拜师学艺、参加考级考评、参加行业比赛等活动。如派遣烹饪孙铮逞老师专门学习面塑与面点技能，派遣冯棋远老师参加亚太地区手工艺大师高公博先生（中国工艺美术大师、中国根艺美术大师、浙江省工艺美术大师，高级工艺美术师）在奉化开办的"非遗传承研修班"（见图 16），派遣邹凯东老师参加全国园艺治疗学术研讨会，陈哲老师参加全国级的茶艺培训与比赛（2018 年浙江省残疾人工匠大赛茶艺项目第一名、2019 年第六届全国残疾人职业技能大赛茶艺项目第五名）（见图 17）等。

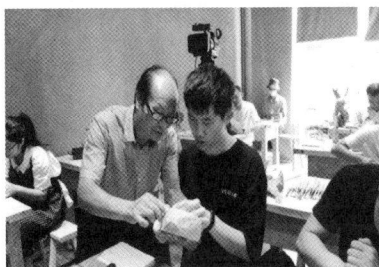

图 16　叶锡堂大师指导冯棋远老师　　图 17　一级茶艺师陈哲老师展示茶艺

　　学校设有布艺、创客、金银彩绣、脸谱、油画、书法篆刻、泥金彩漆、装饰漆画、陶艺等工作室（见图18至图26、表1)。坚持学生兴趣特长的培养，以学生的发展为教学根本，培养生存有能力、生活有质量、生命有价值的社会人，为社会输送优秀的职业技能人才，深受用人单位的好评。学校经常选派教师前往各类市级非物质文化遗产传承基地学习，专心学艺，将所学的技艺手把手传授给学生，旨在更好地传承发扬传统工艺。工作室学员经常参加爱心义卖、送教进普校课堂、走进社区，深受广大市民的喜爱，多次获得省、市相关领导的肯定与褒扬。

图 18　布艺

图 19　创客

图 20　金银彩绣

图 21　脸谱制作

图 22　油画

图 23　书法篆刻

图 24 泥金彩漆

图 25 装饰漆画

图 26 陶艺

表1 2020 学年第二学期 学校听障部职高专业选修课课程和学生名单

上课时间	选修课程	任课教师	选修的学生人数	上课地点
周四下午第五、六节课	布艺	周儿	7人	布艺工作室
	创客	高司磊娜	8人	创客工作室
	金银彩绣	陈哲	7人	金银彩绣工作室
	脸谱	马强	7人	脸谱工作室
周四下午第七、八节课	油画	顾峰	6人	油画工作室
	书法篆刻	邹士明	6人	书法工作室
	装饰漆画	冯立体	7人	漆画工作室
	陶艺	冯祺远	9人	陶艺工作室

135

（四）弘扬工匠精神

学校培养学生职业素养，弘扬"非遗"文化。通过走访学生就业实习单位，跟省工艺美术大师体验传统工艺，传承工匠精神。如安排听障初中、听障中专、智障职高学生赴宁波市天成仿古工艺厂和宁波市博物馆参观和实践，体验了泥塑、沥粉、贴金、木雕修光、上彩等传统工艺，了解了宁波传统工艺美术作品的制作过程（见图 27）。

图 27　赴宁波市天成仿古工艺厂参观和实践

培智部以就业技能为导向，做好转衔服务。为提高培智部学生的社会实践能力和劳动实操技能，同时也让同学们能更深入地了解实习单位，让培智学生"走出去"，充分接触社会，学校组织培智部全体学生赴宁波市镇海区骆驼街道齐乐阳光家园开展社会实践体验活动（见图 28）。

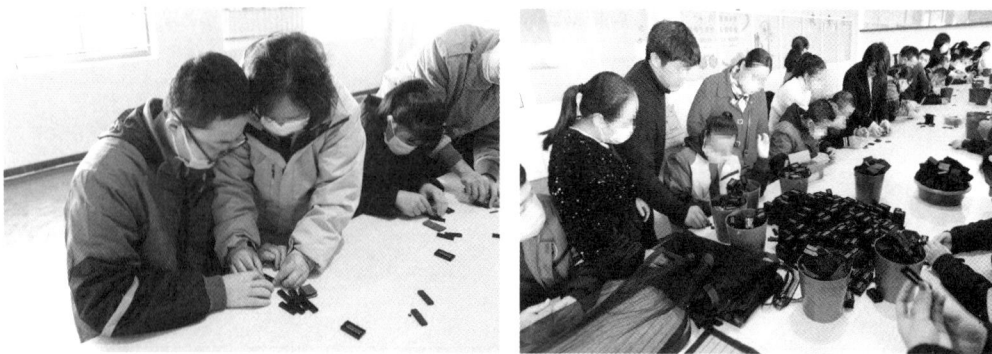

图 28　赴齐乐阳光家园开展社会实践体验活动

（五）传承"工匠精神"

学校积极推进校企合作，继续推行校企学徒制、专业师徒结对等，与企业共建生产性教学实训基地，已有象山县宏达根雕有限公司（见图29至图30）、宁波恒远制衣有限公司（见图31）、宁波瑞丽洗涤股份有限公司（见图32）、上海必胜客浙江分公司等正式签约的"校企合作"基地，宁波俊龙智能科技有限公司（见图33）、宁波乐图纸制品有限公司（见图34）等实习与实训单位。

图29 "宏达根雕公司实训基地"授牌

图30 听障毕业生从事根雕工作

图31 赴宁波恒远制衣有限公司

图32 与宁波瑞丽洗涤股份有限公司的合作

图 33　宁波俊龙智能科技有限公司　　　图 34　宁波乐图纸制品有限公司

（六）多元化评价体系

工艺美术、中餐烹饪与营养膳食、服装设计与制作专业的大多数听障学生参加职业技能考级，分别获得各专业相应的等级证书。

工艺美术专业学生听障学生作品多次参加各级各类比赛，包括温州国际时尚文化创意产业博览会、浙江省工艺美术精品展和宁波市工艺美术精品展等。如工艺美术专业某毕业生，在宁波市天成仿古工艺厂厂长徐剑佩先生（浙江省工艺美术大师）指导下，经过3个月的跟徒学习，已成为设计人员，留厂工作已有数年。

工艺美术专业某毕业生在校学习期间对面点制作有兴趣，刻苦钻研，在 2016 年浙江省残疾人工匠大赛中，荣获中式面点项目竞赛第二名，获"浙江省技术能手"称号；在 2019 年第六届全国残疾人职业技能大赛中获得中式面点制作项目第一名（见图33）。目前，已被宁波市江北区公路管理段食堂聘为专任面点师。

图 35　2019 年第六届全国残疾人职业技能大赛中式面点制作第一名

近年来，中餐烹饪与营养膳食专业部分毕业生参加省级、全国级专业技能比赛，成绩喜人。如中餐烹饪与营养膳食专业某毕业生在 2016 年浙江省残疾人工匠大赛中荣获中式面点项目竞赛第一名，获"浙江省技术能手"称号（见图 36）；在 2019 年第六届全国残疾人职业技能大赛获得中式面点制作项目第二名（见图 37）。

图 36　2016 年浙江省残疾人工匠大赛中式面点项目竞赛第一名、"浙江省技术能手"

图 37　2019 年第六届全国残疾人职业技能大赛中式面点制作项目第二名

该同学出生于一个普通的城镇家庭，不到 8 个月大时因意外丧失了听力，12 岁转学进入宁波市特殊教育中心学校学习。她担任了班里的学习委员，综合素质十分突出，曾多次获得校三好学生、技术能手、"宁波市优秀学生""十佳大学生"等荣誉称号。她时刻牢记着要成为一个对社会有用的人，积极参与公益活动。利用雷锋日、助残日活动为社区居民服务，为社会贡献自己的一份力量，积极参加专业的实践活动，利用暑假时间去酒店实习，学习各种经验，为今后走上社会打下坚实的基础。她曾在杭州著名餐饮企业"知味观"工作，师从省级"非遗"传承人赵杏云大师。她有一个目标：以匠心做好中式面点，发扬创新中式面点文化，并以此为出发点为国争光。目前，她已被学校返聘为中餐烹饪与营养膳食专业专任教师。

服装专业学生参加宁波市劳动保障部门组织的服装裁剪工、制版工、制作工技能考级，通过率100%，多人获得中级技能证书和初级技能证书。目前，宁波市特殊教育中心学校职业高中二年级、三年级听障学生已在宁波恒远制衣有限公司顶岗实习（见图38），智障学生在宁波瑞丽洗涤股份有限公司顶岗实习（见图39）。

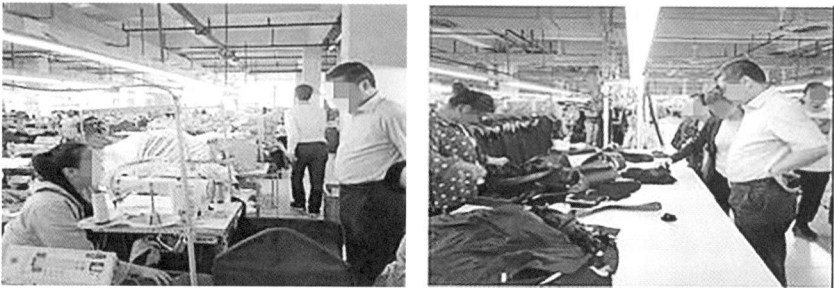

图38　听障学生在宁波恒远制衣有限公司实习

图39　智障学生在宁波瑞丽洗涤股份有限公司实习

服装专业某同学荣获浙江省"最美中学生"称号，校学生会副主席，班长，浙江省残疾人艺术团团员，校"小海燕"艺术团团长。生活中的她是一个爱笑、爱音乐、酷爱跳舞的女孩。在学校里，她努力做好每一件事，用行动证明，虽然自己和别人不一样，但别人能做到的她也能做到。在校期间，她积极参加共青团组织的各项活动，如学雷锋、爱心义卖等活动。从各方面提高自己的思想觉悟，努力要求自己成为一名优秀的共青团员，争做共青团员的榜样，获评宁波市"优秀团员"。几年之后，她通过系统的学习、努力的实践，在服装设计专业上取得了优异的成绩，在老师的不断鼓励下，红帮裁缝第七代传人戚柏军大师破格收她为徒弟。因此，她在技能上突飞猛进，技能的提升、老师的表扬、同学的支持，让她找到了奋斗的目标。"每个人的一生不一定都是辉煌的，但都有各自存在的意义和价值。只要心中能有理想，那么它就会为你指引方向，促使你进步，让你走向成功，其中的过程才是最精彩的。"小娴总用这样坚定的信念追求自己的梦想，相信她的未来同样美好灿烂！

（七）宁波城区特殊教育学校的实践

1. 宁波市达敏学校职业高中的实践

2002年，宁波市达敏学校就开设了家政专业的智障职业高中班，该校运用社区资源进行真实场景教学，成效明显。毕业生进入宁波市海曙欧尚超市、宁波市金田铜业公司等单位，担任理货、保安、保洁、后勤、针织等工作，月薪有3000多元。也有学生自主创业，如2008届职高班某毕业生于2013年在海曙区开设了一家文具商行（网售与店售相结合）（见图40）。

图40 达敏学校毕业生的文具商行开创宁波市智障学生创业先河

2017年9月，在宁波市宁兴控股有限公司（宁兴慈善助学基金）的资助下，宁波市达敏学校设立了一个"慢节奏洗车房"（见图41），洗车房面积不大，一次只能洗一辆车子，洗车专用仪器与设备齐全，智障学生可以学习清洗、打蜡、抛光等汽车清洁与美容工作，为今后从事洗车工作奠定基础。

图 58　宁波市达敏学校慢节奏洗车房

2.鄞州区特殊教育中心职业高中的实践

2015 年 11 月，鄞州区特殊教育中心开设职业高中烹饪家政专业，学制 3 年。智障学生除了学习烹饪、手工等家政课程（见图 42），还可以学习园艺课程。学校已聘请宁波市古林职业高级中学烹饪专业盛超老师定期来校授课。

图 42　鄞州区特殊教育中心职高班学生制作的点心

四、宁波市特殊教育学校职业教育存在的问题及成因分析

（一）特殊教育学校开展职业教育存在的问题

1.政策实施

目前在残疾人职业教育领域，政策法规和各项文件都在不断地规范和完善，但是仍有一些方面有待改善。有些地方政府对特殊教育不够重视，缺乏管理机制。特

殊教育学校建设、职业教育开展、学生就业等事业，宁波市起步较晚。特殊教育学校职业教育与普通学校职业教育相比，缺乏专项经费来源，教育主管部门对于特殊教育事业经费的投入不足。由于经费缺乏，与专业相关的实验、设施和设备不能配套安排，无法满足特殊教育学校职业教育办学需求。

2. 学校建设和师资配置

现有的特殊学校数量无法匹配残疾学生总量，即现有的学校数量与当前特殊教育需求不匹配，供需失衡。

首先，特殊教育学校专任教师还是很缺乏。义务教育阶段特殊教育学校师生比应为 1：3，但在实际情况中，特殊教育学校师生比远远小于这一比例，也就是说，教师少，学生多。这种情况造成的后果就是教师在日常课堂教学中，无法很好地照顾到每一名残疾学生，也就无法使每一名残疾学生能力得到应有的发展。

其次，特殊教育学校师资配置单一。以宁波市特殊教育中心学校为例，教师队伍中只有 33% 的教师是特殊教育专业毕业，其他全部是普通教育学科类别或其他专业毕业，这是造成特殊教育学校师资特教观念缺乏的原因之一。86% 的教师从普通高等院校一毕业就进入特殊教育学校任教，直至退休，缺乏在普通学校教学的锻炼，教学观念与教学行为较为封闭，缺乏积极、主动的教学价值观。特殊教育学校师资队伍多数为学科教师，缺乏康复专业技术人员，缺乏"可进可出"的流动机制。

最后，特殊教育学校职业教育缺少专门性教师。专门的职业教育教师在宁波市特殊教育学校中少之又少，特殊教育学校很难引进职业教育相关人才，即使引进了，也往往由于缺乏特殊教育观念、待遇低、对残疾学生不适应等问题而离岗。对于特殊教育教师开展的职业教育性质的培训很少，造成特殊教育学校现有的教师无法满足职业教育对教师的需求。"双师型"教师的认定对任教资格与专业技能有很高要求，"双师型"教师队伍建设困难较多。以宁波市特殊教育中心学校为例，引进的部分职业教育教师（如烹饪与面点专业教师），很难达到任教资格与专业技能的高标准，部分教师科研能力不强。宁波市范围的其他特殊教育学校几乎很少有专职的职高专业课教师，多数是普通文化课教师改行执教。多数学校缺乏社会行家、大师进学校定期指导的机制，目前无法直接从企业或社会招聘有编制有岗位的专任职业教育教师。

3. 职教场所设备

特殊教育学校职业教育的开展同正常的职业教育学校一样，除了资金、师资，最重要的就是场地、设备。职业教育专业场地和专用设备，是确保特殊教育学校职业教育课程顺利开展的最为关键的两个硬件条件。通过调查，拥有专门的职业教育场所（专用教室、实训基地）的学校只占少数（见表2），不能满足大多数特殊学校学生需求。特殊教育学校职训设备落后、陈旧，不能与时代接轨，脱离实际，致使毕业后的残疾学生不能操作新型设备、不能胜任工作，不利于残疾学生顺利就业。

表2 宁波市特殊教育学校职业教育基本情况调查结果（截至2021年6）月

学校名称	开办时间	专业数/个	班级数/个（人数/人）	专用教室数量/间	实训或实习基地数量/个
宁波市特殊教育中心学校	1995年9月	6	9（84）	15	6
宁波市达敏学校	2002年9月	1	3（30）	5	2
鄞州区特殊教育中心	2015年11月	1	3（18）	3	2
北仑区阳光学校	2017年9月	1	2（23）	2	1
奉化区培智学校	2018年9月	1	1（9）	4	4
象山县培智学校	2016年9月	1	3（33）	5	2
慈溪市特殊教育学校	2018年9月	1	2（17）	1	2
余姚市特殊教育中心	2015年9月	1	3（30）	6	3
小计		13	26（244）	41	22

4. 课程设置

（1）专业设置单一

调查结果显示，多数特殊教育学校竞争意识不强，教育教学改革创新力度小，仍开设裁剪、缝纫、理发及烹饪等这些传统专业，而新专业项目开设不多，缺乏地域特色和时代感。学校应尽可能多开设专业项目，扩展就业渠道，为学生提供更多的就业机会。另外，为智障学生设置的专业多数是简单的烹饪与家政服务，以单一的体力劳动为主，缺乏时代特色与技术含量，缺乏市场需求检验。

（2）职教课程设置欠合理

在调查中发现，多数特殊教育学校课程结构单一且不科学。特殊教育学校要从学生发展的角度合理设置课程，并使课程具有一定的前瞻性。不仅要考虑到学生毕业求职的需要，还要考虑学生未来的发展。在这方面大部分学校以集体教学为主，个别教学较少。特殊学校都反映设备不能满足职业教育和教学需要，场地紧缺，专业教室少。有的职教课的教学状况和基础文化课教学没有区别，致使学生的职业技能和职业素质难以适应社会需求。缺乏个性化、个别化的专业课程与内容。

5.毕业生就业

（1）就业途径、就业方向单一

残疾人在就业问题上历来存在着不被重视的现象，较健全学生就业困难，大多数企事业单位和私营企业不愿意招收残疾学生入职，即使被迫招收了也不让上岗，只是单纯地发放基本生活费，请残疾学生回家。残疾人就业或多或少存在着显性或隐性歧视。

（2）就业时间短暂

特殊教育学校毕业生就业后能够顺利就业、不被辞退的较少。对于从特殊教育学校毕业的部分听障或智障学生而言，首次就业之后，由于自身残疾、不能适应工作、工作不被认可、薪水较低以及社会接纳度低等诸多原因，被企业辞退或自行离职的较为常见。

（3）特殊教育学校的就业指导有待完善

调查结果显示，学校进行跟踪指导的只占全部毕业生的26%，且跟踪指导时长多在3—6个月，时间较短，指导工作缺乏持续性和连续性，不能满足残疾学生就业后再提高的需求。特殊教育学校的就业指导仅仅体现为毕业生出了校门能找到一份工作，就算完成教育任务。目前还缺乏长效的就业指导策略以及个案追踪指导机制。

（二）宁波市特殊教育学校职业教育滞后成因分析

目前造成宁波市特殊教育学校职业教育滞后的主要原因有如下四个方面。

（1）政策导向区分不明

特殊教育学校在业务管理上，与民政、残联、教育等相关部门有业务相关或重叠。在这种多主体的管理模式下，往往会造成各部门各自为政，缺乏统一的、完善的协调机制，无法实现资源的优化配置和共享。

（2）教育主管部门内部职责划分不清

目前特殊教育工作由各级教育主管部门中的基础教育处负责，专门负责职业教育的管理部门没有权限管理特殊教育的职业教育工作，这就导致特殊教育学校职业教育无法纳入职业教育体系中，管理处于相对的"真空状态"，特教学校的职业教育基本上被忽略，办学较为困难。

（3）学校内部对于职业教育管理不完善

部分特殊教育学校受专业、师资等制约，缺少专人管理，对于职业教育的考核不严格，且与义务教育一起管理，责任划分不清晰。在宁波市特殊教育学校中，只有宁波市特殊教育中心学校设置分管职业教育校级领导，设立职业教育处，并进入学校中层管理序列，专门负责残疾学生的职业教育。

（4）职业教育课程建设不够

职业教育课程建设不够，主要表现在专业选择、课程安排、教学开展等方面。专业方面与现今社会对残疾人的要求不符合，固守传统专业的现象仍然普遍存在；忽视学生身心发展及市场的需求，职业教育课程设置超出特教学生的自身能力范围，真正学到的知识与技能很有限；教学方法老旧，理念过于陈旧，缺少现代职业教育的新方法、新技术。

五、宁波市特殊教育学校职业教育问题的解决对策

（一）呼吁政策倾斜，鼓励多方投入

相关政府职能部门需制定具有宁波特色的特殊教育学校职业教育政策，加大对特殊教育事业的支持与帮扶力度，并呼吁社会上各方力量加入特殊教育学校职业教育中来，多方投入共建和谐社会。

（二）全面推进职业教育，为残疾学生提供机会

在特殊教育学校职业教育课程开展过程中，将"自主学习"和"体验式学习"等学习观念大胆地引入特殊教育体系，探索其与普通教育的共性及特殊性。在教育、培训的过程中进一步促进中/重度残疾学生的身心康复，进一步培养他们对社会职业的适应性。

（三）立足宁波经济，挖掘地域特色课程

特殊教育学校更要充分挖掘、发挥地域优势，加强校本课程及教材的建设。因地制宜地设置专业以符合地域的需要，适应当地经济的发展。要注重宁波区域特色，挖掘其中的特色课程，如宁波市特殊教育中心学校开设工艺美术、烹饪面点、服装设计等有地域特色的专业。

（四）加强师资队伍建设，建立"双师型"教师队伍

建设宁波市特殊教育学校职业教育师资队伍，应突出两点：一是培养"岗前培养和在职培训相结合"的模式，使师资队伍达到任职标准；二是积极构建"双师型"教师梯队，既要提高专业理论水平，也要强化实践能力。

（五）创设实践基地，加强校企 / 校校合作

校内把实训基地建设与各功能教室建设相结合，建设专门性的实训教室；校外设立学校直接管理的经营性校办工场（商店），提供社会实践机会。统筹规划中等职业学校的实训基地，促进职业教育实训基地共建共享，做到校企、校校间合作，联合培养学生，最终达到毕业生融入社会、顺利就业的目的。

（六）关注未来发展，完善后续跟踪指导机制

特殊教育工作者应抱有终身教育的观念，完善残疾学生就业后续跟踪指导机制，配备专门人员定时跟进指导残疾学生的就业工作，发现问题后及时给予现场解决。建立毕业生再教育体系，随市场需求的变化而开展继续教育工作，使残疾学生能够适应社会的发展变化。

"教师即研究者"，理论结合实践，研究特殊学校中职学生"工匠精神"培养策略，将持续不断下去。通过特殊学校职业教育，为残障学生创造更美好幸福的人生，这必将是全体特殊教育工作者的毕生追求。

参考文献

[1] 薄晓丽.从特殊教育到融合教育——特殊职业技术教育的人才培养模式研究.当代职业教育，2012（4）：69–71.

[2] 陈云英.中国特殊教育学基础.北京：教育科学出版社，2004.

[3] 初传学.职业教育应以市场和就业为导向.现代特殊教育，2006（10）：15–16.

[4] 顾明远.特殊教育学.长春：吉林教育出版社，2000.

[5] 郭经媛.听障学生就业指导研究——以济南特殊教育中心为例.济南：山东师范大学学位论文，2013.

[6] 郝立成.发展职业教育 完善特殊教育.现代职业教育，2000（2）：43–44.

[7] 何云霞.残疾人职业教育问题及对策研究：一种基于个案的分析，长沙：湖南师范大学学位论文，2011.

[8] 朴永馨.特殊教育课程与教学.大连：辽宁师范大学出版社，2002: 50–75，123–141.

[9] 眭乐萍.大力加强职业教育提高残疾人就业能力——深圳元平特殊教育学校职业教育体系的创新构建.现代特殊教育，2001（11）：7–9.

[10] 王爱桃.以就业为导向的我国聋校中等职业教育课程改革研究.沈阳：沈阳师范大学学位论文，2013.

[11] 王琦.加强"双师型"教师队伍建设 促进特教学校职业教育发展.现代特殊教育，2010（5）：16–18.

[12] 邢红梅.论特殊职业教育.陶瓷研究与职业教育，2003（4）：34.

[13] 许家成.残疾人职业教育的准备式和支持式模式.中国特殊教育，1998（2）：32–36.

[14] 张文京.对我国残疾人高等职业技术教育发展的分析与思考.中国高等教育学会高等特殊教育研究会2004年年会暨国际研讨会论文集，2004.

[15] 赵树铎.特教学校劳动技术与职业教育概论.天津：天津人民出版社，2011.

[16] 赵树铎.特殊教育课程与教学法.北京：华夏出版社，1994.

[17] 赵小红.近20年中国智力残疾学生职业教育研究进展.中国特殊教育，2009（8）：27–34.

二

特殊教育教学

抖空竹项目在培智学校的传承和发展

徐丽君

摘要 非遗传承项目抖空竹是一项全身的有氧运动，集锻炼身体、身心康复及观赏性、竞技性于一体。培智学生身体发育迟缓，智力较同年龄儿童水平明显低下，由此其情绪特别不稳定，心理健康发展受阻。我们经过十多年的探索和实践发现，抖空竹可以促进培智学生身心健康发展，促进其社会融合，展示出培智学校的校园特色文化，是一项适合在培智学校开展的非遗传承项目。

著名的物理学家、21岁就患上了严重的肌肉萎缩症而导致全身瘫痪的伟人斯蒂芬·威廉·霍金曾经说过：一个人如果身体有了残疾，绝不能让心灵也有残疾。

身体上的缺陷往往容易引发心理上的缺陷，怎样的活动能有效促进培智学生身心健康发展？身体的康复是心理健康成长的良好基础，两者又是相辅相成的。我们根据培智学生的身心特点和个别化需求，致力于开发身心协同发展的项目。

抖空竹是我国一项民间传统体艺项目，2006年被列入第一批国家级非物质文化遗产名录。它在我国北方地区有较好的发展，台湾地区也在认真传承。在普通学校引进和推广空竹并不鲜见，但是对于特殊学校是否适合呢？事实证明抖空竹项目在培智学校具有积极的推广意义。我们在开展空竹康复功能研究，挖掘空竹运动所蕴含的文化内涵，提升以"传统文化"治校和用"空竹文化"寄寓的精神激励、引导和发展师生队伍建设、校园文化建设等方面进行了有效的探索和实践。抖空竹项目不但促进了培智学生身心健康发展，还激励了师生的智慧和潜能。我们以抖空竹为媒介开发残疾人康复健身体育创编项目，加大研究力度，组织形式多样的空竹活动，加强校园空竹文化氛围的布置，挖掘空竹文化的内涵，编写空竹校本教材，把"空竹特色"提升到"空竹文化"，把"空竹精神"渗透到学校的每一个角落，让空竹文化融入学生成长、教师发展的每项工作中，逐渐成为学校文化的重要组成部分，最大限度地发挥抖空竹项目对于培智学生身心康复、发展的作用。

一、培智学校推广抖空竹项目的可行性

抖空竹对于促进培智学生身心健康、建设培智学校校园文化大有裨益。

（1）抖空竹能刺激学生大脑发育、锻炼身体机能。培智学生大脑发育不全、神经机能比同龄孩子弱，抖空竹令其左右手同时运动时能刺激大脑，促进前庭大脑发育，提高大脑机能，让他们能更快地接受新事物。低年级学生无法掌握运动技能，运动时呼吸不畅。抖空竹属于有氧运动，抖起来心情舒畅，呼吸自然，所以运动也由易到难，由慢到快，幅度由小到大地循序渐进。由此全身骨骼肌肉得到由弱到强的锻炼，逐步加强全身血液循环，促进人体各器官的组织供血，使得供氧充分，改善物质代谢。培智学生常有肠胃功能紊乱等现象，这项运动对胃肠道消化系统起机械性的刺激作用，能加快消化道内的循环，促进消化能力，改善食欲和便秘。

（2）抖空竹可以促进感觉统合康复。培智学生大都因大脑受到一定程度损害，智力发展和身体活动受到不同程度的影响和限制，特别是在协调、灵敏、平衡、空间定向等身体活动能力方面有明显的障碍。而抖空竹运动对学生感觉统合康复有着积极作用。它能训练学生本体感觉，增强运动协调能力。本体感觉功能不足的学生在运动方面常表现为害怕或逃避运动，大运动和精细动作均显笨拙，运动协调不佳等。抖空竹时，不仅上肢要进行提、抛、接、抖、盘等动作，下肢还要走、跑、跳、蹬、摆，同时还要利用腰的扭、摆、送，头部要随空竹的移动进行仰、扭、俯、转等动作，每一个花样都要靠身体的巧妙配合才能完成。对感觉不佳的学生来说，这项运动不仅能提高四肢的协调能力，还能促进自身运动发展。经常练习抖空竹中的抛、掷、摆、送、盘、绕、缠等基本动作，能提高培智学生身体的灵敏性和反应能力。

（3）抖空竹能训练学生前庭功能，改善手眼协调能力。培智学生多数有不同程度的前庭功能障碍。主要表现为：视线追随能力很差，眼球不能平移，手脚笨拙、容易跌倒，注意力涣散，无法判断距离与方向等症状。而抖空竹这项运动，从抖动那刻起，双眼始终注视着空竹的变化，双手同时运动，随着变化做出正确的动作，运动过程中双眼和双手的协调能力会不断受到锻炼和提高，同时改善学生注意力不集中的问题，增强学生记忆力、手眼协调能力和视线追随能力。

（4）空竹运动的易学性、独有的趣味以及花式，让培智学生从练习中体验到兴奋、喜悦等强烈鲜明、丰富多彩的情感，让他们不再害怕或逃避运动。学生在空竹文化的熏陶下，体验到成功的喜悦，提高了参与运动的积极性，改善了心理健康水平。

（5）抖空竹能促进融合教育，加强普特交流与合作。在特殊学校普及和推广抖空竹项目，对于特殊学生的融合教育也大有益处。第一，增加了特殊学生与普通学生相处的自信。"别人不会，而我会"，抖空竹带给孩子们的不仅是一份自信，还塑造了一份快乐和一颗勇敢的心；第二，在校园文化交流中，抖空竹架起了普特之间的桥梁，"你有你的精彩，我有我的亮点"，大家互相包容、互相欣赏、合作共赢，在蓝天下一同绽放；第三，当孩子们面向社会的时候，抖空竹的技巧和文化让培智学生找到了展示自我的方式，帮助他们实现自我价值。

（6）该项目的场地器材要求低，利于发展特奥运动项目。空竹练习对于场地的要求不高，一个人只要一平方米的面积就可以单独练习。空竹方便携带，完全根据练习者的具体情况开展练习，可以小练几分钟，也可以钻研动作几小时。晴天可以在学校操场上练习，雨天也可以在走廊、教室内练习。在课间、午休时间、放学后随时可以练习。普通的双轮空竹价格也不高，几十元，且使用寿命长，只需偶尔更换空竹线，就可以长期地使用。"小成本，大收获"，学校不需要太大的投入就可以把它发展成为全校性体育活动，创建起空竹体艺特色项目。很多残障学生身体羸弱，容易在竞技体育中受伤，特教学校也出现过因学生运动安全造成的纠纷。空竹是我国民族传统体育项目，追求的是娱乐性、健身性、表演性，不像其他的体育项目一样具有激烈的竞争性，这就大大地减少了体育事故的发生，非常适合将抖空竹设为特殊奥林匹克运动会项目。

（7）师资问题容易解决，运动机制有保障。由于抖空竹运动目前还没有完全社会化，因此在小学中专业教师几乎为零。但学校可以聘请抖空竹高手对学校的教师进行短期培训，同时可以通过互联网进行相关专业的自学，基本能解决师资不足的情况。培智学校的老师，只要肯用心，在探索抖空竹教学的领域还是大有文章可做的。

（8）抖空竹还能培养团结合作精神，展现校园文化特色。学生人手一个空竹，时常在同伴间相互交流、合作，学校还可以经常组织抖空竹比赛、表演等活动，培养学生团结合作的精神，帮助他们更快、更好地融入社会大环境。

二、培智学校抖空竹项目的传承和推广

我们站在传统文化的视角来定位空竹、传承空竹，在传承中创新、在普及中提高，提出"让空竹之花绚烂绽放"的美好愿望，提炼出"用空竹填补缺陷、用空竹展示精彩"这一核心理念，促成抖空竹项目在培智学校的传承和发展。

抖空竹项目在培智学校的推进，需要老师们都来学习它的基本动作和技巧，特别是体艺老师和班主任应该成为抖空竹的指导者和推广者。

首先，在能力较好的学生当中尝试教学。为了激发学生学习抖空竹的兴趣，可以用游戏的形式展开。"有个娃娃，两头大大，腰身细细，绳上滑滑。拉拉扯扯，上上下下，蹦蹦跳跳，陪我耍耍。"生动活泼、朗朗上口的儿歌，形成了学生对空竹的初步认知。两根竿子不断拉动一条细细的绳索，小小的空竹就会在绳子上不停翻转、跳跃，变幻出无穷的精彩和奇妙，孩子们很快就尝到了抖空竹的乐趣。一个个小小的空竹，在孩子们的手里上下翻飞、左右滚动，闪亮的眼神、灵巧的双手随着空竹在跳跃，孩子们的心也随着空竹在欢呼。

"我会做天平秤啦。""我会望月了。"……每学会一个技巧动作就是达成了一项小目标，孩子们的快乐和自信在"我会""我行"的基础上建立起来。

其次，为了进一步发展学生的能力，可以选取能力较好的学生成立空竹队，编排空竹节目，参加各种表演和比赛，不仅获得经验和荣誉，还培养孩子们团结合作的精神和坚韧不拔的意志力，也进一步巩固孩子们的自信心。

最后，为了在培智学校普及抖空竹，可以自编空竹操，在全校推广，让所有的孩子都参与到抖空竹的活动中来。每天早上只要音乐一响起，操场上的空竹就遍地开起了花儿，空竹操是孩子们每天早上的必修课。还可以组织空竹赛事，激励学生掌握技巧。表1是根据培智学生能力水平制定的分组考核。

表1　根据培智学生能力水平制定的分组考核

考核项目	低能力组	中能力组	高能力组
启　动	喜欢抖空竹、能启动空竹、加扣加速	掌握正确启动方法	快速、正确启动空竹
加　速		会加扣加速	会用加扣、上下跳加速
调整方向		能调整上下左右的不平衡	能快速调整上下左右的不平衡
左右甩袖		会左或右甩袖	按节拍左右甩袖、姿势优美

考核项目	低能力组	中能力组	高能力组
绕花线		会绕花线	按节拍绕花线、姿势优美
翻花线		会翻花线	按节拍翻花线、姿势优美
天平秤		会天平秤	能单手持天平秤做亮相动作
上下跳		会上下跳	按节拍上下跳连续 3 个以上
蹦蹦跳		会蹦蹦跳	按节拍蹦蹦跳 3 个以上
左右圆		会左右圆	按节拍左右圆、姿势优美
望 月		会左或右望月	会左右望月、时长不少于 5 秒、姿势优美
捞 月		会捞月	能连续捞 3 个以上
抛 接		会低空抛接	能按要求高低抛接
收 线		会收线	按节拍收线亮相，姿势优美
对 抛			能对抛两组以上
组合技巧			会两组以上组合技巧

记录每次测试的结果，进行对比，发现随着学生抖空竹技巧的提升，其身心健康发展水平明显提高。以 0—6 分标识能力水平，0 为无，1 为有一些发展；2 为初步发展；3 为基本发展；4 为较好发展；5 为完全发展；6 为超常发展，对学生抖空竹前后在动作和言语方面能力进行评判。表 2 记录的是个案小涛的数据。

表 2　个案小涛的数据

评判阶段	粗大动作	精细动作	语言、交往能力
抖空竹前	1	0	2
抖空竹初始阶段	2	1	2
抖空竹持续进行	4	3	3
抖空竹深入发展	5	4	4

将数据生成柱形图，可以观察到抖空竹项目对培智学生能力发展水平的积极影响。图 1 是学生小涛学习抖空竹前后的能力发展水平柱形图。

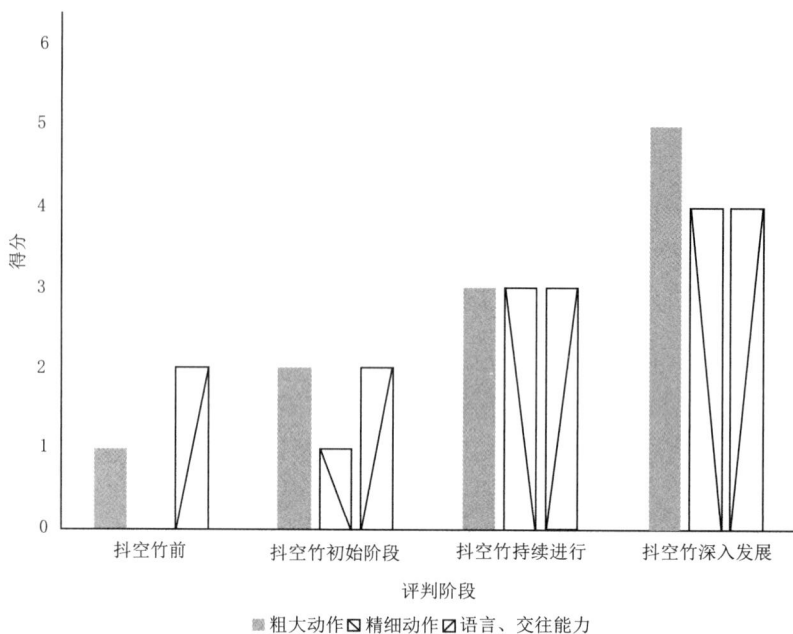

图 1　小涛学习抖空竹前后的能力发展

三、提高抖空竹项目在培智学校的发展水平

为了大力推广抖空竹项目，应该积极开发空竹课程体系，进行相关课题研究，努力构建以抖空竹为塔基，空竹文化为塔干，空竹精神为塔尖的宝塔形校园文化，使培智学校这边的风景独好。

（一）营造浓厚的空竹氛围

开发适合培智学生的空竹课程，提炼空竹的精神内涵，让师生浸润于空竹文化氛围。

1. 班级特色文化

我们倡导把"勇敢尝试、团结协作、快乐自信"的空竹文化内涵和"精金百炼"的空竹精神融入班级文化的建设之中。班主任是本班文化建设的负责人，因此我们要求班主任和学生一起做好班级教室环境的布置及美化，做好黑板报以及空竹角、图书角等文化阵地的建设。用富有诗意和内涵的名字来命名班级，如望月、捞月……制订班级公约，增强班级的凝聚力。张贴空竹全家福照片，设计班级图腾，让每个班级都充满创造力、竞争力，焕发勃勃生机。

2．校园环境文化

空竹文化展板、技巧展示长廊、空竹荣誉室和空竹器材、训练场地的逐步布置完善，使师生时刻感受到空竹带来的欢乐与自信，惊喜与成功，更加喜爱抖空竹这一项目。

3．宣传报道

利用抖音、QQ、微信等广为传播；制作校园空竹文化特色内容；评比"空竹明星""空竹小将"，在校园文化宣传栏甚至是新闻媒体上展示他们的图片和事迹，让更多的学生感受、学习他们的拼搏精神和努力。

（二）拓宽空竹活动的空间

空竹提升身心健康的价值就是让特殊学校低能力组的学生悦纳它，让中能力组的学生掌控它，让高能力组的学生精益求精，人人都爱上这一传统技艺，人人都有机会舞动它，大部分人能展示它的精彩，也是展示自己的精彩，获得成功、享受快乐、得到激励、涵养生命。

1．空竹特色班级

班级空竹训练活动不断深入，班主任为教练，以课外活动的形式大力推进空竹技艺的发展。组织学生一起设计制作班级空竹卡通标识。根据学生的年龄特点，分低、中、高段在体育课分别教授空竹技巧，在班会、综合实践活动中安排丰富多彩的班级空竹文化活动，让"勇敢尝试、团结协作、快乐自信"的空竹文化为班级增添活力。

2．空竹特色社团

重点抓好校空竹队这一社团的训练，并根据学生实际，制订科学、系统的训练计划，学校建立强、弱能力组空竹特色团队。每个团队专人负责，专项考核。弱能力组重在基础与引领，培养与挖掘可发展的学生；强能力组重在演出、比赛，力争取得优秀成绩，让抖空竹成为一种荣誉、一种奋发向上的体现。

3．空竹特色课堂

着力建设富有空竹文化特色的课程，将空竹的历史、现状、传承、发扬融入日常的教育教学之中，使学生在不断的学习锻炼中培养兴趣、锻炼身体、增长技能，获得成功的体验、心灵的滋养。鼓励教师开设观摩课,一方面进一步引领本校师生投入空竹教学中,另一方面积极向外推广空竹这一运动项目,使更多学生受益。

4. 空竹特色早操

班主任、教练员要充分利用空竹操抓好普及工作。师生利用早操时间练习基本的空竹技能,还要不断学习新动作、新节目,共同出谋划策,创编空竹节目和小游戏,力求童趣盎然,可以编歌曲、童谣,让这一运动更加赏心悦目,还应集创新、趣味、娱乐、健身于一体,拉近师生之间、生生之间的距离,使整个校园弥漫浓浓的互帮互助、互敬互爱之情。

5. 空竹特色赛事

不断拓宽学校文化建设的渠道和空间,精心组织校内空竹项目比赛,以每个月比一个动作的形式来提高练习质量;还应该积极参加抖空竹比赛,不断进取、不断挑战自我。

6. 空竹特色名片

抖空竹项目作为学校的一张名片,无论是"走出去"还是"请进来",都要将其作为展示的重要内容,让外界看到培智学生健康阳光灿烂的一面、自信可爱的一面。"我来教你抖空竹。""看,我会做绕花线。"……参观的人试着拉动绳子,体验着抖空竹的乐趣,不时感叹:这些孩子好棒!对于抖空竹,孩子们都乐意表现,也乐意分享。"我会抖空竹",不仅是每个孩子个体的自信,也是特殊教育学校集体的自信。无论是在艺术比赛的舞台上、运动会的开幕式表演中,还是在学校的操场上、乡村的文化礼堂内,抖空竹表演总能引起一片赞叹。孩子们享受到快乐和成功,脸上洋溢着笑容。空竹作为一种载体,促进了培智学生与外界的融合。

（三）抓好空竹教练队伍建设

聘任具有空竹教练员资质的教师担任学校老师的培训工作,训练全体班主任教师、青年教师及所有爱好抖空竹的教师成为教练员;每学期邀请空竹协会专家来校指导,每年派出专业教练外出进修学习,以进一步提高教练组的教学水平。

（四）组织骨干教师编写相关课程,进行抖空竹项目的课题研究

抖空竹项目在培智学校切实可行,但相关的研究还很少,因此,积极开展该项目的研究,一定大有可为。

四、培智学校抖空竹项目未来发展方向

积极响应习近平总书记关于传承中华优秀传统文化的理念，充分运用抖空竹作为传统文化中的一项技艺性项目，营造校园空竹文化大环境，促进培智学生身心健康发展，把"勇敢尝试、团结协作、快乐自信"作为空竹文化的内涵，渗透到日常教学中。以空竹文化为抓手，以"精金百炼"的空竹精神熏陶、感染学生，使残障学生形成一种积极进取的学习态度、健康向上的生活理念。

（1）加强两头兼顾。一方面，对于能力较好的学生，可以进行更多的技巧训练；另一方面，要开发出适合能力薄弱学生的空竹课程，尽可能让所有孩子通过空竹课程提升身心健康发展水平。

（2）建立科学的评价体系。完善等级测试规程，建立 IEP（个别化教育计划）评价体系，定期测试、评价，获得科学数据和图表。利用大数据指导实践和操作。

（3）加强个案分析，科学研判抖空竹对于培智学生身心康复的有效性，不断挖掘和提高抖空竹带给学生的好处，更好地达到用空竹课程提升培智学生身心健康的目的。

（4）助力抖空竹成为特殊奥林匹克运动会项目，让更多残障孩子受益，使该项目得到更好的发展。

（5）利用非遗传承项目在社会上的积极影响，做好培智学生职业规划。帮助残障人士成为空竹社会体育指导员，以一技之长更好地融入社会。

参考文献

[1] 龙腾.双论空竹技法.郑州：河南科学技术出版社，2011.

[2] 中国残疾人联合会.0～6岁残疾儿童康复教育教材丛书.北京：北京出版社，2018.

高职语文"金课"建设基本认知、现实困境与路径探索[①]

张　帆[②]

摘要　高职语文"金课"建设是公共基础课程改革的重要突破口，也是深化人才培养模式改革的创新举措。立足"金课"的"两性一度"，高职语文"金课"应具备真实性、探究性与实践性。"金课"建设中应处理好三对关系：高职语文"公共性"与所在专业的融通，语文课程隐性功能与专业课程显性价值的区分，"文学审美"熏陶与"专业思维"训练的整合。从教学实践出发，高职语文"金课"建设应在以下四方面着力：争取一线教师的理解和支持，编制与专业衔接的教学大纲和教材，构建"基于文本分析的项目/案例式"教学模式，打造"以学生为中心"的"金课"课堂。

　　课程是人才培养的核心要素，学生从大学里受益最直接、最核心、最显效的是课程。自 2018 年 6 月教育部提出高等教育要打造"金课"、消灭"水课"以来，"金课"迅速成为热词，引发高等教育界强烈共鸣。同年 8 月，"金课"一词被写入教育部文件，文件指出，高等教育要让大学生合理"增负"，"各高校要全面梳理各门课程的教学内容，淘汰'水课'、打造'金课'，合理提升学业挑战度、增加课程难度、拓展课程深度，切实提高课程教学质量"。那么，在大力推进"双高计划"的大背景下，高职教育怎样打造属于自己的"金课"？"金课"是思政课程的"专属"吗？其他课程有没有义务来打造"金课"？"金课"就是微课、慕课、翻转课堂吗？具体到某一门课程，"金课"应该怎么建、如何建？目前，许多高职院校老师对这些基本问题的认识还存在分歧。本研究聚焦公共基础课程，以高职语文"金课"建设为例，

① 2021 年度浙江特殊教育职业学院校级高层次重大科研成果培育项目（XZDJB2012-1）；浙江省高等教育"十三五"第二批教学改革研究项目（项目编号 jg20191041）；浙江省教育科学规划重点项目（课题编号：2021SB122）研究成果。
② 作者简介：张帆（1978—），女，浙江金华人，浙江特殊教育职业学院教授，主要从事高职教育与课程教学研究。

深入分析"金课"建设的基本内涵、建设中的现实困惑，并提出建设的实践路径，以期为高等职业教育"金课"建设提供借鉴和启示。

一、理论起点：高职语文"金课"建设的基本认知

（一）高职语文"金课"内涵

1. "金课"的"两性一度"

关于"金课"的基本内涵，教育部高等教育司司长曾用"两性一度"予以概括。所谓"两性一度"就是高阶性、创新性和挑战度。高阶性主要是就课程内容而言的，课程内容要训练学生的高级思维能力，培养学生对问题的批判意识，教会学生综合运用多种学科知识解决专业领域的复杂问题。创新性不仅指教学手段、教育技术创新，也不仅指教学方法、教学形式的创新，而更多地体现在教学内容上，因为徒有"金"色外表而没有内涵、没有深度，这样的课还是华而不实的"水课"。挑战度涉及学生对课程的评价，对学生来说"跳一跳才能够得着"的课才是有挑战度的课，才是需要用心学、全身心投入的课。

2. 高职语文"金课"建设应与专业同向同行

用"两性一度"的标准来检视高职语文课程，那么，高职语文课程不该是炒冷饭式的"回锅"语文，不该是修修补补式的"高四"语文，不该是一味迎合学生口味的"快餐语文"，也不应该是在信息爆炸时代，随手都可以获取各种资源的背景下，还在反复讲解作品背景、作者简介、内容梗概的"文学鉴赏式"语文。高职语文应对标行业发展和专业需要，汲取行业前沿信息，将诸如建筑类、工程类、医学类、经济类等各专业科普文献纳入其中，训练学生对本专业文献的检索、识读、分析、评价、反思、写作、应用等能力，与专业发展同向同行。对学生而言，如果通过高职语文课程的学习，能流利阅读本专业文献，能结合专业知识编制工程造价图表、撰写经济贸易合同、解说老年护理照护规范、制作商务文案并得体地汇报，这样的语文就是使得他们学有所获的语文，是在中学语文基础上"再上一个台阶"的语文。一句话，高职语文要助力于学生的专业成长。

（二）高职语文"金课"特征

1.工具性与人文性

任何一门课程都有其固有的学科属性。工具性和人文性的统一是语文课程的基本属性，工具与人文是有机交融、你中有我、我中有你的关系，对高职语文"金课"特征的认识也不能背离这个基础。从人文性角度看，高职语文"金课"应该使学生树立正确的人生观、价值观，具有胜任今后工作岗位的职业道德，形成良好的人文修养，具备高度的社会责任感和爱国主义意识。从工具性角度看，高职语文"金课"应通过与专业结合的听说读写技能的强化训练，训练学生的专业思维能力和专业表达能力。人文性与工具性在课程实践中不是"盖浇饭"或"两张皮"关系，所谓对学生进行人文素养、社会主义核心价值观培育这些人文性是在专业思维能力、专业表达能力的训练过程中有机渗透、与其紧密结合的。

2.真实性、探究性与实践性

如果说高职语文"金课"应该体现工具性和人文性的统一，这是对课程属性的基本遵循，那么，要成为"金课"，高职语文还应具备如下三个特征：一是与高阶性相对应的真实性。真实性是指语文教师创设真实的认知场域，如引入职业情境中的典型案例、营造仿真的虚拟场景，让学生从行业从业人员的视角来思考、分析问题，探寻问题的解决路径，评判问题的解决策略。以"真实"为基础，才能实现高职语文从低效重复、内容雷同的"低阶"课堂向"高阶"课堂转变。二是与创新性相对应的探究性。高职语文不是语言文学知识的"大杂烩"，灌输式的教学显然不符合当下学生的认知需求，教学应该能激发学生钻研专业知识的兴趣，在阐述、协商、讨论、质疑、争辩、评论中，启发学生从多个角度不同侧面去思考问题、培养用自己的语言去解释论证的能力，提高学生创新思维能力。三是与挑战度相对应的实践性。所谓实践性就是学生在语文学习过程中的情感激发、审美感悟、价值认同、思维提升、语感习得、经验积累、方法获取等，这些都来自学生的亲身体验、亲自实践。只有通过语言实践来挑战未知、探索新知，才能实现认知能力、思维能力质的飞跃。

二、现状省思：高职语文"金课"建设中的现实困惑

（一）如何处理高职语文公共性与所在专业的关系

迈向"金课"过程中，任何一门课程都不可避免地会遭遇矛盾、冲突或挑战。提倡语文课程为专业建设服务，将专业文本教学纳入课程，这样的做法会招来一种质疑：语文还是"语文"吗？如果语文课堂要指导学生学习专业文本，为什么不把语文叫作"科技语文""工程语文""财经语文""护理语文"？作为一门公共基础课，它是否已经偏离了课程为所有专业服务的"公共"属性？其实，强调语文为专业服务的课程定位与语文在人才培养体系中的"公共基础"课程属性并不矛盾。如果一门课程不能与该专业领域的其他课程形成合力，游离于整个专业人才培养体系之外，它是否还有存在的必要？如果它不能满足学生的个性化学习需求，是一门"放之四海而皆准"的课程，为何还要冠以"高职"之名？公共性不是普适性，"公共"不能脱离"专业"这个根本，面向土木建筑类学生的高职语文应该有别于装备制造类，面向财经商务类学生的高职语文也应当有别于交通运输类。

（二）如何区分语文课程的隐性功能与专业课程显性价值

如果说专业课程的学习对学生专业知识体系的建构、专业技能的培养、专业思维的训练具有显性价值，能为学生直接提供该专业领域的知识、技能、方法，那么，高职语文"金课"的育人价值是相对隐性的。所谓隐性是指高职语文将关注点放在专业课程的背后，也就是通过专业文本的解读，来分析该专业领域的知识是如何被建构的，意义是如何言说的，信息是如何传递的。换言之，专业课程重在教会学生"概念内涵是什么、工作原理怎样、制造方法如何、操作流程怎样"，而作为"金课"的高职语文则重在教会学生"概念是如何被界定的、工作原理是如何阐述的、制造方法是如何分步骤介绍的、操作流程是如何被梳理清楚的"。科技语体与事务语体不同，公文语体与经贸语体有别，口头语体与书面语体的词汇量、句式结构、叙述风格也有差异，不同专业都有不同专业领域的用语规范，高职语文"金课"就是在学生进入社会的最后教育阶段，教会学生成为一个职业人的职场交际与应用写作能力，让他们能够进入行业交际语境和写作语境，掌握说"行内话"的本领。

（三）如何整合高职语文的文学审美熏陶与专业思维训练

如前所述，高职语文人文性与工具性在课程实践中不是"盖浇饭"或"两张皮"关系，两者可以在语文"金课"实践中有机整合。那些文质兼美的文学作品，那些传颂千古的爱国诗篇，那些超越时代、不同体裁、不同流派的中外经典完全可以和专业学习结合起来，以"课程思政"的方式进行渗透。新时代"最可爱的人"的感人事迹可以和文学经典、历史人物结合起来，对学生进行审美感化和精神陶冶。例如，对临床医学专业学生而言，新冠疫情就是进行医学人文精神教育的生动案例。当新冠疫情汹汹来袭的时候，疫情下的"逆行者"钟南山院士、民间"吹哨人"李文亮医生、送来救济物资的海外华侨，还有无数奋战一线的社区工作者，他们的感人事迹何尝不是对中国古代"苟利国家生死以，岂因祸福避趋之""天下兴亡，匹夫有责""鞠躬尽瘁，死而后已"民族精神的最好诠释？引导医学专业学生解读新冠疫情相关的专业文献，不仅可以对他们的文献分析、评判，围绕问题搜集相关数据，提出创新性解决思路等能力进行"高阶"训练，还可以拓展讲述先进人物事迹、古代仁人志士爱国诗篇，实现专业思维训练与医学人文精神的有机整合。

三、实践路径：高职语文"金课"建设思路

（一）争取一线教师的理解和支持

高职语文"金课"建设必须与专业同向同行，为学生的专业成长服务。但目前从事高职语文教学的教师，学科背景多为中国语言文学，老师们更擅长从训诂、修辞、文艺、诗学等角度分析文学作品的"文质兼美"性，却与所在专业的科技发展、行业的最新动态存在隔膜。古文诵读、字词解析、篇章结构、艺术手法等在实际教学中还占据较大比重，再加之课时所限，真正与专业结合的内容可能少之又少。因此，开展高职语文"金课"建设，争取一线教师的理解和支持是至关重要的。一方面，语文教师应主动顺应"金课"建设需求，勇担为国家培养新时代高素质技术技能人才的使命，积极拓展自身知识结构、能力结构，提升跨学科专业素养；另一方面，专业教师也应主动与语文教师磋商，商议人才培养方案的修订、参与语文课程大纲的编制，为种好高职语文"责任田"、打造语文"金课"献策献力。

（二）编制与各专业衔接的教学大纲和教材

目前，与各专业匹配的高职语文"金课"还缺乏教学规范、教学大纲和相应的教材。语文"金课"建设应本着专业化、职业化、实用性导向，对专业需求进行准确定位，研制符合专业人才培养需求的教学大纲，对不同专业学生所需的语文听说读写能力、高级思维能力、综合应用能力作不同要求。例如，对旅游类、护理类、表演艺术类专业，在目标中会更强化与"说"相关的技能训练；对建筑设计类、财务会计类专业，则更侧重与"写"相关的技能。在课程内容安排上，依据职业教育理实一体原则，以课程内容模块化、模块内容任务化方式做整体单元设计。例如，幼儿教育专业可分幼儿教育诊断与心理健康指导、幼儿行为观察与引导、幼儿园教育活动设计与实施三个模块建构内容体系，每个模块下面分设不同的教师口语训练任务。教材编写不仅要考虑科普类、通识类、文学类文本的体现度，还要考虑教材编排体例与课程内容的匹配度。

（三）构建"基于文本分析的项目／案例式"金课教学模式

为使高职语文"金课"建设有一套可操作、可供示范的教学活动框架，实践中总结的"基于文本分析的项目／案例式"模式值得借鉴。该模式依据所在模块任务目标和学生学情，运用文本分析、项目教学和案例教学，在师生互动中完成一个具体的学习任务。首先，教师指导学生对教材文本进行语体、体裁、结构、词汇等方面的分析，训练学生提炼该语域类型"言说方式"的能力。例如，科技类文本通常大量使用专门术语、抽象词汇，通常会用严谨规范的句式；在描述试验、下定义、表达定理时，有许多固定格式和词组；单句复杂化，并较多使用假设、条件、让步等复句。其次，依据文本主题让学生学习相关专业文献，通过搜索、查找、分类、归纳等活动，学生从中发现感兴趣、可供探究或具有一定应用价值的课题，或者是与文本主题相关的有争议性的真实案例。这些课题、案例是下一步开展项目教学或案例教学的基础。与此同时，教师提供如何查阅文献、如何开展调查、如何撰写案例、如何确定项目等微课资源，通过翻转课堂的方式让学生课外自习。再次，学生分小组实施项目或开展案例调查，对项目的数据、文献或案例的背景资料、相关证据进行筛选与解读，撰写项目报告或者案例解决方案。最后，通过分组汇报、集体讨论、总结评价的方式，对项目创新度、案例解决方案的可行性进行综合评价。

（四）打造"以学生为中心"的"金课"课堂

历次教学改革都强调以学习者为中心，高职语文"金课"教学是这一教育理念最直白的体现，不论是课程目标的设定、教学内容的确定，还是教学模式的建构都以促进学生的发展为旨归，而课堂则是落实这一理念的最后落脚点。语文"金课"课堂选用的文本来自学生未来的职业领域；项目与案例都来源于真实的职业情境或工作岗位，是学生倾注精力、团结协作，在探究、质疑、思辨、积极表达、反思与评价中自主完成的。教师在课堂中的角色转变成创设情境、搭建支架、启发引导，总结反馈的"引路人"，线上资源、翻转课堂的使用，教学方式的调整使得学生必须把自己打造成学习的主人，他们必须积极转变学习策略、摒弃被动听讲的惰性习惯，才能真正参与到高职语文"金课"课堂中，实现深度学习。

参考文献

[1]　李泉 . 论专门用途汉语教学 . 语言文字应用 , 2011(3): 110–117.

[2]　吴岩 . 建设中国"金课". 中国大学教学 , 2018(12): 4–9.

基于多模态理论的高职听障学生汉语成语教学策略研究

俞 芹

摘要 高职听障学生成语的使用存在一定的局限性。本文探讨了听障学生成语使用中出现的问题，并从手语成语的缺失、母语的负迁移、成语与古汉语的关系、成语使用的语言环境等方面分析了出现的问题，同时提出运用多模态教学模式调动学生多种感官协作、提升学生熟练掌握并运用汉语成语能力的策略。

一、问题的提出

《现代汉语词典》（第 7 版）中对成语的解释：人们长期以来习用的、简洁精辟的定型词组或短句。能够深度反映中国文化特质、人们精神面貌、优良传统的汉语成语使学习者深度领略中华民族对于生活的乐观积极、为人处世的幽默风趣、舍生取义的人生境界和讲信修睦的民族高风。成语对提高高职听障学生的阅读能力和写作水平都是有益的，但对高职听障学生的语言学习来说是个不小的挑战。

（一）高职听障学生作文中使用成语的比率比较低

在本研究所调查的 128 份语文试卷的两道作文题近 8 万字的作答中，出现了 60 个左右的成语，而这约 60 个成语中有近十分之一的误用。大部分作文中没出现成语，最多的一篇文章中出现了 3 个成语。出现的成语有"兴高采烈""郎才女貌""好景不长""忐忑不安""不知不觉""心旷神怡""不由自主""随心所欲""目不转睛""青梅竹马""不知所措"等，均比较常见。

（二）高职听障学生在成语使用过程中偏误率较高

1. 随意调换词序、增减词语、生造成语

在高职听障学生的交际中，包括写作中，成语书写错误率是比较高的，经常会出现随意调换词序、生造成语、增减字词等现象。

例1：不屑一顾——我一屑不顾，只顾着自己。

例2：夜以继日——我日夜不昼地复习高考。

例3：倾盆大雨——不久之后下起了倾盆下雨。

例4：顺其自然——老师说过的内容，考试不是一种其事顺然。

例5：奋发图强——让我学到自强不息，图奋发力的意义。

例6：无微不至——妈妈无微至地照顾我。

例7：垂头丧气——我就是那种遇到挫折，垂气丧气的人。

例8：恍然大悟——我假期中把这些情况和妈妈说一下，才恍然不语，是我错怪了老师。

我们知道，成语较多以"四字格式"出现，是一种固定常见的结构形式，一般是不能随意变换词序，或者增减、调换字词的。很多听障学生对该成语没有完整地识记或者不能真正理解其中的含义，只知其表面意思而不知其比喻义或引申义，从而造成了随意增减、替换词语的现象。

2. 掌握成语不够扎实，不能信手拈来

即有使用成语的意识，但是不能正确地表达出来。

例1：精彩多丰富的表演——丰富多彩；

例2：小路上有湿，容易湿滑，我们小翼心走过小路——小心翼翼；

例3：意料想不到，她说出"感动"这个词——未曾料想；

从这些表达情况来看，如果学生有扎实的成语基础，那么这些语句就可以用成语来替换，通过成语表达出来。但是他们因为掌握的成语非常有限，所以只能用相近的意思来表达，而错过了使用成语的机会。

3. 成语感情色彩理解偏差

成语有褒义和贬义之分，具有强烈的感情色彩。如果听障学生只是掌握了成语的表面意思，并没有很好地理解整个词语，那么很容易产生误解，进而出现使用偏差。

例1：他幸灾乐祸看同学遇到困难。

例 2：奶奶在做饭，看见外面倾盆下雨了在放诞无礼地下着。

分析例 1，联系上下文，学生想表达的并不是"看到别人遭到灾祸时自己心里高兴的样子"这层意思，但是他对"幸灾乐祸"这个成语理解不全面，导致误用。例 2 也类同。

听障学生成语使用偏误的现象还有句法偏误等，这里就不一一赘述。

二、问题分析

（一）听障学生对成语的陌生化程度较高

汪维辉、顾军《论词的误解误用义》中提到："词的误解误用义产生的根本原因是'陌生化'（包括词义、词的内部形式等的陌生化）。陌生化的程度与对语言熟悉和掌握的程度有关，一般而言，对语言熟悉和掌握的程度越高，陌生化程度就低，对词义误解误用的可能性也就越小。词语的使用频率和来源等都是造成陌生化的主要因素。常用词的常用义项往往陌生化程度较低，不容易被误解误用；而常用词的非常用义项以及非常用词的词义陌生化程度较高，就较易被误解误用。"

从听障学生写作及课堂教学情况来看，他们对成语的陌生化程度较高。即使是"不知所措""日新月异""根深蒂固""呆若木鸡"等这类比较常见的成语也难以和解释一一对应。

（二）手语词典中成语手语的数量较少

2019 年 10 月，华夏出版社出版了《国家通用手语词典》，该手语词典共收录 8214 个常用手语词汇，其中成语词汇 220 个左右。这也说明在听障学生的手语词汇表中成语数量是偏少的。成语是书面语言，是简洁精辟的定型词组或短句，有丰富的内涵，所以有些成语很难用准确的手势表达出来。缺少了词典的借鉴，听障学生很难把成语的完整意思表达出来，因此听障学生也很难通过手语准确地理解成语的含义，在交流中他们只能根据手势去猜个大概。

他们掌握的母语，用成语表达得少且表达困难，这也造成了听障学生在平时的交际或者书面的表达中更少地涉及成语，也造成了在第二语言汉语的学习过程中成语学习的困难。《汉语成语大词典（修订版）》（华语教学出版社 2017 年版），收录成语 26000 余条，这也说明，在听障学生的学习过程中，有很大可能遇到成语，但是受手语的局限，在一定程度上妨碍了听障学生对成语的掌握。

（三）听障学生母语的迁移作用

手语是听障学生的母语，手语是视觉语言；汉语是听障学生的第二语言，是有声语言。手语在音系学、形态学、句法学以及语义学方面具有人类语言的共同特征，但手语也有与有声语言不同的特点，具有空间性和同时性等显著特征。在第二语言学习过程中，其所掌握的第一语言知识必然会对第二语言的习得产生影响，即所谓的母语迁移。母语迁移有正迁移和负迁移之分。正迁移就是第一语言对第二语言的习得产生积极有益的作用；负迁移就是第一语言对第二语言的习得产生阻碍或干扰作用。手语句子具有它自身的语法特色，书面语的语法规则和手语语法规则并不是完全一致的，因此听障学生在学习汉语成语的时候，母语具有一定的负迁移作用。

成语四个语素之间有着丰富的关系类型，除了并列、陈述、偏正、述宾以及述补这五种基本的结构关系，还有连动、兼语等结构，比如"闻鸡起舞""引蛇出洞"等。可见，四字成语在结构关系上与汉语的句子具有更大的一致性，而手语在形态和句法方面与汉语不同，比如手语中的名动同形现象、否定意义的表达、类标记结构等对听障学生成语的学习是有影响的。

（四）成语与古汉语关系密切

成语是汉语词汇的特殊成分，它保留了古汉语厚重、典雅、简洁的表达色彩，也有丰富的内涵、稳定的结构和优美的韵律。汉语成语大多由四个字组成，一般都有出处。有些成语从字面上不难理解，如"一字千金""兴高采烈"等。但是像"破釜沉舟""东窗事发""程门立雪""梦笔生花"等这些成语并不如表面的意思这么简单，而是必须结合来源或典故才能懂得意思。

汉语成语有五种主要的来源方式：来源于神话语言，来源于历史事件，也有的来源于文学作品中的名篇名句，还有口头俗语或谚语（这类主要出自百姓的口语），最后一种就是来自外来文化。然而，我国历史源远流长，博大精深的古文化都是以文言的形式记载和流传下来的，文言文是我国传统文化的主要载体，是我们民族引以为豪的精神财富。但文言文与现代通用语言在表达方式上存在很大的不同，句式特殊，生僻字比较多，读起来拗口，理解更是难上加难。对于接收信息受限的听障学生来说，文言文的理解、掌握是有不小的困难的，也因此听障学生对一些不常见的、含义深邃的成语的理解、使用是比较困难的。

（五）缺乏使用的语言环境

学习语言需要一个环境。听障学生除了课堂教学时间，大部分的时间接触的还是听障同学与朋友，他们学习经历上的相似性、掌握知识的相似程度使他们生活中很少使用成语进行交流，以致缺乏成语学习的语言环境，缺乏生活运用的可能，缺乏重复记忆的机会。当然，听障学生在进行课外阅读或者手机微信阅读等过程中也会遇到成语，但是鉴于部分听障学生在学习上缺乏一定的主动性，他们往往会忽视这些学习成语的机会，放弃了解、查阅资料的机会，也使听障学生积累成语的过程比较漫长。

三、多模态及多模态教学

（一）多模态

听觉、视觉、触觉、味觉和嗅觉，是人所具有的五种不同的感知通道，通过这些感知通道，人类与外部环境之间进行互动。这些不同的互动方式就是模态，"这五种感知通道产生五种不同的模态：听觉模态、视觉模态、触觉模态、味觉模态和嗅觉模态"。在互动过程中，如果涉及一种模态则是单模态，如果两种或两种以上，则是多模态。多模态的出现，"改变了我们对一些视觉符号和副语言的定义，图像、动画、声音、身体语言等也是一种表达意义的手段"。

美国加州大学著名的心理学教授艾伯特·梅拉比安曾提出过这样一个公式：信息传递的全部效果等于7%的语言加38%的声音加55%的肢体动作。这个公式告诉我们，语言对沟通效果的影响仅占7%，而一个人沟通过程之中，他的声音，包括一个人说话的语气、语调、音量等，对沟通效果的影响占到了38%，肢体动作表情对沟通效果的影响占到55%。

曾国藩的《冰鉴》开篇就讲：一个人，一身精神，具乎两目，一身骨相，具乎面部，故观神骨，知清浊，正邪可辨。一个人与外界的交流、交际的渠道和媒介就是模态，这些都说明，人类可以通过多模态的方式与外界进行沟通、交流。健听人士可以有包括听力模态在内的所有模态，而听障学生虽然存在听力上的障碍，但每个人的听力损失程度不同，部分有残余听力的听障学生也可以通过听力模态实现沟通，听力损失严重的听障学生可以用其他的模态去进行沟通交流，进行学习。因为非语言方式同样是可以传递重要信息的，我们可以根据非语言信息去识别信息作判断。作为学习的主体，听障学生既然可以用多模态的方式沟通交流，那么教学同样也可以使用多模态的方式去进行。

（二）多模态教学

"多元识读能力"这一概念最早是由新伦敦组合在1996年提出的，这一概念指出"除了传统的识读能力，也包括其他多种识读能力，还包括利用多种模态建构意义的能力"。在此基础上提出的多模态教学认为：教师在课堂上可以根据具体教学内容，运用身体动作、空间环境、声音、图像、文字、视频等多种模态，调动学生积极参与到课堂中来。通过多种模态相结合，充分调动学生的官能，使学生能主动地、积极地参与到课堂学习中。

四、多模态理论下成语教学策略

（一）利用多媒体技术进行直观教学

听障学生具有形象思维能力较强，抽象思维能力相对较弱的特点。根据听障学生的生理特点，充分运用多媒体技术，可以运用图片、动画、影视作品等资源进行直观教学。直观教学能使学生获得对事物的感性知识，加深对知识的理解和掌握。多媒体技术可以把成语知识变得形象、具体、生动，这样语言的信息和视觉形象相互感应，"使语言感知和其他感官的感知这两个系统彼此触发"。汉语成语因为其丰富的内涵，往往有很多的故事情节，因此可以通过PPT图片、动画、影视片段的形式展现，动画有强烈的视觉刺激，更适用于听障学生，比如"指鹿为马""黄袍加身""四面楚歌""背水一战"等。

再如"江郎才尽"这个汉语成语，它最早出自南朝钟嵘《诗品·齐光禄江淹》，唐李延寿《南史·江淹传》沿用钟嵘的说法，后人根据这些说法提炼出这则成语。这个成语原指江淹少有文名，晚年诗文无佳句；后常比喻才思减退。如果学生对这个成语背后的故事不了解，那么就比较难理解这个成语。因为这个成语字面意义和本义有一定的差距，于是会出现诸如下列这些用法："我看完了一本厚厚的书本，真是个江郎才尽的学生。""这个面，我吃得江郎才尽。""我们江郎才尽地把整篇看完。""短跑比赛我得了第三名,我江郎才尽。"究其原因,很多学生没有真正理解该词语的意思。为了让学生更好地了解其背后的典故以及更好地掌握运用该词,笔者充分运用视频资料,因为在《超能陆战队》的影片中出现过"江郎才尽"这个成语,所以,就剪辑了该片段。通过观看情境,让学生真正理解该词的运用,取得了很好的效果。通过影视资源,听障学生不仅可以识记成语,而且通过人物、行为、环境,甚至对白,可以知道该成语的运用情境。影视是集图、声、光、色于一体的艺术,它具有直观生动、具体形象的特点,有较强的感染力,能把作品中的事物简单化、内容直观化。因此,可以达到事半功倍的效果。

(二)游戏式教学

听障学生因为生理特点,在听力上存在障碍,听力的障碍使学生在与外界沟通交流时缺乏听力这一种模态。但是我们可以利用视觉补偿功能,使听障学生获得视觉上的优势,因为他们更擅长于模仿。

笔者曾经在教学过程中玩过一个综艺游戏:做动作猜成语。虽然说学生参与的积极性非常高,但是游戏的结果不尽如人意。如一组五个成语——"呆若木鸡""毛手毛脚""喜出望外""暴跳如雷""垂头丧气",虽然模仿的同学已经很尽力在做各种动作,动作模仿也很贴切,但是猜成语的这一方始终不能很顺利地猜出来,有时只能猜出个别字词。在猜"呆若木鸡"的时候,猜想的一方已经猜出了三个词"呆""木""鸡",但是不能很好地联想,不能把它们组成完整的成语,最后还是放弃了。从游戏来看,每组猜出的成语往往只有一个,最多的有两个。课后反思,为什么对于擅长模仿的听障学生来说,模仿到位,但是猜的同学却猜不出来或者写不出来这个成语呢?听障学生擅长模仿、擅长动作的表演,能较好地把该成语演绎出来,但是猜的同学也很关键,如果猜的同学积累的成语比较多,那么他可以进行联想,结合同伴的动作模仿猜出该成语,但猜不出来的同学往往积累的成语较少。如何更好地结合学生的特长进行成语教学呢?虽然在这次活动中,听障学生猜出的成语并不多,但是教师由此可以创造机会,在今后更好地利用视觉、身体动作、空间环境等模态,利用游戏式教学,把成语教学融入游戏活动之中。游戏的过程轻松、愉快,在无压力、轻松愉快的学习氛围中,让学生充分享受挑战的刺激并获得成就感。它可以消除听障学生在成语学习上的畏难情绪,让充满个性的学生彰显学习的主动性;增加学习动力,让听障学生的苦学、厌学变为趣学、乐学。

（三）充分运用智能学习平台进行教学

智慧树、职教云、蓝墨云班课等，各种教学 App，它们具有非常强大的教学互动功能，如问卷调查、答疑讨论、小组作业、测试、作品分享等互动教学活动。利用这些软件，教师可以提升与学生的沟通和互动效率，开展微课或翻转课堂教学，让课堂变得更加生动有趣。这些教学 App，对听障学生来说是一种便利。因此，将信息化教学手段运用于课堂，把智能手机带入课堂，能让学生更快乐主动地学习，为开展多模态教学提供便利。

在多模态成语教学中，教师可以上传有关成语的视频资料，让学生课外学习，学习之后再利用平台进行测试，检查学生的掌握情况，而教师可以随时随地进行抽查。

（四）体动作模态

听障学生运动能力、模仿能力强，因此可以充分运用身体动作模态。比如"看"这个人类的最基本动作，我们可以让学生根据成语来表演动作，例如："目瞪口呆"，眼睛直盯着不动，嘴张着说不出话来，形容因吃惊或害怕而发愣。再比如"东张西望"，就是这边看看，那边望望，表示向四周寻找或观察动静的样子。"目不转睛"表示注意力非常集中，看东西时眼珠一点都不转动。再比如学生最擅长观察，可以让学生表演"察言观色"，通过观察言语、脸色来揣摩对方的心意。而"面面相觑"这个成语，可以请同学们表演一个情境，面对突然发生的一件事情，而又不知如何解决的时候，我看看你，你看看我，最后来明确这就是"面面相觑"的成语。通过"看"这个动作，通过学生的动作表演，来展示这些成语，也可以用来说明汉语成语给我们的交际带来了什么样的表达效果。当然这些只是其中的一部分，关于看的成语还有"侧目而视""望穿秋水""另眼相看""望而却步""一目十行"等。这些成语其基本动作就是"看"，但是有很多不同的情态。四字成语很好地把各种不同的情态表现出来，而通过这些身体动作模态，听障学生可以积极参与到模仿中来，发挥自身的主观能动性，在这个过程中对这些成语就有了更深刻的理解。

五、结　语

语言学习的最终目的是让学生能用、会用，培养学生的语言交际能力，培养学生的阅读、表达能力。成语是汉语词汇中的特殊成分，具有强大的生命力，在日常交际中发挥着不可替代的作用。高职听障学生的成语教学中，可应用多模态教学模式，充分运用视频、动画、图片、身体动作、游戏表演等模态刺激学生多种感官协同运作，充分调动学生的学习主动性、积极性，增强学生理解、运用成语的能力。

参考文献

[1]　耿敬北，徐以中，陈子娟.我国多模态外语教学研究综述 —— 基于国内外语类核心期刊载文的统计分析.山东外语教学，2014(6): 68–73.

[2]　季佩玉，李宏泰.聋校语文教学 200 问，北京：华夏出版社，1993.

[3]　汪维辉，顾军.论词的"误解误用义".语言研究，2012(3): 1–8

[4]　中国聋人协会，国家手语和盲文研究中心.国家通用手语词典(全四册).北京：华夏出版社，2019.

[5]　朱永生.多模态话语分析的理论基础与研究方法.外语学刊，2007(5): 82–86.

基于图式理论的高职听障学生英语词汇图式构建路径探究

邹兴会

摘要 高职听障学生英语词汇教学一直面临"费时低效"的困境，本文以图式理论为理论基础，试着探索符合听障学生认知特点的英语词汇教学模式，帮助学生构建词汇的语音图式、构词图式、语义语用图式，并探讨使用微课翻转课堂对整合、巩固听障学生词汇图示能力的意义，以期提高高职听障学生英语综合应用能力。

陆国强在其编著的《现代英语词汇学》一书中概括道：词是语音、意义和语法特点三者统一的整体。词又是语句的基本结构单位，因为通常说的一句句话总是运用一个个的词构成的。词汇习得是语言习得的基础和前提，学生在大量输入句子和篇章的过程中逐步习得词汇的语音、拼写、语义以及语法特征。学生在全方位掌握词汇的基础上，又能进一步把握句子和篇章的结构、脉络，提高实际应用能力。

一、高职听障学生英语词汇教学困境

传统大学英语教学以教师讲授为主，学生被动接受知识，学习效果总体呈现"费时低效"的状态。这不仅不符合新大纲中"旨在培养学生学习英语和应用英语的能力"的规定，而且久而久之，学生对英语学习也会失去兴趣，非常不利于学生的英语学习。听障人士的第一语言主要是手语，中国听障人士的第二语言是汉语，英语则是第三语言。虽然高职听障学生是大学生中的少数群体，但是部分学生对英语很感兴趣，加之对继续深造学习的渴望，学生也会非常重视英语学习。但是听障学生因为关键的听说能力的缺失，英语学习困难重重。

就词汇学习而言，听障学生由于缺乏有效的学习支持（语音支撑和技术支撑等）和学习方法，单词记忆和应用能力较差，英语学习效果大打折扣。根据笔者对大一新生的入学问卷调查，目前大部分听障学生从初中开始学习英语，进入大学之前已经有长达 6 年的全日制英语学习经历，但是能识得同时也会拼写的单词寥寥无几。由于听障学生缺乏"语音"支持，在单词拼写过程中往往会出现字母顺序混乱的现象。比如单词 public，在听障学生笔下极有可能变为 pbulic, punicl, plicbu 等令人不解的拼写顺序。vocational 有可能是 vacotional, 也有可能是 vocatoinal。此外，由于听障学生主要靠视觉获取信息，其抽象思维能力和知识迁移能力较弱，词汇认知基本上止步于单词的拼写和局部的词义，对于词汇的词性及其用法往往只知其一，不知其二，或者是能举一却不能反三。比如 need 一词，由于其既可以用作名词也可以用作动词，听障学生在阅读、翻译和写作时，基本上很难辨别其不同词性的不同用法。学生能理解句子 You need to take care of your mother，但是很难理解句子 There is no need for you to take care of your mother。

除上述原因之外，教学资源匮乏也是造成听障学生词汇学习困境的一大重要因素。目前高职听障学生英语教学的教材多采用普通学校的教材，教师在教学过程中根据难易程度选取不同阶段的教材，对内容进行取舍，缺乏针对性，定位模糊。此外，教师虽然具备过硬的专业知识，但缺乏系统的听障教育相关知识，普遍采用普通学校的通用教学方式。词汇教授方面一般以每小节所涉及生词为单位，教师示范单词的拼读、讲解单词的意思；学生根据教师的口型跟读记忆。词汇检测方式也一般采用普通学校的方式，以单词"听写"和词汇测试为主，一般采用根据中文意思写单词、看单词写中文意思或根据首字母填空等方式。词汇记忆和应用效果非常不理想，学生很难灵活运用所学词汇。

二、图式理论

早在 1781 年，图式概念由哲学家康德（Kant）首先提出，他认为图式就是纯粹先验想象力的产物或者说是学习者以往习得的知识的结构。随后不同领域的学者对图式这一概念从不同的角度运用不同的研究方法进行了研究。1932 年，心理学家巴特莱特（Bartlett）在其《记忆》（*Remembering*）一书中首次提出了图式理论（schema）。他认为图式是对先前反应或经验的一种积极组织（an active organization of past reactions [or] of past experiences, which must always be supposed to be operating in any well-adapted organic response. ），也就是储存在学习者大脑中的某种信息对新输入信息起作用的过程及学习者知识库吸收新信息的过程。此后，图式理论逐步发展，并被应用于人类学、心理学、人工智能和外语教学等研究领域。20 世纪 80 年代，鲁梅尔哈特（Rumelhart）又进一步发展并完善了这一理论，把图式理论解释为以等级层次形式存储于长时记忆中的一组"相互作用的知识结构"或"构成认识能力的建筑砌块"。即图式理论就是系统深入地探讨长时记忆在理解过程中的作用的一种理论模式。

自 20 世纪 80 年代以来，国内哲学、心理学、认知科学、外语教育领域内的学者对图式理论进行了研究，而在外语教学领域，图式理论被广泛地应用于阅读、听力、翻译和写作，甚至是语料库语言学等方面的研究。而以词汇教学为切入点的研究也比较全面，涉及普高、中职、医学词汇等领域。本研究以高职听障学生为对象，以图式理论为基础，试图帮助其在词汇学习中建立语音图式、构词图式、语义语用图式，以期将短时记忆转化为长期记忆，提高词汇学习效率。

三、图式理论对高职听障学生词汇教学的启示

图式理论指人们在接收新知识、新事物时将其纳入大脑中业已形成的图式中来进行理解和应用，解释了人们认知新知识、新事物的心理基础和心理过程，强调人们在认知过程中大脑中已有知识对吸收新知识、新事物的影响。图式不是一成不变的，Rumelhart 等认为，图式可以增生（accretion）、调适（tuning）和重建（reconstruction），所以，图式是一个开放性的动态系统，随着新事物的不断加入，人们会对原有图式进行强化、调整和重建。

由于其生理属性，较之健听学生，听障学生的认知特征稍有不同，可概括为：感知活动不完整、思维形象化、以直观记忆为主、以无意记忆为主。学生的词汇习得过程是在原有知识框架上张贴新的词汇，从而逐渐扩大这个框架的过程。而具体到高职听障学生的词汇教学，就需要更多适合听障学生认知特点的教学方法和手段来扩展学生原有图式，以扩大学生词汇量。

1.自然拼读，帮助学生构建词汇的语音图式

听障学生英语词汇学习困难的一个重要原因便是缺乏语音支持，不知道单词的读音，更不了解单词发音规则，识得单词，只是孤立记忆单词中的字母，导致拼写困难。词汇识记能力较强的学生往往是从小接受系统语言训练或借助助听器的有

部分听力的学生，因此帮助学生建立语音图示是听障学生词汇教学中至关重要的一步。

在音标学习过程中，健听学生借助中文拼音的发音来学习音标是非常不可取的，但是听障学生的音标学习不同于健听学生的音标学习，听障学生学习音标不是为了发音标准、优美，而是为了帮助识记单词和读懂唇语，在此基础上能"说"英语。英语中有部分字母，特别是辅音字母 p, b, t, d, k, g, f, s, z, r, h, m, n, l, w 的发音和中文拼音发音相似，听障学生已有的中文拼音知识就自动成为音标学习的原有图式，在此基础上加入新的字母或字母组合的发音。在新音标的教学中同样可以借助汉字或拼音进行教学，比如 ch–/tʃ/– 起，j/g/dg–/dʒ/– 几，sh–/ʃ/– 洗，s/g/z–/ʒ/– 咦。讲解时需配合口型，双唇微微向前突出，学生能在掌握发音的同时了解中英文发音差异。

听障学生在学习音标过程中，元音的学习困难比较大，一是因为元音字母发音变化较多，比如：字母 A 在重读音节（开音节、闭音节）、非重读音节以及和不同字母组合时可以有多种不同的读音 /ə(hat), eɪ(name), ɔ:(water), ɪ(village), ə(another), a:(star)/。二是个别音标在中文中很难找到对应的拼音或汉字来辅助学习，比如 /æ, e, ɔ/。教师在帮助学生建立元音语音图式的过程中，除了借助汉字或拼音，还要辅以大量的区别解释，即便如此，听障学生也很难准确把握其发音，因此教师在元音教学过程中，不必过度关注学生是否发音到位，只要能帮助学生建立一个粗略的语音图式即可。比如在教授 /ʌ/ 和 /a:/ 这两个音标时，可以 /a:,ʌ/ 语音图示举例（见图 1）所示方法介绍其发音规律，教师只需要借助汉字"啊"，辅以长短音的区别介绍，最后再加上字母和字母组合，帮助学生建立粗略的语音图式。

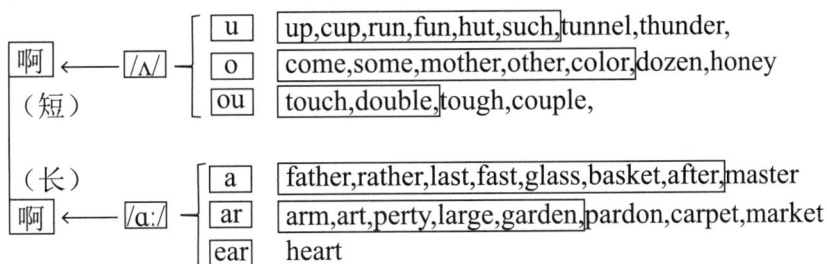

图 1 /a:,ʌ/– 语音图式举例

2. 词根词缀，帮助学生构建词汇的构词图式

词根是构词的基本词素，它与词缀相对，并带有主要的词汇信息。词根分为两

种：能独立构词的自由词根；必须与其他词素结合构词的黏附词根。词根被誉为打开词汇宝库的第一把钥匙。词根与词缀是构词的两个要素，词根是基本词素，词缀是辅助词素。从形体上说，词根可以无须词缀而独立构词；词缀离开词根寸步难行。从语义上说，词根带有主要的词汇信息，体现单词的基本意义；词缀只带有次要的词汇信息，帮助词根构成意义更为丰富、具体、细致、复杂的各种单词。

词根的生命力只有通过实际构词才能表现出来。从形态结构来看，现代英语的构词方式可分为：词缀法（前缀、后缀）、转类法（名词定语、名词和动词相互转类、形容词转化为名词）、合词法（复合名词、复合形容词、复合动词）、拼缀法、逆成法、缩略法。

构建良好的词缀词根图式可有效扩大学生词汇量。听障学生对于单词的构词分析能力较弱，在其词汇学习过程中，教师可加强对单词的构词法、词根、词缀的分析和强调。对于听障学生而言，教学中并不要求其系统地学习、掌握英语词汇构词规律。但是高职听障学生已经有一些词汇量的积累，可以从已知词汇中选出部分符合某一构词规律的词汇，让学生自行演绎归纳构词规律，然后再运用到新词的构成中，巩固、扩充原有图式。听障学生对词根、词缀和构词法的掌握和运用可以从自由词根、本族语词缀和词缀法入手，利用常见的前缀或后缀与自由词根的组合，扩大词汇量。通过认识更多的词根、词缀，了解其内在联系，逐步构建英语常用词根词缀的图式，形成一定规模的英语构词图式。比如在介绍 unhappy 一词时，可用"un– 词根、词缀图式举例"（见图 2）的顺序，学生已知 unlucky,unknown 等词的意思，不难推断出前缀"un"表示否定、解除，进而用该前缀与更多的已知词汇结合构建"un"前缀图式。

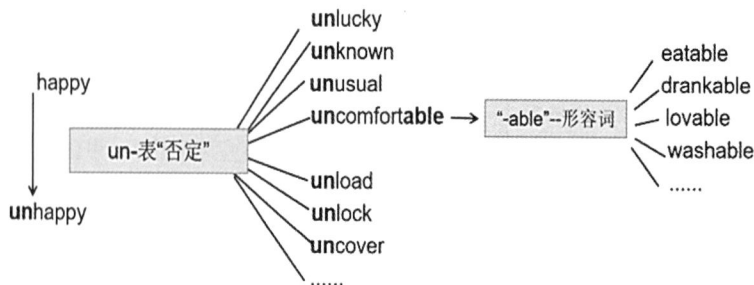

图 2　un– 词根、词缀图式举例

3. 词以类记，帮助学生构建词汇的语义语用图式

听障学生以直观记忆和无意记忆为主，在识记单词时，常孤立记忆个体单词。这种方法靠视觉输入的语言材料，无序排列在大脑中，遗忘程度较高。

根据语义场理论，相互关联的词汇和短语组织起来成为一个词汇场，也就是词以类聚。归类有助于建立、扩展新旧信息之间的连接，把新的词汇信息嵌入原有词汇图式，使单词记忆更牢固，增加被回忆的可能性。在听障学生词汇教学中，适当使用语义归类（主题归类、近义归类、反义归类）、语用归类等手段，可以有效帮助扩展听障学生的语义和语用图式。

高职阶段学生教材以实用为主，以工作或生活场景为编写依据，根据不同的主题进行模块化编排。这有利于学习者围绕某个主题构建图式，系统地掌握该主题下的常用词汇。主题可大可小，大主题由几个小主题有机构成，小主题也能深入细化扩展。听障学生在单词学习过程中一般以单个单词的独立记忆为主，并不善于建立单词与单词之间的内部网络联系，因此教师可以在教学过程中采用头脑风暴或词汇补充等方式把单词归类，帮助学生建立、扩展语义图式。学生学习新单词时，可将其纳入已有图式中进行梳理，扩展已有图式，建立新的更为完善的语义图式。比如在学习描写人物外貌时，可借助"外貌描写—主题图示举例"（见图3）所示方法，先帮助学生导出已有词汇图式，如 short/tall/big eyes... 等，同时对这些词进行归类，然后再介绍一些新词，扩充人物描写这一主题图式。

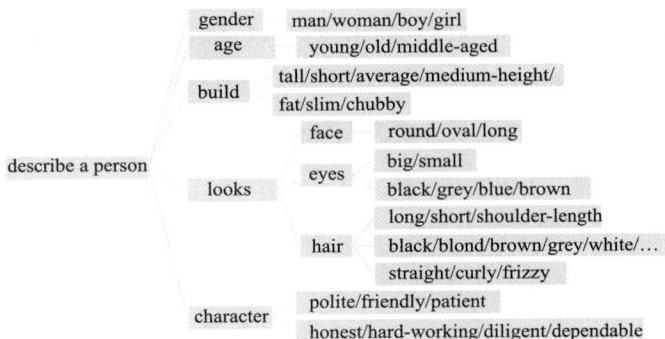

图 3 外貌描写—主题图式举例

分属印欧语系和汉藏语系的英语和中文存在巨大的差异，中国听障人士使用的中国手语或自然手语与英语存在巨大差异，加上中英文化差异，英语词汇的实际语

用对听障学生的英语词汇学习造成了巨大困扰。对词汇进行语用归类可以帮助学生建立、扩展词汇语用图式，有助于理解词汇在具体语境中所表达的意义。比如 hand 一词，在学生已有图式中已存在其作为名词在一定语境下的用法图式，能理解或写出 "Put your hand up if you know the answer. Could you give me a hand？" 这样的句子。在接触到新的用法时，比如在句子 "She is a green hand. They have handed in their papers." 中，教师帮助学生导出原有图式，然后引导学生理解 hand 一词在新的语境中的新用法，并放进原有图式中，有效扩展了 hand 一词的语用图式。

4. 利用微课翻转课堂，巩固、整合词汇图式

由于课堂教学时间有限，学生很难在学习一遍之后就掌握所学内容，因此再结合听障学生的视觉信息输入方式，制作微课，实现翻转课堂，能有效地巩固、整合学生词汇图式。教师针对上述语音、构词、语义、语用等词汇知识制作微课，提前上传到学习平台，学生根据自己的学习基础、学习习惯和接受能力，自主安排学习进度。课堂上解决学生课前学习的疑问，强调重难点，巩固词汇知识。学生课后还能再学习微课，复习所学知识，整合、巩固上述语音、构词、语义和语用图式。

参考文献

[1] Bartlett F C.Remembering. Cambridge，England: Cambridge University Press, 1932.

[2] Rumelhart D E, Norman D A. Accretion,tuning and restructuring: Three modes of learning //Incotton J W, R L Klatzky. Semantic Factors in Cognition. Hillsdale, NJ: Lawrence Erlbaum Associates, 1978: 38–50.

[3] 郭利，王雅琪，刘阿兰，等.基于认知心理特点的听障生英语词汇教学策略探究.兰州教育学院学报，2019(11): 136–138.

[4] 康立新.国内图式理论研究综述.河南社会科学，2011(4): 180.

[5] 雷晓东.概念流利与图式理论.山西师范大学学报（社会科学版），2010(11): 150–152.

[6] 李平武.英语词根与单词的说文解字.北京：外语教学与研究出版社，2008.

[7] 陆国强.现代英语词汇学（新版）.上海：上海外语教育出版社，1999.

[8] 王正胜.中国聋人学生英语能力量表研究.河南科技学院学报，2020(2): 23–28.

非遗文化融入听障学生中式面点课程实践探究

吴菁瑾

摘要 非物质文化遗产是人类宝贵财富，需要人们共同传承和保护，饮食类非遗最为贴近人们生活，由于其特殊性，在传承和保护上存在难题。而听障学生对实践性与应用性较强的中式面点课程存在一定的排斥心理，通过将非遗文化融入听障学生中式面点课程，从而提升听障学生对中式面点课程的兴趣，提升文化自信，实现非遗文化传承与保护。通过何种教学方法提高学生在中式面点课程上的学习效率，是我们的研究重点。本文首先阐述了非遗和饮食类非遗的概念和特点，分析了听障学生中式面点课程存在的问题，具体阐述了非遗文化融入中式面点课程的教学实施。

一、非物质文化遗产传承

《保护非物质文化遗产公约》（2003）年总则第二条将非物质文化遗产定义为各群体、团体、（有时为）个人视为其文化遗产的各种实践、表演、表现形式、知识和技能及其有关的工具、实物、工艺品和文化场所。各个群体和团体随着其所处环境、与自然界的相互关系和历史条件的不断变化，使这种代代相传的非物质文化遗产得到创新，同时使其对非遗文化产生认同感和历史感，从而促进了文化多样性和人类的创造力。目前，各级政府都十分重视对非物质文化遗产的传承，将非遗引入高校专业课程中，可以有效地培养大学生对非物质文化遗产的认知和创新能力，一方面促进非物质文化的创新发扬，另一方面也壮大文化传承人群体，对我国非物质文化的持续健康发展具有重要意义。

二、饮食类非遗与中式面点课程教学结合

饮食类非物质文化遗产是人们在长期的饮食生活中总结的经验，反映了人们饮食生活与自然生活和社会之间的关系。截至 2021 年，国务院公布了五批国家级非物质文化遗产代表性项目共 1557 项，其中传统技艺类占比最高，共 287 项。饮食类非遗属于传统技艺类，约占三分之一，共 92 项，其中面食点心类技艺越来越多，具体明细如表 1 所示。

表 1　已公布五批国家级面食点心类非遗项目明细

批次	项目名称	占传统技艺类比重
第一批 （2006 年）	无	0%
第二批 （2008 年）	传统面食制作技艺（龙须拉面和刀削面制作技艺、抿尖面和猫耳朵制作技艺）、茶点制作技艺（富春茶点制作技艺）、周村烧饼制作技艺、月饼传统制作技艺（郭杜林晋式月饼制作技艺、安琪广式月饼制作技艺）、都一处烧卖制作技艺	5.2%
第三批 （2011 年）	五芳斋粽子制作技艺、传统面食制作技艺（天津"狗不理"包子制作技艺、稷山传统面点制作技艺）	3.7%
第四批 （2014 年）	蒙自过桥米线制作技艺、传统面食制作技艺（桂发祥十八街麻花制作技艺、南翔小笼馒头制作技艺）	3.3%
第五批 （2021 年）	果脯蜜饯制作技艺（北京果脯传统制作技艺、雕花蜜饯制作技艺）、梨膏糖制作技艺（上海梨膏糖制作技艺）、小吃制作技艺（沙县小吃制作技艺、逍遥胡辣汤制作技艺、火宫殿臭豆腐制作技艺）、米粉制作技艺（沙河粉传统制作技艺、柳州螺蛳粉制作技艺、桂林米粉制作技艺）、龟苓膏配制技艺、传统面食制作技艺（太谷饼制作技艺、李连贵熏肉大饼制作技艺、邵永丰麻饼制作技艺、缙云烧饼制作技艺、老孙家羊肉泡馍制作技艺、西安贾三灌汤包子制作技艺、兰州牛肉面制作技艺、中宁蒿子面制作技艺、馕制作技艺、塔塔尔族传统糕点制作技艺）	7.3%

数据来源：中国国家级非物质文化遗产名录。

已入选国家级非遗项目中的面食点心类技艺包含中式面点课程中的水调面团、膨松面团、油酥面团、米粉面团和杂粮面团这五大类产品。除国家级外，各省、市也分别遴选了省级非遗和市级非遗项目，其种类划分翔实、品种多样，可以满足中式面点课程的教学要求和计划。饮食类非遗具有非遗的一般性，也有饮食文化的特殊性，品

种丰富多样。饮食类非遗不仅涉及食物本身，更重要的是其独特的制作工艺和文化传承。

三、听障学生中式面点课程教学中存在的问题

（一）理论知识抽象，专业术语解释不透

听障学生的听力存在部分或全部缺失，同时伴随着语言障碍，有先天性存在的也有后天导致的。听障学生习惯用手语沟通，部分学生可以使用简单的语言交流，少数学生手语和发音较差，与人沟通存在障碍。由于听力功能存在缺陷，学生对身边的事物和现象需要启用感官代偿功能，从而使得他们的视觉观察力、动手能力和对色彩造型的感悟能力更强，擅长技术技能学习。但是听障学生接收到的信息较少，对事物的认识存在片面性，在心理上容易孤独自卑，情绪消极，自主学习能力差，易幻想，抽象思维较差，学生较单纯、易抱团、模仿能力强、向师性强。此外，听障学生注意力和集中度也存在缺陷，相比之下无意注意的敏锐性较低，有意注意的持续性较短。在教学过程中，需要采用各种生动有趣的活动和任务来不断刺激和保持学生的学习注意力，语言、文字和符号很难吸引学生注意力，而以图片、动画和视频等为主的图形化的形式更能激发其学习欲望和强记忆持久性。

听障学生的思维形象化，以直观记忆为主，抽象逻辑思维能力较差。中式面点课程中专业术语较为抽象，无法用手语直观地表达，导致学生理解不透。

（二）学生偏爱西点，对中点学习积极性不高

根据本研究对某校中西面点专业学生开展的问卷调查，听障学生对于西式面点的喜爱程度明显高于中式面点。其主要原因有以下两点。

1. 存在崇洋媚外心理，缺乏文化自信

很多听障学生认为西式面点更"高大上"，而对于中式面点的认识相对片面。在大多数学生的印象里，中式面点主要是包子馒头、水饺面条、油条烧饼等，样式老套，做工粗糙，色彩不够丰富；而西式面点中的饼干、蛋糕、面包品种繁多，成品美观，装饰多彩。其实，中式面点在中国传统饮食文化中占据重要地位，满足了人们日常对主食的需求，随着时代的发展，中式面点用料讲究，种类多样，单面团就可划分为水调面团、膨松面团、油酥面团、米及米粉面团、杂粮面团等。从古至

今，中式面点造型丰富，形态千变万化，不仅可以捏塑出各种几何形状，还能做成各式花卉、动物、植物和人物等图形，如白菜饺、象形核桃酥、刺猬包等。

2.中式面点技艺复杂，考验学生技能

中式面点不像西式面点具有精准的配方、实用的工具、标准化的操作流程，难以实现大规模生产，大多都是纯手工制作，流程较复杂，容易受外界条件影响，制作技法复杂，最为常用的有擀、卷、捏、包、叠、摊、抻等十几种。中式面点制作流程繁杂，需要扎实的基本功，十分考验学生。擀一张厚薄均匀的圆形面皮，学生需要反复练习上百次，前期还必须掌握和面、搓条、下剂等技能。每一款精致点心，都离不开面点师独具匠心、精益求精的付出。

（三）师资力量薄弱，实践技能有待提升

专任教师的教学能力和综合素养决定教学质量，职业教师只有具备良好的理论知识和熟练的实践操作技能，才能提升课堂教学效果和引导学生实践活动。目前，职业院校的专任教师普遍存在年轻化的现象，虽有较好的理论知识和教学能力，但缺少企业实践经验，同时由于教学任务重、科研压力大、培训经费不足等问题，参与技能培训机会较少，导致实践技能提升缓慢。中式面点课程是实践性较强的课程，要求教师不仅要有较强的专业理论知识、良好的教学技能，同时要具备较高的专业实践技能，成为"双师型"教师。中式面点专业"双师型"教师较少，年轻教师以教学为主，对行业了解不深入，专业实践技能薄弱，无法将中式面点的精髓传递给学生。外聘教师虽有丰富的实践经验，但手语不通、文化理论知识和教学经验不足，传授知识存在困难。

四、非遗文化融入中式面点课程教学实施

（一）线上线下相结合，打造智能化课堂

由于听障学生自身心理和生理特殊性，依然沿用教师讲授和示范、学生跟练的教学方法，形式单调，无法满足学生的学习需求。教师尝试采用"线上线下相结合""反转课堂"等形式调动学生学习的积极性，鼓励学生主动思考，积极讨论，互相激励。通过课前、课中、课后三阶段教学，巩固学生学习成果。课前，发布学习任务和教学视频，让学生自主学习，更多地融入非遗文化元素，提升学生的学习兴

趣；课中，教师抽查学习效果和集中答疑解惑，同时采用小组 PK，激发学生的学习激情；课后，对课堂教学进行反思并再次巩固教学内容。采用云班课、职教云等软件开展"线上线下相结合"的教学，不仅能有效记录学生学习的全过程，同时能促进教师与学生高效沟通，方便学生随时随地巩固所学知识。教师上课期间采用音书和科大讯飞语音实时翻译软件，可以解决教师双手操作时无法及时手语翻译的问题，学生能及时接收信息，实现有效教学，打造智能化课堂。

针对抽象的理论知识，中西面点专业团队打造了"中式面点工艺"精品课程，对中式面点理论知识中面团成形原因、面筋形成、面团发酵等抽象知识，制作 3D 动画视频，并配手语翻译，让抽象和难懂的专业术语更为直观易懂。

（二）向榜样力量看齐，树立文化自信心

中式面点是华夏儿女日常饮食中不可或缺的一部分，千百年来不断演变和更新，蕴含着民族的优秀文化，承载着中华文明，养活着千百万生命，传承至今，源远流长。在工业化快速发展的时代，机械逐步取代人工，能被保留下来的精致手工技艺越来越少，非遗技艺和非遗传承人保护迫在眉睫。受到西方文化的冲击，部分本土文化逐渐衰弱，精益求精的匠人精神有待挖掘。国家级、省级和市级的非遗技艺均值得学习、传承和保护，将其融入课堂当中，提升学生的专业技能的同时，树立学生的文化自信。首先，在教学过程中通过线上发布面点非遗技艺视频和非遗匠人事迹，激励学生自主学习，或是发布课前作业，收集身边的非遗技艺资料并在课堂上分享，采用向非遗匠人致敬的形式，提升学生的学习兴趣。其次，定期邀请优秀学长学姐分享学习经历，开设校友座谈会，激发学生对中式面点学习的热情，点燃学习兴趣，提升技能。再次，定期安排学生参观非遗文化博物馆，提升学生文化素养。最后，开展班级结对子，优生帮扶差生，提高班级总体水平，做到学习路上一个也不能少，提升技术薄弱同学的自信心。

（三）组建非遗订单班，邀企业共同授课

1. 非遗点心技能传承订单班介绍

浙江特殊教育职业学院中西面点工艺专业与杭州饮食服务集团有限公司杭州知味观创建了非遗点心技能传承订单班，订单班学员由学生自主报名，企业统一面试，双方达成共识后，签订人才培养协议。

2. 邀请企业面点大师共同授课

学校与企业积极开展研讨，并为订单班学生开设选修课"知味小吃"课程。企业和学校深入探讨，在课程标准和人才培养方案上都作出相应调整，邀请杭州知味观面点大师共同参与"知味小吃"课程全过程教学，结合企业岗位需求和市场变化，探讨教学计划、制定教学任务、实施有效课堂教学。将非遗文化和非遗点心融入课程中，学生对中式面点的学习兴趣得到提升，学习乐趣被激发，从而达到提升学生专业知识与技能的效果。

五、非遗点心技能传承订单班教学实施效果

（一）非遗融入，提升文化自信

首届非遗点心技能传承订单班成立于 2021 年 6 月，由学生自主报名，企业面试，共招收定向培养学生 25 人。这 25 位听障学生来自浙江特殊教育职业学院 20级中西面点工艺专业，组成一个临时班级，每周由企业安排导师来学校给其集中授课，传授非遗点心技能。在第一次授课前对 25 位听障学生进行了问卷调查和中式面点成绩调研，汇总如表 2 所示。

表 2　学生参与知味观订单班情况调研汇总

调查问题	选项	占比 /%
参与订单班培养的原因	对中式面点热爱，想学更多技能	20
	主要是听从父母的建议安排	40
	主要是身边同学都报名参加了	40
中式面点成绩在班级排名	前 30%	24
	中间 40%	48
	后 30%	28
对非遗点心的了解程度	完全不了解	64
	了解	24
	非常了解	12
参与订单班培养的预期目标	学习非遗技能，提升自己价值	48
	有优先入企业实习的机会	44
	争取成非遗技艺传承人	8

从表2可以看出，首届非遗点心传承订单班学生中，对中点的热爱程度不高，中点成绩分布相对均匀，对非遗点心了解不足，但又想提升自我能力，为实习和就业打下基础。根据以上情况分析，在"知味小吃制作"课程教学设计中，融入非遗文化，每次课前先将非遗点心故事、视频和制作流程等通过云班课发布，要求学生提前学习，有时也会安排学生自主上网查找资料，提升学生自主学习能力和对非遗点心及非遗文化的热爱，树立学生的文化自信心。

在学期结束后再次回访，发现学生对中点的热爱显著提升。订单教师反馈学期中期陆陆续续有三到五位非订单班学生申请旁听"知味小吃制作"课程，主动来学习非遗点心技能，学习十分认真。

（二）双师共导，能力快速提升

首届非遗点心技能传承订单班的"知味小吃"课程教学采用由企业导师和校内专任教师"双导师"共同授课的形式。企业导师为杭州知味观非遗技艺传承人团队成员，均具有20年以上丰富行业经验且持有中式面点高级技师职业资格证书，校内配备一名专任教师给予课堂手语翻译和教学辅助。双师共同授课，课堂上教师需对接的学生数量减半，从而使对学生的关注度提高，指导学生机会和时间更多，能做到一对一悉心指导，对不足之处及时指正，学生技能显著提升；同时专任教师跟着企业导师学习，专业技能得到提升，一举两得。在同其他课程教师沟通中可以发现，参与非遗点心技能传承订单班培养的学生，课堂表现得到改善，专注力得到提升，技能和领悟能力更强，技术提升快。

（三）精益求精，培养匠人精神

在整个教学实践过程中，非遗传承人不怕吃苦、精益求精的匠人精神，令听障学生感触很深。非遗点心技能传承订单班的学生从一开始只追求会做，到后来力求做好，再到最后讲究精益求精，讲究作品质量。相较而言，未参加非遗点心技能传承订单班的学生学习效果和自觉性相对差一些。根据对非遗点心技能传承订单班学生的访谈，大多数学生都很庆幸自己参加了订单班培养，表示自己的技能得到了提升，对杭州知味观的企业导师评价很高。虽然企业导师平时要求很严格，做得不好就严厉批评，要求重做，直到做好为止，但学生们认为这才是非遗技艺传承应该有的态度，追求精益求精，尽善尽美。企业导师以行业标准严格要求学生，让其提前适应岗位职责、熟悉岗位操作流程，使学生在实习和就业期间能快速融入社会、适应职场。

六、结　论

将非遗文化融于中式面点课程教学中，采用线上线下相结合的教学模式，通过课前自主学习、课中探究学习、课后讨论巩固，激发学生对中式面点学习的兴趣。通过榜样力量和非遗匠人的事迹来激发学生的学习兴趣，使其能沉下心来，努力提升专业技能，争取成为非遗技艺传承人，提升文化自信，培养精益求精的工匠精神。组建非遗点心技能传承订单班，采用双师共导授课，提升教学质量，提高专业实践能力，以行业标准严格要求学生，让学生提前熟悉实习就业岗位职责，使其能快速适应社会、融入社会。

参考文献

[1]　郭利, 王雅琪, 刘阿兰, 等. 基于认知心理特点的听障生英语词汇教学策略探究. 兰州教育学院学报, 2019(11): 136–138.

[2]　李雪晶, 于永强. 职业院校听障学生"课程思政"教学改革探索. 才智, 2021(18): 59–61.

[3]　唐敏. 中西面点之异同及融汇创新. 食品安全导刊, 2021(22): 135–136.

[4]　王文章. 非物质文化遗产概论. 北京: 文化艺术出版社, 2006.

[5]　张云. 高职院校中式面点制作课程中渗透尝试性教学的实践策略研究. 中国食品, 2021(23): 38–39.

[6]　朱年志. 消费者参与模式下非遗美食的活化路径研究. 黄河科技学院学报, 2021(7): 51–55.

PBL 教学模式在色彩构成课程中的实践探索

——以高职特殊教育为例

刘加贝

摘要 PBL 项目式教学法即"problem-based learning"，将专业与职业相结合、工作进度安排和教学相融合。通俗的解释就是用"解决一个问题"的方式，"做"一个项目出来。在高职特殊教育中，通过该教学模式让学生真正了解职场工作，为融入主流社会做好充分准备。

一、研究背景及意义

国务院印发的《"十四五"残疾人保障和发展规划》中提到，我国有 8500 多万残疾人。"十四五"时期，由于人口老龄化加快等因素，残疾仍会多发高发。残疾人人数众多、特性突出，特别需要关心帮助。

中国残联教育就业部负责人表示在"十四五"期间要着重抓好 6 方面工作，其中强调了推动普通高校落实融合教育要求；推动相关部门完善职业资格考试政策，放宽残疾人入职门槛；进一步加强残疾人就业服务。但在这个积极的大环境下，特殊学生教育事业也受到了进一步的挑战，在实践教学中，教师更需要考虑如何让特殊学生在结束 3 年教育后能更好地融入主流社会，适应社会规则，自强自立。

笔者从一线教学的工作中总结发现，在实际授课中应用结合案例的课程设计可以让学生更直观地理解教学内容，以及了解学生所在专业对应未来的职业具体要做什么，让学生实践操作，能更有效地提高学生能力。同时，由于是特殊群体，学生大多会相对敏感，自我认知容易消极，尤其听障学生的思维理解模式较为直线型，在教学中长篇大论的理论教学是行不通的。所以急需一种新型教学模式的融入，去适应这个特殊群体，更好地激发学生的学习热情，让学生真正掌握本领。

综上所述，笔者在电子商务美工专业中，初步探索了"色彩构成"教学改革。尝试在课程中融入半真实的职业案例来配合教学，让学生真正理解未来的职业模式，用学生感兴趣的电商领域真实职场案例去调动学生学习积极性，从而帮助学生在课程中掌握知识点，便于在未来能更快地融入职场。

二、PBL 教学模式介绍

PBL 教学法，是一套设计学习情境的教学方法；是问题式学习教学方法，是以问题为导向的教学方法也是基于现实世界的、以学生为中心的教学方法。同时，该教学模式主要有以下几个优点：（1）鼓励学生独立思考，从项目和案例中真正了解未来职业。（2）引导学生从注重知识转为注重能力，学会在实操中运用知识。（3）重视双向交流，实现教学相长。

1960 年"基于问题的学习"在教学模式中被正式提出。美国南伊利诺伊大学白罗斯（Howard Barrows）教授发现，以往在为病人看病时，医学院的医生和学生主要都是较主观地依靠自我经验的积累和病人的症状，但是很少深入思考是否还有别的选择。他提出两个假设：一是通过以问题为导向的情景学习或练习比以记忆为基础的学习效果要好。二是就看病技能而言，主要是解决问题的能力而非记忆。于是加拿大麦克马斯特大学（McMaster University）医学院在白罗斯教授的协助下，将该教学模式作为该院主要的教学和学习方法。

因 PBL 教学模式在医学领域的成功，其被更广泛地应用于其他各行各业的教育，在设计领域中以旧金山艺术大学为例，其专业核心课程的设置大多就使用 PBL 教学模式，每个教师都会根据自身工作经历或现有资源引入真实的职场问题，将半真实的商业项目工作进度安排融合在教学中，在课程中带领学生进行具体的案例设计和制作，教师则更多地会以甲方身份，对学生作业提出建设性意见，并鼓励学生互相点评，课程的最终成果是让学生完成一个完整的商业项目。而通过这种教学模式，学生不仅掌握了基本知识点，提高了设计水平，也了解了未来将投身的工作的具体内容，这样在毕业后就能更迅速地融入职场。所以旧金山艺术大学也被戏称为站在硅谷肩膀上的"蓝翔技校"。国外对 PBL 教学模式的研究与应用已经达到一定的境界。

PBL 模式大约是在 20 世纪 90 年代传入我国，并在近几年得到了教育工作者的充分重视。在传入之初，大众对该模式主要停留在研究 PBL 的定义、特征、要素和理论基础等层面,新的声音同样会伴随质疑,当时也有许多教育工作者质疑 PBL 教学模式在我国的实际可行性。但近 30 年来,PBL 教学模式在国内得到了很广泛的应用,目前已经有大量文献和相关实验研究证明,PBL 教学模式作为教学策略为教学一线改革提供了大量有力的理论参考依据。但是在特殊教育的艺术专业领域仍没有得到充分的重视,本文以"PBL""艺术"为关键词在知网中进行检索发现,相关论文较少,增加"特殊教育"后相关内容更是少之又少。

三、高职特殊教育相关学情分析

以浙江特殊教育职业学院为例,其是浙江省唯一一所主要面向残疾人开展中、高等职业教育的特殊教育高等院校,2014 年 4 月经浙江省政府批准正式建立,是专科层次的公办普通高等职业学校。以服务于浙江省残疾人事业发展为出发点,遵循特殊教育与职业教育的教育教学规律,本着提升残疾人就业能力,为残疾人终身发展服务的理念,努力培育具有浙江区域文化、经济特色的两大专业体系:一是培养听障、视障、肢残等残疾人高技能人才的专业体系;二是培养为残疾人事业服务的应用型人才的专业体系。

高职教育的理念是"以就业为导向、以学生为中心、以能力为本位",其培养目标是使学生具备一种或一类职业的能力。而高职特殊教育学校的生源情况更为复杂,包括健全学生、肢体残疾学生、视障学生以及听障学生,在践行高职教育理念时,具体的教学方式会变得更复杂,教师面临的挑战也会更大。笔者所研究的对象为电子商务美工专业,该专业的学生主要为肢体残疾与听障学生。针对这两个群体的调研发现,学生年龄一般在 19—26 岁之间,年龄跨度较大,一般是在特教中职毕业升入高职,或者从其他学校高中毕业后考取。由于是从不同地域与民族的不同学校考入,智力与非智力因素上都存在差异;环境适应能力和自我认知判断能力上更是参差不齐。但学生的学习积极性相比于普通高职院校会显得更高,他们对知识的渴望更热切,因为和健全学生相比,特殊学生会更想尽早融入主流社会并自力更生。

同时笔者在实际教学中也发现了以下几个较为突出的问题:一是学生无法熟练地将色彩构成基础知识直接应用于实操设计;二是学生对设计行业职业了解较少,没有"作品集"或"电商设计项目"概念;三是学生通常会沉浸于临摹作品,在接触设计创意时没有思路。为了更适应学生的需求，教学改革迫在眉睫。

四、PBL 教学模式的具体应用

（一）电子商务专业美工方向人才培养目标

根据浙江特殊教育职业学院电子商务专业美工方向的人才培养方案，可以看到本专业结合肢体残疾类、听障类学生的特点，培养理想信念坚定、德技并修、乐观自信、自强自立，能够很好地融入社会，具有一定的科学文化水平、良好的职业道德、较强的就业能力、一定的创业创新能力以及再学习能力；掌握电子商务专业知识和技术技能，面向互联网和其相关行业的人才。学生主要需要掌握图形图像处理、商业摄影与修片、静物摄影、网络文案写作技巧、色彩构成、网店美工、电子商务视觉设计。所以色彩构成课程在培养人才中占据了一席之地。

（二）色彩构成与传统教学

单从色彩构成（interaction of color）理论上来说，色彩本身并没有情感区分。色彩相互作用后产生的视觉效果是从人对色彩的知觉和心理效果出发，配合科学分析的方法，将复杂的色彩现象还原为最基本的要素，利用色彩在空间、量与质上的可变性，按照一定的规律组合形成各构成之间的相互关系，再创造出新的色彩效果的过程。在以国内八大美院为首的各大艺术类院校或综合院校的美术艺术类专业中，色彩构成是必修核心课程之一，色彩构成在美术设计的相关专业教学中，主要引导学生系统地认知和了解色彩的物理特性与生理特性、三原色、色环应用、色彩的要素、色彩的对比调和、色彩情感以及色彩的重组规律，掌握色彩构成的基本理论、原则、方法，增强色彩的审美自觉性，并将知识融会贯通于自己的设计。而在电子商务美工行业中色彩构成的具体表现形式为电商 banner 广告、海报设计、主图设计、网站店铺设计等，其最终多以二维的空间表现形式出现，是信息传达、商品推广与销售信息的直接体现。设计师必须通盘考虑，精准地把握宣传内容与色彩的正确关系，这样才能设计出优秀的方案。色彩本身没有优劣之分，但色彩的组合与搭配带给人们的视觉效果和心理感受是设计师要慎重考虑的。

对国内院校进行相关调研后发现，目前传统的色彩构成教学主要有两大特点：一是课程与课程的连接依靠知识点推进，比如从最基础的光源色、环境色、固有色到色环的概念，从理论知识角度来说，本身的课程设置并没有问题，依靠学生的主观能动性，会在系统地掌握基础理论知识后举一反三地应用在设计中；二是课程作业主要是绘画练习，随机性较大，同理，作业的安排以对应的知识点为主，比如同类色或互补色的应用，而绘画练习能最直观展示色彩构成知识应用的成果。但根据前文提到过的特殊学生教育特点，传统模式的教学效果并不十分理想，所以以问题为基础的教学改革便有其一定的科学性。

（三）具体教学方法

教学目标主要有三点：一是让学生能掌握并运用色彩构成的相关知识；二是完成一个实例项目作业，可供学生放入作品集以便应对未来应聘所需；三是通过课程培养学生设计思路、提升学生设计审美。

教学内容和重难点：教学内容根据教材《色彩构成》（于国瑞，清华大学出版社）进行安排，主要分为色彩基础知识、色彩对比构成、色彩调和与秩序构成，以及色彩重构与情感表现四大块。其中教学重点在于色彩对比构成的熟悉与应用识别；在实践操作中学会色彩调和、重构与用色彩体现情感。难点在于色彩重构与情感表现，即如何在实践操作（如制作海报与品牌识别等）中用色彩去表达传递信息吸引用户。

具体方案：首先做好课前准备，灌输给学生"作品集"概念，它是未来应聘的必备条件，也和职业工作内容相挂钩。其次引导学生选择一个自己喜欢的淘宝店铺进行视觉包装（即 visual identity）的"redesign"（即二次设计）。兴趣是最好的导师，所以要用学生喜欢的内容去吸引学生的学习主动性。在此基础上以一周为一个阶段，将该项目需要包含的所有设计制作内容进行拆分，上半学期从前期的设计调研和竞品对比分析开始进行品牌定位，根据调研分析结果确定店铺的品牌关键词、进行店铺标志（logo）重塑、样机应用展示、品牌色与品牌字体的选择后，在期中完成一套淘宝店铺二次设计后的视觉手册设计；以此为基础，在下半学期主要开展电商相关应用设计，主要涵盖产品海报、电商节横幅、节日促销海报的设计。最终呈现出一个连续性的电商创意改造设计项目。

关于具体拆分方式，以设计的第一步"品牌定位"为例，引导学生思考：在生活中相同品牌的产品很多，为什么每个品牌之间可以区分，同时也有佼佼者出现？从设计角度来说，因为，虽然是卖同样的商品，但是不同的品牌，特别是成功的品牌店铺都会有属于它自己的、独特的品牌定位，从品牌定位出发结合售卖的商品进行相关设计，这样才会有独一无二的风格。而在实践教学中发现，学生大多会选择奶茶店铺进行二次设计，但是学生联想的品牌关键词主要有"好喝""甜蜜"等，思维不够发散，大多与奶茶这个产品相关而忽略了其品牌定位。

以蒂芙尼珠宝（Tiffany）为例，其品牌关键词是"优雅"与"真实"，在琳琅满目的珠宝行业中，大多品牌选择了金色和银色，蒂芙尼的粉蓝招牌则能在一众店铺中瞬间抓住消费者眼球，而蓝色通常在色彩情感中代表着信任、冷静、平稳和真实等情绪。这里笔者理解为因为主打产品是珠宝所以选择蓝色这个信任色，但是蒂芙尼蓝并非纯粹的蓝，其中融入了绿色，从而让蓝看起来更柔和，并引导消费者称其为"粉蓝"，因为珠宝的出现大多和浪漫联系在一起，比如求婚、订婚和结婚。所以单纯的蓝色并非良选，经过一定的色彩调和，让原本较为锐利的蓝色显得温柔，从而得到一个温馨的颜色代称，品牌效应便瞬间"拉满"。在 1878 年被蒂芙尼采用的粉蓝更是在美国作为颜色商标受到法律保护，同时这个颜色也是专有的潘通色卡定制颜色。当然蒂芙尼品牌的成功还因其相应的优秀营销手段，但是以此为例可以说明好的品牌定位便是成功的一半。

回到色彩构成课程中，在学生进行某奶茶店铺品牌的定位和品牌色选择时，可以举例星巴克的绿色、瑞幸的蓝色或是茶颜悦色的红色。穿插不同案例分析，让学生更直观地接收知识点。

传统模式主要是将知识点直观展示的绘画练习，而教学改革后，将互补色的概念引入产品海报设计，作业在教学创新后也有了一定难度，除色彩构成基础知识外，学生还需要掌握设计软件操作、海报排版规则等其他知识。由于本专业学生在大一时已掌握 PS 软件使用，所以在进行教改设计时有一定可行性。同时每周会抽取部分学生作品进行课堂点评，及时给予学生作业反馈，给出修改意见，也便于进行阶段性监督。

课程考核方式主要是从电商设计项目的完成度、设计性以及色彩构成知识的实践应用度方面进行评分考核。

五、PBL 教学模式实践总结

在近一学期的 PBL 教学模式改革后，学生整体水平有了显著的提高，特别是在对于电商设计行业的了解和对作品集重要性的认识方面。学生初步能够将色彩构成知识应用于实践操作，避免了一些原则上的设计错误。穿插的案例教学也帮助学生开阔了视野，形成一定审美水平。

同时也发现存在四个较为明显的问题：一是特殊学生的语言能力和沟通技巧相对较弱，所以在实践教学中会发现某些专业术语没有对应的手语，所以学生的理解有一定困难；二是在实操设计中发现学生的思维依旧会有局限，特别是在店铺标志的设计元素的联想上，大部分学生会认为奶茶品牌的 Logo 就应该是奶茶的形状，所以后期考虑融合品牌策略和创意思维教学，例如不同的头脑风暴方法等；三是学生会欠缺一些商业思维，设计常常就是依托商业而生的，特别是在电商视觉设计中，因为这个行业的更新迭代迅速，要想成为一名合格的电商美工设计师，与时俱进的商业思维不可或缺，所以后期会进一步探索在课程设置中融入校企合作的真实案例，便于开阔学生商业思维；四是学生缺乏团队合作的理念，任何一个行业不可能在这个社会上完全独立存在，正所谓有人的地方就有江湖，所以社会的运作就是依靠各行各业相互交流合作，在实践教学中发现，学生会因为害怕别人抄袭自己的创意而拒绝与同学交流，也有部分学生会不愿意在同学面前展示自己的作业，所以在后期教学计划安排中需要进一步调研学生为何不愿意展示作业或交流的原因，同时融入一些合作项目去调整学生心态和认知。

参考文献

[1]   Bredo E.Reconstracting educational psychology:Situated cognition and Deweyan pragmatism. Educational Psychologist: 1994, 29(1): 23–25.

[2]   Tuma D T,Reif F. Problem Solving and Education: Issues in Teaching and Research. Hillsdale, NJ: Lawrence Erlbaum Associates, 1980.

[3]   何应林 . 高职院校技能人才有效培养研究 . 南京：南京师范大学学位论文，2014.

[4]   黄斌 .PBL 与我国的教育现实 . 现代教育科学（普教研究），2005(6): 7–9.

[5]   李刚 . 论色彩构成 . 美术教育研究 , 2020(23): 48–49.

[6]   李晶 . 基于 PBL 的色彩情感表现力教学研究 . 贵阳：贵州师范大学学位论文，2014.

[7]   王济华 . 基于问题的学习模式（PBL）研究 . 当代教育理论与实践，2013(3): 2–3.

[8]　王晓峰 . 浅议 PBL 教学方法在高等艺术设计教育中的应用 //2007 国际工业设计研讨会暨第 12 届全国工业设计学术年会论文汇编 . 2007：592–600.

[9]　熊丽娟 . 浅谈 PBL 教学法在设计课程教学中的应用——以产品造型设计课程为例 . 青年作家 , 2014(20): 16–17.

[10]　张华 .PBL 教学法在高职院校教学中的应用研究 . 石家庄 : 河北师范大学学位论文 , 2010.

高职听障学生汉语语法教学实施路径初探 ①

韦善贞

摘要　本文探讨高职听障学生汉语语法教学的实施路径，主张按照二语习得的模式来进行汉语语法教学，从学前测试、课程标准编制、教学语法体系构建与教材编写，到语法教学的课堂实施、第二课堂活动、学后测试等各个环节，一步步落实语法教学，形成一个完整的语法教学体系，助力学生的语言水平提升。

语言是听障人士教育的核心。著名学者林宝贵曾说过："要解决听觉障碍者的问题，最根本的方法是要为他们解决语言沟通问题。语言沟通的问题解决了，其他的教育问题、学力问题、情绪问题、社会适应问题、就业问题等自然迎刃而解。"

一、听障学生语法教学的重要性

语言问题一直是听障学生语文教学的老大难问题。国内外已有的研究结果表明：听障学生的书面语表达能力远远落后于同龄健听学生，很多听障学生在高中毕业时的书面表达能力仅相当于健听学生小学三四年级的水平。听障学生的汉语表达经常出现语句不通、颠三倒四的情况。听障学生的第一语言是手语，第二语言是汉语。听障学生学习汉语属于第二语言习得，跟健听学生学习汉语的过程存在很大差异。而在目前的语文教学中，不管是中学阶段还是大学阶段，听障学生的语文教学采用的教材和教学方式，跟健听学生区别不大。健听学生的语法，是从小通过大量的语音输入自然习得的。而听障人士主要通过课堂教学，通过有限的视觉文字输入学习。因此到了大学阶段，他们仍然无法规范、得体地进行汉语表达。

听障学生在词汇、语法、语用等各方面都存在一定的问题，而语法知识对听障

---

①　2021 年浙江特殊教育职业学院校级课题（项目编号：XKYJB2021-9）研究成果。

人士的书面语学习起到十分关键的作用。Kelly（凯利）对 424 名中学在读听障学生及毕业听障学生的词汇能力、语法能力与语篇理解的关系做了广泛而全面的研究后指出，在听障学生阅读理解过程中，其语法理解的水平对词汇运用和阅读理解都有着很大的影响。语法理解水平较高的听障学生可以更好、更充分地利用词汇能力来促进阅读理解。若一个听障阅读者的语法能力有限，其阅读理解就会受到消极影响，并间接妨碍阅读者应用已有词汇知识的能力。在阅读理解的过程中词汇能力或语法能力能够相互影响。其研究结果表明，词汇和阅读理解之间的关系，取决于语法能力。语法能力不仅影响着听障学生的表达能力，也在很大程度上决定了听障学生的阅读理解能力。因此，我们要明确语法教学的重要性，加强听障人士语文课程中的语法教学。

有很多研究者基于减少听障学生汉语书面语语法偏误或是培养听障学生书面语表达能力而提出了教学策略，其中提出最多的是"开设语法课程，教授语法知识"。可见，语法教学的必要性得到了认可。

到了高职阶段的听障学生，已经能够进行抽象语法规则的学习，可以通过语法教学来提升语言学习的效率。跟英语学习一样，听障学生汉语学习中的语法教学也应该得到重视，甚至可以作为一个突破点来抓。将语法教学摆在明面上，主动设计，稳抓落实，从教学目标、教学内容到评价反馈，形成一个系统的闭环，提升语法教学的有效性。

二、语法教学的实施路径

探讨语法教学的实施路径，即探讨如何在语文教育教学的全过程贯彻落实语法教学。关于语法教学实施路径，首先是选择一条什么样的道路的问题，我们主张按照二语习得的模式来进行汉语语法教学。其次是如何一步一步实施的问题，将分别从以下各个环节进行探讨。

1. 学前测试

听障学生的语言水平差异较大，一方面是生理上的差异，如全聋的或有微弱听力的，佩戴助听器的或植入人工耳蜗的等，情况各不相同。另外，在相同听力水平的听障学生之间，语言康复训练情况、学习背景、学习能力的差异导致的语言水平差异也很大。听障学生班级语言水平上的参差不齐，造成了教学上较大的困难。

在开展教学之前，对学生的语言水平进行测试和分析是十分有必要的。听障学生班级在开学初，可进行语言水平摸底测试。在摸底测试中，除了语言水平检测，还有对学生的听力情况等基本信息作调查。在对测试卷批改和统计分析之后，任课教师可以对相关班级的语言水平有个整体的了解，能够根据班级学生水平进行之后的教学设计。有条件的学校，可根据学生语言水平，开展分层教学。按照学生语言水平等级编排教学班，进行更有针对性的语言教学，这有助于学生语言水平的提升。

进行学前测试是十分必要的，而要从测试中尽可能多地获取学生语言水平信息，需要对测试卷进行精心的设计。为了了解学生的语法掌握情况，就要有针对性地设计相关的语法测试题。例如汉语的语序始终是听障学生的一大难点，由于和手语语序存在较大差异，听障学生在进行汉语表达的时候，容易受到手语负迁移的影响而产生各种错误。因此在学前测试中，可以设计"连词成句"这样的题型，对学生的汉语语序掌握情况进行检测。已有的测试结果显示，能将该大题完全做对的听障学生不多。大部分听障学生会出现各种各样的错误语序。这就说明，汉语语序的习得应该列为一个重要的语法教学目标。通过这样的学前测试，就能摸清学生的学情，明确语法教学的重难点。

2. 课程标准的编制

听障学生语文课程标准的编制应体现语法教学目标。对于健全生而言，大学语文课程要突出其人文性，而听障学生大学语文课程应该首先突出其工具性，其次才是人文性。标准是底线，那听障大学生能够达到的底线是什么，必须有一个界定。在目前的听障学生语文课程标准中，较少描述语法教学目标。在中学阶段的一些课程标准中，对语法只有简单提及，没有涉及具体的语法项目和学习目标要求。对于听障学生在学完该门课程之后，应该在语法方面掌握哪些知识点以及达到什么样的程度，没有具体的规划和要求。这就没有充分考虑到听障学生习得汉语的第二语言习得属性和难点，和健全生的语文教学没有太大差别。汉语语法的自然习得，对于听障学生来说是极其困难的。如果没有具体的计划、目标和要求以及有意识、主动地进行语法教学，就没有遵循汉语作为第二语言学习的规律，会导致听障学生语言水平提升缓慢，没有很好地发挥出语文教学的工具性。因此，语法教学的目标化是势在必行的。

在课程标准的制订中，应该体现语法教学的目标和要求。例如："随课文学习和了解基本的语法知识，并能在日常口语交际或书面表达中正确运用。掌握汉语的正确语序；掌握常用句式、常用关联词语的用法；了解词的分类、单句的成分（主、谓、宾、定、状、补）等。"听障学生语文课程标准的制定，语言部分的目标可参考少数民族的《汉语课程标准》和对外汉语的《汉语水平等级语法大纲》，从第二语言习得的角度出发，结合听障学生实际语言水平，制定相应的语法学习目标。

3. 教学语法体系构建与教材编写

在语法教材领域，目前并没有针对听障学生群体编写的汉语语法教材。针对本国中文专业学生编写的《现代汉语》（黄伯荣、廖序东）和对外汉语领域的《对外汉语教学实用语法》（卢福波），可以作为汉语语法教学的参考书目，但并不适合听障学生学习，也不能照搬进听障学生语法教学的课堂。听障学生的汉语语法学习，有其独特的规律和难点。目前还没有完善的听障学生汉语教学语法体系，听障学生语法教学大部分是教师凭借本人教学经验，在课文中选取相关的语法点进行教学，或者针对听障学生出现的理解难点和表达错误进行补偿性的语法教学，没有将语法教学系统化。

在阅读教材方面，目前针对听障学生编写的语文教材较少。北京联合大学有针对分层教学编写的一套教材，如《汉语阅读和写作（高级）》《汉语阅读和写作（中级）》。其他学校也有针对听障人士编写的大学语文教材，但在教材内容上暂未融入语法教学的设计。

因此，听障学生汉语教学语法的编制和相关教材的编写是语法教学实施中的重要一环。将听障学生语法学习难点，按照由易到难的顺序，用简单明了、通俗易懂的语言，编写成一个相对完整的语法教学体系。这里的完整，指的不是汉语语法系统的完整，而是听障学生学习需求方面的完整。在语法知识点的选取上，符合听障学生的汉语学习规律。在语法描述上，具有较强的针对性，尽可能精简实用。在今后的听障学生汉语教材编写过程中，应将相关的教学语法融入其中，按照螺旋式上升的学习规律，让一些语法项目重复出现并设置不同的难度梯度，实现循序渐进式的学习。

编写教材时可参考对外汉语中高级教材，结合本校听力障碍学生的语言发展水平和学习特点，进行以下几方面的改进：第一，对对外汉语教材中复杂的义项分类进行简化；第二，各义项在教材上的排列顺序则根据听力障碍学生的习得顺序调查结果进行安排；第三，原教材中涉及听说的部分，结合手语转变为更适合听力障碍学生的看话等表达。在教材校本化的过程中，教师的汉语知识水平会得到有效的提升；听力障碍学生在系统的教学中能够更好地掌握汉语语法。

4.语法教学的课堂实施

首先，语法教学应该实现全课型渗透。有一线的听障教育教师提出，应该开设专门的汉语语法课，进行语法学习。在笔者所在的学校，也有"语言训练课"的实践（借用对外汉语阅读篇目进行词汇和语法的学习）。而这样有针对性的语言课，在语文课程中所占比例较小。既然听障学生语言问题是语文教学中需要重点解决的，就应在所有课型中渗透语法教学，将语法教学融入阅读课、写作课、沟通交际课等全类别的课型中，日积月累，久久为功，才有可能对听障学生语言水平的提升起到明显的效果。

在阅读课中，阅读篇目的选择是一大难题。从文学鉴赏的角度，需要涵盖诗歌、散文、小说、戏剧等不同的体裁。从语言学习的角度，需要涵盖相关语法点，符合典范性的要求。听障学生的阅读篇目以现代文为主，需兼具文学性和工具性，可以适当采用对外汉语教学的阅读篇目，以及报纸、杂志上的新闻稿、评论等文章。可以借鉴第二语言教学教材的编排方式，采用精读课文和泛读课文相结合的方式进行编排。根据课程标准中的教学目标，合理安排阅读篇目，让学生在阅读中学习相关语法知识。

在写作课中，语法教学也应渗透其中。不同体裁、不同主题、不同情境的写作，往往需要用到不同的语法点。例如，记叙文的教学，在语法方面，可以着重讲解时间词语、连词的正确使用。散文的教学，可以融入相关形容词、副词的正确使用。在写作之前，进行写作技巧以及本课语法点的教学。在学生写作完成之后，可以首先让学生自查语言是否规范、通顺；再让学生相互检查彼此的作文，纠错；最后，教师带领全班学生着重对某几篇范文进行点评、修改，让学生对比修改前后的文章，体会语言表达方面需要改进的地方。在日常的小练笔和笔谈中，也可以设定情境，引导学生用某些句型和结构来进行表达，有意识地对相关语法项目进行训练，逐步提升语言表达的规范性、丰富性、流畅性。

不管是什么课型，在教学过程中，都要通过精讲、多练，让学生形成语言习惯。语言是习得的，要靠大量的输入和频繁使用来形成语言习惯。课堂上的语法教学，要贯彻精讲、多练的原则，教师需创设各种各样的情境让学生多练习、多表达。语法练习可以有不同的形式，例如看手语故事转化成书面语、看视频写故事、对话练习等。不论是什么样的形式，都需要有一定的使用情境，而不是机械的练习。语法有其语法意义和语法形式，有效的语法练习是意义和形式的完美结合。从语法意义的讲解到语法形式的提炼，从语法形式的使用到语法意义的体现，语法的练习，蕴含在所有的语言训练和表达练习中。

5. 第二课堂活动

课堂上的时间是有限的，仅凭课堂上的输入和训练是远远不够的。课堂上授之以渔，课后需要学生自己勤加练习。教师可布置一些课后的综合实践活动，例如社会调查综合实践活动，鼓励学生走出自己的小天地，去和校园里的其他同学和校园外的社会人士沟通交流，完成相关的调查任务，形成调查报告，并在课堂上进行汇报。

教师需积极创设各类课外活动，引导学生在课外进行积累，例如经典诵读活动。听障学生虽然较难掌握汉语的发音，但可以学习发音部位和发音方法等。如能掌握发音方法，读懂他人的唇语，对于汉语学习是十分有帮助的。运用口动和手语，听障人士也能进行诵读活动。通过经典诵读，积累大量优质的语言输入材料，有助于提升理解和表达能力。

另外，教师需要引导学生进行大量的课外阅读，增加输入，这是语言学习的基本途径。"听力损失给语言学习带来障碍，不仅仅表现在课堂学习上，更多的是表现在对外界信息的接收上。从外界接收的信息少了，眼界就狭窄，思想会贫瘠，思维就会停顿。"书籍应该成为听障人士的良师益友和思想源泉。教师可根据听障学生的语言水平、理解能力和阅读兴趣，推荐一些阅读书目（包括不同体裁的分级阅读推荐），并定期组织阅读分享和读书交流活动，督促学生养成阅读习惯，也让听障学生在分享的过程当中提高表达能力，获得阅读的成就感，增强其阅读兴趣。

通过第二课堂活动中的语言实践，输入大量规范的语言，并进行输出的训练，慢慢地培养听障学生的语感，掌握汉语的正确语序，用正常的语言规则弥合手语同书面语之间的鸿沟，把"听障语言"转变成规范的汉语。

6. 学后测试

测试是督促学生学习和检验教学效果的重要手段。如何检验语法教学的有效性，测验是重要的评价方式。测试分专项测试和综合测试。专项测试主要是针对某个教学单元、某个专题的语法项目而设计的，可检测学生对某单元所学语法点的掌握情况。综合测试是综合检测学生的语言水平。目前并没有针对听障学生设计的标准化语言水平测试，可参考 HSK（针对母语非汉语者的汉语水平考试）和 MHK（中国少数民族汉语水平等级考试）两个考试，设计相关的语言水平测试试卷，对学生进行阶段性的语言水平检测。

汉语水平考试（HSK）是一项国际标准化考试，重点考查汉语非第一语言的考生在生活、学习和工作中运用汉语进行交际的能力，考试等级包含六个级别，三级以上的考试内容由听力、阅读、书写三部分组成；中国少数民族汉语水平等级考试（MHK）是专门测试母语非汉语的少数民族汉语学习者汉语水平的国家级标准化考试，考试等级从低到高分为一、二、三、四级，共四个级别，考试内容包括听力理解、阅读理解、书面表达和口语表达四个部分。HSK 和 MHK 的中高级阅读、书面表达试题，是听障学生语言水平测试的重要参考。

听障班语文教师要积极创建听障学生语言水平测试题库，建立分级测试评价标准，有效衡量学生的汉语水平。语言水平测试，一方面能够督促学生学习，另一方面也能让教师进一步掌握学生的语言学习情况。通过学前、学后两个测试数据的对比，可以了解学生语言水平提升情况，检验教学效果，明确今后教学的重难点，让语法教学形成一个闭环。

三、结　语

高职听障学生的语言水平亟待提高，这就要求我们在语文教学上不断地进行探索和改革。加强听障学生的汉语语法教学，以二语习得的模式进行语言学习与训练，能够有效助力提升听障学生语言水平。在学前测试中测验学生的语法掌握情况和整体语言水平；课程标准的编制体现出语法教学目标；建构听障学生汉语教学语法体系并融入教材编写；全课型渗透语法教学，精讲，多练；开展丰富的第二课堂活动辅助学生的学习；进行有效的学后测试；等等。在以上语法教学实施的各个环节，都需要更多探索与实践，以使语法教学体系更加完善，这也是今后努力的方向。

参考文献

[1] 白云 . 听力障碍学生汉语副词 "又" 习得偏误调查及教学建议——以苏州市盲聋学校为例 . 武汉：华中师范大学学位论文 , 2019.

[2] Kelly L P.The Interaction of syntactic competence and vocabulary during reading by deaf students.The Journal of Deaf Studies and Deaf Education, 1996, 1(1): 75－90.

[3] 任媛媛 . 聋人学生汉语书面语语法研究综述 . 中国特殊教育 , 2011(3): 16.

[4] 徐勤帅 . 初中听障学生汉语书面语语法偏误及教学策略研究 . 济南 : 济南大学学位论文 , 2020.

[5] 张会文，吕会华，吴铃 . 聋人大学生汉语课程的开发 . 北京 : 华夏出版社 , 2009.

高职听障学生英语词汇习得存在的问题及对策研究

胡　孟

摘要　随着特殊教育的发展，越来越多的听障学生有机会接受高等教育，促进了听障学生的全面发展。高职听障学生学习英语也成为一种趋势。但是通过多年的听障学生英语教学实践可以发现，目前高职听障学生的英语学习还存在较大的问题，特别是在词汇学习方面，还存在词汇学习效率低下、词汇运用脱离语境、词性误用等问题。本文从"教"与"学"两个方面总结出了词汇教学和学习的几个策略，以提高听障学生词汇习得的能力。

一、引　言

2017 年，国家修订并实施了《残疾人教育条例》，支持高等学校设置特殊教育学院或者相关专业，提高残疾人受教育水平。大批的听障学生有机会进入高校学习，进一步提升自我，实现自我价值。据统计，我国目前共有十余所特殊教育学校(或专业院校、系部)招收听力障碍学生。每年约有上千名的听障大学生通过单考单招的方式进入高等学校继续学习。而英语(目前，我国残疾人高等教育的外语教学一般都为英语)也成为他们必须面对的一门学科。

词汇是语言的三大要素之一，也是最基本的语言材料之一。英语语言学家威尔金斯（Wilkins）在《语言学与语言教学》中曾说过："没有语法，人们可以表达的事物寥寥无几，而没有词汇，人们则无法表达任何东西。"而德国语言学家弗米尔（Vermeer）也认为："掌握语言是理解的关键。而学习一门语言的大部分内容是学习新单词。掌握了语法知识不等于能熟练掌握语言。"由此可见，在英语学习的过程中，词汇习得便成了一个中心任务，贯穿英语学习的始终。传统的词汇习得观认为，习得一个单词即指掌握它的词性和词义。但事实上，这是一种片面的以意义为驱动力或目标的语言学习认知观。习得一个单词就是要能掌握其完备的知识。华莱士（Wallace）认为，"认知"一个单词，意味着能识别其书面和口头形式；能随时回忆起来；能与适当的物体或概念联系起来；能以适当的语法形式使用它；能口头上清晰地发音，能在书写中正确地拼写；能正确地搭配使用它；能按其适当的正式程度运用它；能意识到词的内涵意义与联想意义。因此词汇习得不是一个机械记忆的过程，而是一个"知识"与"能力"交互作用的多维整合的过程。

二、存在的问题及原因分析

（一）机械记忆词汇，学习效率低下

对于大多数英语学习者来说，词汇是他们在英语学习中遇到的最大的障碍。对于听障学生而言，更是如此。在高职听障学生的英语教学中，经常会发现学生反复抄写背诵目标单词。但是单词拼写记了又忘，忘了又记，又或是单词拼写时出现个别字母次序混乱的情况。反复的记忆和遗忘让他们对英语学习失去了信心和兴趣。有些学生甚至认为是他们记忆力出现了问题。众所周知，英语是一种以字母发音为基础的表音文字。每个字母都具有表音功能，字母的有机组合，组成了不同的单词。每一个单词本身就蕴含着一套精密的标音系统，可以"望文生音"，看到文字的结构，就能读出声音。听障学生几乎没有语音输入，无法通过语音将词音与词形联系起来。这就增加了他们记忆单词的难度。没有语音输入，缺乏语音知识，对他们来说，每一个单词都只是一串字母的无序组合。所以在拼写中，经常会出现类似information-infromation、future-futrue、bean-baen这样的单词中字母次序混乱的错误也就不足为奇了。

（二）词汇学习脱离语境，缺乏特定语境中的活用能力

死记硬背的词汇认知策略将单词看作一个孤立的个体，只记住了单词的字面意思而脱离了具体的使用语境。英语词汇不是孤立存在的，它存在于句子和篇章之中。以单词"have"为例，很多听障学生往往只知道"have"表示"拥有；具备"的意思，但是忽视了搭配不同的宾语，如"have dinner(吃饭)"，"have a rest(休息)"，"have a party(聚会)"等，这时 have 就具有不同的意义。这是由它所处的词汇语境

决定的。英语当中还有很多单词除了它的本意还有引申义和象征义。像很多表示颜色的单词，如 "black" 可表示虚伪、罪恶，"blue" 象征抑郁、忧郁。另外，词汇还承载了文化信息、反映了人类社会生活在很多时候存在不对应现象。像 "peasant（农民）" 一词，在欧洲国家的用法相当于汉语中的 "农民"，而在美国，"peasant" 却带有贬斥的意义，指农民时，他们一般用 "farmer"。这两个单词的本质区别在于：farmer 指农民这种 "职业"，而 peasant 则是指农民这种 "社会阶层"。职业强调的是工作的内容、谋生的手段，而阶层强调的则是人的出身、身份、等级、权利。由此可见，即便是记住了单词的拼写和词义，如果脱离了语境或者忽略了它所反映的文化内涵，那就无法真正理解词汇的意义，更别说做到在具体语境中的灵活运用。

（三）词性意识缺失，混用现象频出

听障学生在作业或考试中经常会出现词性误用的情况，最突出的表现为名词形容词误用、名词动词误用，如：

（1）他的成功对我来说是件高兴的事。

正：His success is a great pleasure to me.

误：His successful is a great pleasure to me.（名词形容词误用）

（2）大卫不会听从你的意见。

正：David will not take your advice.

误：David will not take your advise.（名词动词误用）

词性指以词的特点作为划分词类的根据，是语言中词的语法分类。根据 "母语迁移" 的相关理论，听障学生在英语学习的过程中往往受到手语和汉语的影响。对于听障学生来说，手语是他们的母语，汉语是第二语言，而英语则是他们的第三语言。手语是一种与汉语、英语完全不同的视觉空间语言。它以表形表意为主，有很强的独立性。也正是因为它的特殊性，造成了手语词性结构不发达、语序语法结构相对独立的特点。汉语对词性的分类和英语也是不同的。现代汉语中的词可以分成两类 12 种词性，而英语一般分为 10 种词性。词类活用是汉语一个重要的特征，很多词的词性都非常灵活。基于语言使用的经济原则，汉语里大多数词语有多个不同的词性，如 "美丽" 一词，既可以作名词也可以作形容词。而在英语中，词义相同、词性不同时，往往不能使用同一个单词，如 "美丽" 作为名词是 "beauty"，而它的形容词则为 "beautiful"。听障学生往往会在不知不觉中将手语和汉语的学习经验应用

到英语学习中，只着重于记忆单词对应的中文意思，而忽视了它的词性；而在具体运用的时候，又不能根据中文准确地判断单词的词性，往往只是从词义出发，那就很容易出现英语单词词性错用的现象。

三、解决策略

（一）加强学生的语音训练，用语音来记忆单词

南京特殊教育师范学院康复科学学院副院长张伟锋博士曾说过："听障学生并不是完全丧失听力，大多数还有残存听力，聋教育的目标之一就是对听障学生的残余听力加以开发，通过言语矫治和口语训练等专业手段，帮助听障学生学会辨别声音，然后开口说话……"据了解，绝大多数进入高职院校学习的听障学生在幼儿时期都曾接受过语言训练，有着不同程度的口语基础。因此，在教授听障学生英语词汇时，更要强调对口语的训练，让他们学会音标，掌握语音知识。众所周知，英语是一种拼音文字，可以用可发音的字母准确地记录下来。任何语言的发展都要遵循先有语言，再有文字这条规律。英语的所有单词都是由 26 个字母中的部分字母组合而成，而每个字母或字母组合在音标中都有它较为固定的读音规则。英语单词的构成和它的发音有着必然的联系。如果没有语音知识，每一个单词对听障学生来说都只是字母的无序排列。也许他们能够靠死记硬背记住一定量的单词，但是面对数千个单词，单纯的死记硬背显然是行不通的。加强语音训练，让他们掌握一定的语音知识能帮助听障学生在大脑中建立发音和字母以及字母组合之间的联系。这种联系对于听障学生而言，扩充记忆容量，大大降低了记忆词汇的难度，提高了词汇记忆的能力。像单词 cinema，如果听障学生只是机械地按字母来记，就要记住 c-i-n-e-m-a 这 6 个字母的排序，但按音节来记的话，只用记 3 个音节 :ci-ne-ma['sɪ-nə-mə] ；单词 ceremony，按字母来记，就要记住 8 个字母的排序，按音节只要记 4 个音节 ce-re-mo-ny['se-rə-mə-ni]。更别提语音知识对记忆长单词所起的作用了。虽然英语当中元音字母的发音规则比较多变，但辅音字母的发音是较为固定的。学生只要掌握拼写规则和相关的语音知识，在词汇记忆上就可以事半功倍。当然，对于听障学生来说，学好音标，掌握语音知识绝非易事，这需要他们日常点滴的积累，也需要教师耐心付出。

（二）创设语境，融入生活

桂诗春教授认为："语词的意义只有通过语境才能学到。要想记住意义就必须在各种使用场合去接触它，就好比要记住一个人的面孔必须从不同的角度去看它一样。"听障学生由于听力障碍，主要依靠视觉、触觉来感知和学习外界知识，其中视觉起着至关重要的作用。另外，他们的具体形象思维比较发达，对直观形象的东西记忆比较深刻。因此，在词汇学习时教师可以借助图片或创设具体的情景和语境来帮助学习。语境对词汇的理解和运用都是至关重要的。在语境中，词汇不是孤立的存在，它们相互联系，被赋予生命。如在学习与购物相关的词汇时，教师可以设置不同的生活场景，如海滨度假、生日宴会、家庭聚餐等让学生联系实际情况，假设一下自己在这些场景中要准备哪些物品。同时，教师也可以教授一些完成交际目的必须掌握的关键词，如：I want to buy（我想买），how much（多少钱），buy（买），try（试一下），expensive（贵），cheap（便宜）等，然后再有针对性地进行教学。学习情景的模拟和生活场景的再现，可以让听障学生直观地了解不同场合不同身份的人物词汇运用上的差别，将词汇学习和具体语境结合，不仅做到了释义，更能让学生学会如何在具体情景中进行运用。

（三）注重词性意识的培养，分类记忆

教师在日常的词汇教学过程中要注重词性教学，有意识地培养听障学生的词性意识，增加构词法等相关内容的教学。英语单词的词性往往是显性的，可以通过词形来判断它们的词性。许多名词、形容词、副词和动词是由词根加后缀构成的。如单词后缀以 –er，–tion，–ment 结尾的词多为名词，以 –ize，–en，–ify 等结尾的一般都是动词，而构成形容词的常用后缀有：–able，–ible，–al，–ful，–less，–ish，–ive，–ous。而英语单词通过添加前缀可以表示否定（dis–、un– 等）、空间位置和方位关系（by–、under–、fore– 等）、时间序列关系（ex–、mid– 等）、共同和相等关系（co–、sym– 等）。学生可以根据不同词性的词汇所具备的特点，进行分类记忆，通过不断地归类，有效地拓展词汇量。教师也可以在教授一个构词法知识点后对学生进行针对性的练习，不断强化，以达到掌握的目的。掌握了这些构词规则，即使是生词，学生也能根据词尾来判断词性。此外，母语的分类方法也可以帮助学生对英语单词进行分类记忆。如：水果 fruit，包括苹果 apple、香蕉 banana、草莓

strawberry、菠萝 pineapple、葡萄 grape、西瓜 watermelon、梨 pear、柠檬 lemon、桃 peach、橘子 orange 等。而球类运动 ball games，有足球 football、篮球 basketball、羽毛球 badminton、排球 volleyball 等。

（四）扩大阅读量，不断偶遇形成长时记忆

阅读是人们获取知识信息的主要方式，它不仅仅是文字，还涉及图片、图像等比较直观的材料。听障学生由于听觉通道受损，获取信息和知识的主要渠道是视觉通道，他们对颜色、数字、字母、图形等比较敏感。词汇习得的一个主要途径是通过阅读不断与词汇接触，在记忆的基础上通过理解使词汇从短时记忆进入长时记忆。要掌握一个单词，除了定期复习，最好的办法就是在不同的场合不断遇见它。如果同一个单词在不同的地点、不同的语言环境中或不同的文章反复出现，那这个单词基本上就会留在你的脑海里了。无论是文字阅读还是图像阅读，它们正是在一定的语境基础上，为听障学生提供理解英语词汇的背景和其他的条件，帮助他们形成长时记忆。这也是扩大词汇量的有效的方法之一。但是很多听障学生英语阅读量不够，而英语学习的内容仅限于课本，课外也很少花时间在英语学习上。因此教师可以在课后布置阅读任务，鼓励听障学生有意识地扩大课外阅读量，加大词汇的输入量，将更多的被动词汇转化成主动词汇，增加对英语词汇的理解和在特定语境中的活用能力。目前，市面上英语阅读材料内容十分丰富，囊括了人文科学和自然科学的方方面面，可以满足学生不同层次、不同喜好的阅读需求。

四、结　语

在英语学习的过程中，英语词汇的掌握对学习英语的兴趣和积极性有着重大的意义。特别是对听障学生来说，能否掌握词汇关系到他们学习英语的成败和学习信心的建立。听障学生应该充分发挥自己视觉方面的长处，结合语音知识，科学地记忆单词。同时，听障学生的词汇教学不能只局限于传统的教学方法，教师必须从他们的生理和心理特点出发，结合学情，充分调动他们的学习主动性，指导他们科学地记忆单词。加强词汇教学，培养听障学生的语音意识和词性意识，引导学生课下开展自主阅读，提升学生在语境中运用词汇的能力。此外，在词汇学习的过程中，教师也要适时地鼓励学生，让学生知道单词的遗忘不可避免，只有及时复习巩固，

并在生活中加以运用，才能真正地掌握词汇，并为自己所用。

参考文献

[1]　Vermeer A. Exploring the second language learner Lexicon//Verhoeven L,de Jong J H. A L.The Construct of Language Proficiency.Amsterdam: John Benjiamins, 1992: 147–162.

[2]　Wallace M J. Teaching Vocabulary. London: Heinemann Educational Books, 1982.

[3]　Wilkins D A. Linguistics in Language Teaching.London: Edward Arnold, 1972.

[4]　桂诗春 . 应用语言学 . 长沙 : 湖南教育出版社 , 1998.

[5]　韩梅，鹿彩玲，李子刚 . 中国与日本聋人高等教育之比较研究 . 教育探索 , 2010 (5): 157–159

[6]　骆北刚 . 蔡天天 . 中学生英语词性意识缺失的诱因及对策研究 . 教育观察 , 2017(6): 24–26, 38.

[7]　王正胜 . 中国聋人学生英语教学研究述评 . 中国特殊教育 , 2014(3): 17–22

[8]　吴霞 . 王蔷 . 非英语专业本科学生词汇学习策略 . 外语教学与研究 , 1998(1): 55–59.

畲族彩带艺术在听障学生数码插画教学中的应用和创新

蓝郁文

摘要 畲族彩带编织是最有代表性、最古老的畲族传统工艺，畲族彩带具有鲜明的民族特色、丰富的艺术样式和浓厚的文化内涵，被誉为畲族文化"活"着的文物。笔者尝试将畲族彩带艺术应用于听障学生插画课程教学，通过对彩带纹样、色彩、造型等艺术形式的借鉴和创新，让数码插画作品具有民族艺术特色和民族文化内涵。学生通过数码插画课程的学习，可以更深刻地理解畲族文化，更准确地表达民族文化，增强他们的民族自豪感，从而实现对优秀传统文化的保护和传承。

畲族是一个具有自己特点的单一少数民族，自远古以来迁徙而居，全国人口总数不足百万，却遍布广东、福建、浙江、江西等省份的一百多个山区县市。在浙江省内有全国唯一的畲族自治县——景宁畲族自治县，畲族也是浙江省居住人口最多的少数民族。

畲族人民在实践中创造了独具特色的山歌、舞蹈、彩带、服饰等优秀民族文化。其中，畲族彩带文化是最具民族特征的非物质文化遗产，是畲族文化"活"着的化石，也是最值得当代青年人了解、保护和传承的优秀少数民族传统文化之一。

保护和传承优秀传统文化是每一个青年人肩负的责任，听障学生也不例外。将当地优秀传统文化融入高校课堂，让对传统文化的保护和传承从身边做起是增强文化自信的内在要求。因此，将畲族彩带艺术应用于数码插画教学，让学生在课程学习中了解传统文化，并对传统文化元素进行借鉴和创新，这对于增强学生民族自豪感、保护和传承优秀传统文化都具有非常重要的意义。

一、畲族彩带的文化内涵和艺术特色

畲族彩带是畲族文化的载体，她仿佛是一位上了年岁却颜值依然的畲族老人，身上蕴藏着很多畲族的故事、历史和文化。可以说，了解畲族彩带就是了解畲族的发展史。

（一）关于彩带的美丽传说

关于畲族彩带，有一个家喻户晓的美好传说。畲族女始祖三公主带着子孙、抱着报晓鸡从凤凰山出发，经福建来到浙江，在景宁定居下来。三公主在飞天之前，把她心爱的报晓鸡留给了家中的雷四妹。报晓鸡每天准确报时、告知天气变化，以及天下大事难事，当地畲民得以按时耕种，逃避灾祸，安居乐业。报晓鸡在与雷四妹诀别时说，它在封金山上喝过千年露水，尝过万种花草，内脏被露水花草染花了，并叮嘱她，等它死后将肠子取出，就会变成一条七色彩带。定亲时把彩带当作定情信物，就会保佑你们夫妻恩爱，白头到老。雷四妹照做，生活果然很幸福。因此，畲族彩带成了畲族妇女心中的吉祥物，她们就照这个样式编织起了彩带，祈愿生活美好。

（二）畲族彩带的文化内涵

畲族彩带是畲族青年的定情信物，象征着忠贞不渝的美好爱情。古时候，畲族姑娘稍稍长大，母亲就会教她编织彩带，彩带织得精致就说明姑娘心灵手巧。据说，以前畲民在每年七夕节要举办彩带比赛，之后畲族男女对唱山歌，畲族姑娘向心仪的小伙赠送彩带定下终身。因此畲族彩带是畲族最古老的民间工艺，也是畲族青年最传统的定情之物。

畲族彩带寓意吉祥，表达畲族人对生活的祝愿和期望。彩带是畲族妇女的杰作，她们在劳作之余编织彩带记录所见所闻，既记录着畲族先人刀耕火种、捕鱼狩猎的生活场景，也记录着畲族妇女眼中花花草草、鸟兽鱼虫的美好。每一条彩带都真实反映了畲族妇女的淳朴智慧以及对美好生活的向往。

彩带上的"意符文字"是畲族先人在长期的生产劳动中逐渐形成的，并凭借彩带这种客观存在的实体形式世代传承，流传至今。因此，畲族彩带文化在一定程度上反映了畲族经济社会发展的过程，也是畲族文化生活的历史积淀。

（三）畲族彩带的艺术特色

第一，畲族彩带纹样丰富且充满特色。畲族彩带是畲族妇女对事物的个性化表达，其宽窄、长短、颜色、图案都没有统一标准，全凭个人喜好自由创作。因此，彩带上的图案纹样也异常丰富。后来，人们把畲族彩带分为符号彩带、图案彩带、文字彩带，其编织纹样分别为符号纹样、图案纹样、文字纹样。

彩带上的符号纹样，大多是以会意方式表达事物，那些有点像汉字的符号，在畲民眼里就是祖先古老的文字语言，记录着畲族先民的祈福信息。比如，有云彩、田野、丘陵、麦穗等自然事物，也有狩猎、收获、聚会、来往等劳动生活元素。这些都是畲族先祖对美好事物的记录，也是对美好生活的期许。

畲族彩带上还有许多精美的图案纹样，包括写意纹样、会意纹样、几何纹样。具体图案纹样有动植物的纹样，例如凤凰纹、蜻蜓纹、蝴蝶纹、蝙蝠纹、鱼蛙纹等；有几何图形纹样，如水波纹、祥云纹、菱形纹、直线纹等。这些图案都体现畲族人民热爱生活的美好情感。

彩带上还有文字类纹样。畲族彩带中融入了一些简单的汉字，譬如："井"意为有水喝；"丰"意为庄稼丰收；"田"意为劳动人民开始种田耕作；"工"表示平顺；"正"表示开始。这些汉字充分体现了畲族人民对生活的情感期望，寄托的美好祝福。

第二，畲族彩带用色大胆，色彩鲜明。彩带图案配色往往亮丽鲜艳，大胆尝试红和绿、黄和紫、黑与白的对比搭配，还巧妙运用红黄蓝三原色和绿紫间色，对色彩的明度纯度处理得非常贴切，不拘一格。在过去，畲族妇女织带原料线的颜色是用土方法提取植物颜料自染的，色相不是很丰富，仅有黑、白、红、蓝、黄五色。后来随着人们认知的发展，社会文明程度的提高，畲族彩带颜色越来越丰富，种类越来越繁多。后人编织彩带常以彩虹的色彩模式进行设计，蓝色代表天空，绿色代表草地，红色则代表太阳，也蕴含着畲民内心的美好祝愿。畲族彩带彩虹式的色彩搭配，五彩缤纷却又色调和谐，美观大方。若彩带以桃红色为主色调，则会加上针绣的花朵纹样，配之绿叶、河水等其他纹样，色彩丰富、和谐统一。

第三，畲族彩带的艺术造型抽象。畲族彩带上的图案艺术造型非常独特且抽象，是畲族人对生活中常见的动物、植物、工具及场景等进行简化概括，形成精简的图案后融入彩带编织而成。纹样处理手法夸张，将复杂的事物概括成最简单、最直接、最精练的线条，绘制成简单易懂的造型，如用连续山形表示老鼠的尖牙，以弩机的样子表示狩猎，以象形的麦穗表示谷物，等等。还有一种是以抽象类纹饰为主的彩带。从对最原始的简单型线条，如曲线、折线、涡线、波线、云头纹、卷草纹等进行组拼、布局，体现了畲民的独具匠心。后来发展到比较复杂的抽象纹饰，有的用于点缀，有的被连续排列成线。还有的彩带纹样以三角纹、菱形纹、直线纹为主进行夸张变形，用以表示抽象的观念和现象，线条朴拙，纹样大方。

二、高职听障学生的认知特点及优势

数字媒体艺术设计专业的学生，有很大一部分是听障学生，他们除了具备同年龄人的一般年龄特征，还具有听障学生特有的认知特点。

一方面，听障学生因为听觉的缺失，对外界事物的认知更不完整。感觉是知觉的基础，人的知觉来自对感觉信息的加工。听障学生因为听力缺失而无法收集到听觉信息，因此对复杂的事物感知就不完整，难以形成完整的综合的认知信息。

另一方面，也因为他们听觉缺失，需要通过其他感官来代偿和分辨，使得他们视觉优势凸显，直观感受力增强。其一，视觉敏锐，观察细致。眼睛是听障学生最主动、最活跃的感觉器官，反应很敏锐。他们观察细小物体、远处物体、辨别事物形状的能力都比普通人强。其二，色彩反应灵敏，色感良好。鲜明的颜色最容易引起听障学生的注意，而且他们能辨别颜色之间的细小差别，对色彩的感知和运用能力较强。其三，形象思维很活跃。听障学生对图形、色彩等形象性的内容思维活跃。

三、畲族彩带艺术在数码插画教学中的应用

畲族彩带纹样形象丰富、色彩鲜明艳丽、造型抽象独特，这都非常符合听障学生的认知特点，很容易引起听障学生的注意，容易被听障学生理解。所以，将畲族彩带艺术应用到听障学生数码插画教学是可行的。

第一，将畲族文化融入课程。畲族文化内涵丰富，形式多样。畲族彩带、服饰、山歌、舞蹈等都是非常具有民族辨识度的畲族文化元素。在数码插画课堂上，以畲族彩带元素为起点，让学生系统了解畲族文化底色，领略丰富多彩的畲族文化

特色，为畲族彩带艺术的插画应用作准备。例如"将畲族彩带纹样融入方巾设计"这堂课，笔者以畲族彩带的实物展示导入，精美的图案、鲜艳的色彩很快吸引了听障学生的眼球。紧接着笔者通过教学PPT展示了琳琅满目的彩带图片。随后笔者讲述了彩带的美丽传说、不同彩带图案的寓意以及彩带在畲族人传统生活中的作用。让学生不仅了解了畲族彩带，而且了解了畲族彩带背后的畲族文化。这有助于学生更深层次运用畲族彩带元素进行插画创作，更准确表达出畲族文化特色，同时在应用的基础上进行科学创新，创造出更加精美有趣的彩带纹饰，从而丰富了插画作品的文化内涵，培养学生的民族自豪感。

第二，以彩带纹饰为例进行案例教学。畲族彩带纹样非常丰富，有"十三行""五字带""万字花""十二生肖""蝴蝶花""蜻蜓纹"等，特别是飞禽走兽、花鸟虫鱼、农舍车马等图案，生动形象，光彩夺目。在课堂上选用典型彩带纹样进行案例教学，教师示范畲族彩带元素的取舍以及在插画设计中的应用技法。如"将畲族彩带纹样融入方巾设计"教学，如何让方巾既具畲族特色又有时尚美感，笔者作了案例示范。笔者首先从彩带纹样中提取笔者喜欢的"蝴蝶纹"和有吉祥寓意的"万字纹"进行艺术处理，然后将其与畲族图腾"凤凰"图案进行组合设计。凤凰是畲族的吉祥物，笔者以其为主要元素放置在画面居中位置，周边以彩带符号纹样环绕，传达一种平安、吉祥、幸福的情感。方巾整体画面以红色调为主，色彩鲜艳靓丽，也符合畲族彩带的华美艳丽风格。

第三，以彩带纹样为素材进行插画创作。教师示范之后是学生创作实践，即学生选择畲族彩带元素在插画设计中进行创新应用。"将畲族彩带纹样融入方巾设计"这一课，笔者给学生的创作任务是：在诸多畲族彩带中，选取自己最喜欢的彩带纹样，给自己或者给朋友、长辈设计一条独具特色的方巾。学生带着浓浓的情感去设计，才能设计出温暖的有爱的优秀作品。插画的造型样式重视形式美、构图美，与民间美术有许多相通的地方。将畲族彩带纹样应用到插画设计当中，可以使画面更精致、色彩更丰富。

第四，对彩带用色造型进行艺术借鉴。畲族彩带用色大胆、对比鲜明，这对于数码插画色彩的主观运用有很大借鉴意义。畲族彩带在色彩运用上具有很强的主观性，如绿色象征树木、红色象征太阳、蓝色象征天空等。畲族人在彩带配色时都是由心而发，他们因自然环境影响形成了独特的观察和思维方式，这也是畲族彩带艺术给数码插画课程色彩运用的最大启示。畲族文化美术色彩的主观运用和象征寓意，给数码绘画的色彩表现提供了更多的表现方法。引导学生在插画创作中借鉴畲族彩带的用色技巧，从创作主题出发，充分发挥想象力与创造力，依据画面的美感需要绘制出更适合表达自己审美需求的理想色彩。这种对色彩的大胆利用和创新，使得现代数码插画更具新意和魅力。

畲族彩带纹饰的造型具有夸张、变形、抽象等特点。在插画教学过程中，引导学生感受民间艺术语言的审美特征及单纯简洁的表现形式，同时引导他们积极寻找探索自己的个性化语言。畲族纹样的图案造型讲究节奏与韵律感以及对称形式感，根据彩带不同的用处来选择不同的图案。在插画创作设计时，可以选择单独图案来设计，也可以选择符号，以重复排列的形式来进行纹饰纹样设计。现代插画采用透视方法，能够发挥学生的主观能动性，让学生自由运用畲族彩带元素进行创新设计，主观上进行对客观物象的艺术加工，表达内心的真实情感，使造型更加独特生动，更有感染力，加大作品的审美趣味，装饰意味浓厚。

四、畲族彩带艺术对数码插画教学的积极影响

第一，丰富课堂教学内容。从高校插画教材内容来看，反映民族文化的插画教学案例不多。目前，各类高校美术教材中的经典案例大多来源于国外。教师为了教学的专业性和便捷性，会直接采用国外经典案例进行课堂教学。这导致学生对本土文化、传统文化的疏离感，难以形成文化认同和文化自信。将畲族文化融入课堂，用畲族彩带纹样等进行插画案例教学，是对课堂教学内容的创新。这可以给学生带来亲切、自信的心理体验，加深对优秀传统文化的了解和认同，进而形成由衷的文化自信。

第二，激发学生学习兴趣。畲族文化元素对大部分听障学生来说是一个新奇的东西，因此当笔者把畲族彩带真实地展现在学生面前时，他们纷纷发问：这是啥呀？哪来的？少数民族的？挺漂亮的……新鲜事物最能引起学生注意，学习兴趣来了，思维也活跃了。笔者讲述畲族彩带的美丽传说，并示范从彩带上提取纹样应用于方巾的设计。学生全程神情专注地看着、"听"着、思考着。之后，他们完成的作品也很有创意，既有时尚感又有文化内涵，画面效果很好。

第三，提升作品的文化内涵和艺术魅力。从往届学生作品来看，很少有学生去关注传统文化题材，或者运用民族元素去绘制插画，作品缺乏中国特色和民族特

色。在畲族文化元素融入插画课程之后，学生最大的变化就是他们更喜欢绘制传统文化主题插画了。学生利用畲族文化元素进行插画创作，不但能更全面地了解畲族文化，而且发挥创造力将畲族文化元素融入自己作品当中，并以插画的形式展现出来。这样的学生作品有民族文化内涵，表现形式也有亮点和特色，更具艺术魅力。

五、畲族彩带艺术应用于数码插画教学的意义

（一）增强学生的文化认同感和民族自豪感

从高校现状来看，部分青年学生对本土文化、少数民族文化的关注度不高，对传统文化的了解比较肤浅，缺乏应有的文化自信。很多听障学生由于获取信息的渠道受限，对民族文化了解更少。将畲族彩带元素融入插画课程教学，就是强化学生对民族文化的认同。学生通过对畲族文化的系统了解、畲族彩带纹样课堂案例教学、利用畲族彩带元素进行创作、学生单元作品展评，以及后期进行的衍生品、文创产品设计等，这一过程，其实就是学生对畲族文化的了解、吸收、运用、创新的过程。

畲族文化是打开我国丰富多彩少数民族文化的一个窗口。通过插画课堂的畲族文化融入，让学生认识畲族、了解畲族文化，进而去了解丰富多彩的少数民族文化，进一步增强学生的文化认同感和民族自豪感，进一步坚定文化自信。

（二）实现对优秀传统文化的保护、传承和发展

在当下潮流文化发达的社会，很多优秀传统文化、少数民族文化越来越被弱化。保护和传承优秀传统文化是当下青年人义不容辞的责任，听障学生也不例外。将传统畲族文化融入插画课程教学，让学生在课程学习中了解畲族文化，并对畲族文化元素进行借鉴和创新。学生运用民族元素进行艺术创作，是对优秀传统文化的一种创新发展。这不仅能增强学生民族自豪感，而且在"润物细无声"中实现了对优秀传统文化的保护和传承。学生作品的线上线下展出，作品帖文的制作和传播，衍生品、文创产品的设计和制作，都是对优秀传统文化很好的宣传和推广，从而实现对优秀传统文化的保护、传承与发展。

六、结　语

　　畲族彩带是最有少数民族特色、最具代表性的畲族民间传统工艺之一，它展示了畲族人独特的审美，反映了畲族人民的勤劳朴实以及对美好生活的追求和向往。在漫长的发展过程中，畲族彩带形成了独具特色的编织工艺、装饰图案和民俗文化内涵。将畲族彩带艺术应用于数码插画课程教学，不仅可以让学生了解畲族文化，唤起学生的民族自豪感，还可以在创新设计中感受民间工艺美术与装饰画结合的艺术魅力。

　　畲族彩带文化是畲族人民在漫长的岁月中创造的独特文明成果。如此绚丽多彩的人类文明瑰宝，需要更多青年人去保护、传承、弘扬、发展。将畲族彩带艺术应用于数码插画课程，让现代插画艺术手段与传统民族文化有机结合，相得益彰。这对于增强艺术作品的优秀传统文化内涵、推动各民族之间的思想文化交流、培养青年人的爱国主义情怀，都具有重大的意义。因此，我们应不断创新实践，让优秀传统文化在教学应用中绽放异彩。

参考文献

[1]　洪伟.畲族非物质文化遗产法律保护研究——以浙江景宁畲族自治县为考察对象.浙江社会科学,2009(11): 108–113.

[2]　韦良肖.听障学生高职教育美术趣味化教学分析.明日风尚,2019(9): 101.

[3]　谢桂.畲族工艺美术在装饰画课程中的表现与运用.厦门城市职业学院学报,2019(1): 34–38.

[4]　昃伟.装饰画对中国民族民间美术造型与色彩的借鉴.艺术教育,2009(9): 122.

"互联网＋教育"线上线下混合式教学设计与实践

——以听障学生学习课程"西饼工艺"为例

陈露露

摘要 "互联网＋"时代早已来临，如何将其有效地融入高等教育，一直是高校教育工作者在不断探寻的课题之一。应利用时代给予的新机遇，将"互联网＋"体现在教学过程中，特别是残健融合的高职院校。本文以浙江特殊教育职业学院听障学生学习课程"西饼工艺"为例，探索如何将"互联网＋教育"线上线下混合式教学融入课堂。

一、引 言

随着科技的发展，"互联网＋"时代已经来临，高职院校教育工作也受到不小的冲击。传统的课堂教学基本上是填鸭式的灌输，教师是课堂的主角，滔滔不绝，而学生则昏昏欲睡，上课不张口，手机不离手，成为课堂上的"低头族"，部分学生不爱学习，学习缺乏主观能动性，迟到旷课现象常有。将"互联网＋"教学理念思想融入日常传统教学，不仅让学生踊跃参与到课堂中，还能有效提高学生学习积极性。

为此国外学者早在 2003 年就提出了混合教学模式。奥斯古索普（Osguthorpe）和格雷姆（Graham）提出了在线学习和面对面教学的混合教学，2005 年他们又提出面授学习与计算机辅助学习有机结合的混合教学模式。2004 年，罗瓦伊（Rovai）指出混合学习是课堂学习和在线学习的结合，优点在于它集成了在线学习的某些便利，但又不完全舍弃面对面的接触方式。2007 年沃尔彭特斯塔（Volpentesta）指出混合学习是可以被推广的学习范式，因为它整合了各种教学方式，学习者可以从混合学习中自由分享知识与实践经验。2008 年赖伯格（Ryberg）把混合学习描述为一个具有社会网络特征的，助学者和学习者可以相互讨论、协商、交流某方面知识经验的系统。2011年克莱顿·克里斯滕森研究所（Clayton Christensen Institute）认为混合学习的好处在于其为学生提供一个正规的教学计划，并通过在线传递资料和文本信息给学生，学生自定步调，可以在任何时间任何地点完成学习。

国内学者何克抗等指出要把传统学习的优势和E-Learning的优势结合起来，要充分发挥教师的监督和引导教学作用。李克东则认为把传统教学和在线学习相互结合的混合式教学，可以减少教育支出，并且提高学习效率。黄荣怀提出混合教学包括学习理论的混合、学习方式的混合、学习资源的混合、学习环境的混合及学习风格的混合。余胜泉提出混合式教学包括建构性学习环境设计、课堂教学、在线教学和发展性教学评价等四个主要环节。

国内外学者都对混合式教学作出了比较高的评价。混合式教学是利用信息技术把传统课堂教学的优势和网络在线教学的优势结合起来的教学方法。早在2017年，《新媒体联盟地平线报告：2017高等教育版》就提出，将"混合式学习"的模式列为当前促进高等教育变革的趋势之一。报告中指出，混合式教学是以信息技术手段为媒介，将传统课堂教学中的优势与网络在线学习的优势有效结合在一起的新模式。如今，在"互联网+"背景下，混合式教学模式已经成为一种必然的趋势，新时代教师为适应社会发展的需要，必须具备将移动信息技术应用到教学中的能力，充分发挥引导、启发、监控教学过程的作用，并能激发学生在学习过程中的主动性、积极性与创造性。目前云班课已成为高等职业教育实现信息化混合式教学的主流平台之一。除此之外，如今很多高校都已具备智慧教室的软件设备，可轻松实现互联网教学。其中，云班课这个教学软件，有完善的激励体制和评价体系，支持多方面教学评价，给教师提供更多的评价渠道，而且教学互动功能十分全面，不仅能对学生的学习进行过程性考核，还能记录教师上课的教学过程，并且利用后台大数据，可以给教师的教学改革和研究提供大量有效真实的数据。

二、"互联网＋教育"在"西饼工艺"课程中的设计

"西饼工艺"是中西面点工艺专业的专业必修中的核心课程，是一门理实一体化的专业课，既强调对西饼制作基本理论的掌握，更强调西饼制作技能的实际运用。该课程的学习将西饼制作工艺的理论基础与基本操作技能融为一体，要求学生掌握混酥类西饼，清酥类西饼，泡芙，挞、派、冷冻类甜点等类型产品的基本制作原理

和制作方法，熟练掌握西饼各种原料的基本运用，掌握不同类型的西饼产品的成型技巧等，同时培养学生的组织、管理和创业创新能力。它以"食品原料知识"课程的学习为基础，也是进一步学习"店铺创业实践""创意西点制作技术"等课程的基础。本课程总学时为128学时，其中52学时以项目相关理论知识为主，运用录播媒体设备和互联网、视频、微课、微书等形式，贯穿讨论法、演示法等形式进行教学；76学时是学生在校内实训基地进行的实践操作课，由教师演示、学生练习操作等组成，通过项目来完成；4课时是进行学期实践操作的考试。

其中的理论部分在以往的教学中是以教师讲授为主，课堂教学中主要以启发式教学和教师实际演示来进行互动教学，学生课堂参与度不高。本研究以"西饼工艺"课程为依托，以云班课为信息化教学平台，以建构主义理论为依据，再利用智慧教室希沃授课系统进行线上智能化思维建模，结合课堂现场操作演示、学生自主练习，构建线上学生自主学习和线下课堂教学内容相结合的混合式教学模式，旨在构建以学生学习效果为导向、以学生为中心的教学活动，并针对高职听障学生的认知特点，对"西饼工艺"课程进行整体的线上线下相结合的混合式教学设计。

（一）学生课前自主学习改革

由于听障学生对于理论知识的理解比较薄弱，特别是只通过书本文字理解知识点比较困难，更何况"西饼工艺"这门课程以实践操作为主，很多操作型知识点难以通过单纯的文字让学生理解透彻。但是将课前预习内容通过课件、文本、视频、微课、图片等教学资源以可视化的形式呈现在云班课平台，学生通过云班课进行自主学习，图文并茂，学生能很快理解西点制作过程中的重点难点。当学生完成云班课上的课前相关作业后，教师可通过学生的学习及作业情况去了解学生的课前学习效果，再对课堂教学内容进行相应的调整和规划。

（二）课堂教学方法改革

课堂由单调的教师讲解、课堂提问改为更加丰富的课堂互动教学，如规定时间内测试、讨论答疑、头脑风暴、分组教学、随机选人回答问题等交互式教学活动。特别是针对听障学生的教育方法也要有一定的改变。由于听障学生通过视觉了解知识的能力比较强，所以教学时，互联网资源、音书语音翻译系统和板书相结合更适合学生。在教师演示操作的过程中，为使学生能通过视觉了解每个操作环节，教师需在演示过程中，遇到重要环节时，停下用手语或者板书着重讲解，音书配合翻译。利用智慧教室的希沃授课系统，电子黑板屏幕与移动电子设备实现屏幕共享功能，随时随地分享与课程相关的学习视频、图片等，还可以线上安排教学活动和在线答疑，并对学生的作业进行在线点评和批阅。学生还可以利用智慧教室的录播功能回放老师的示范过程，老师也通过直播功能实时掌握学生的学习情况并随时调整教学安排，及时抓住学生的困难问题并跟进。

（三）课后作业改革

改变以往教师布置书面作业的传统做法，改为教师通过云班课平台发布作业或在云班课发起讨论和在线测试等，实现对每位学生的学习进度跟踪和学习效果评价。学生提交线上作业后，教师可以直接批阅；学生查看批改情况后，能及时纠错和温习课堂知识。

（四）教学评价改革

以往的教学评价比较单一，大多数是根据学生在课堂上的表现及书面作业就给予一定的平时成绩。但云班课可以对学生学习进行过程性考核。采用线上线下考核相结合的方式，既关注了学生学习的结果，也关注了学生学习的过程，多方位地对学生进行评价和认识。另外对学生制作的产品制定了感官评价表，如表1所示。

表1 西饼感官评价

项目	指标	单项分值/分	满分/分
比容	成熟体积是西饼质量的 1.8—2.0 倍（不含 1.8）	15	15
	成熟体积是西饼质量的 1.6—1.8 倍（不含 1.6）	13	
	成熟体积是西饼质量的 1.4—1.6 倍（不含 1.4）	11	
	成熟体积是西饼质量的 1.2—1.4 倍（不含 1.2）	9	
	成熟体积是西饼质量的 1.0—1.2 倍（不含 1.0）	7	
	成熟体积是西饼质量的 0.8—1.0 倍	5	

项目	指标	单项分值 / 分	满分 / 分
表面色泽	西饼表面分布均匀的金黄色，未带其他杂色	15	15
	西饼表面分布大部分金黄色，未带其他杂色	13	
	西饼表面分布小部分金黄色，未带其他杂色	11	
	西饼表面分布均匀的黄色，未带其他杂色	9	
	西饼大部分表面分布均匀的黄色，未带其他杂色	7	
	西饼未熟，小部分表面分布均匀的黄色，或烤焦的黑色	5	15
外观形态	西饼外观十分完整，整体协调，无裂纹	15	15
	西饼外观大致完整，整体协调，无裂纹	13	
	西饼外观大致完整，整体有些协调，无裂纹	11	
	西饼外观不太完整，整体有些协调，无裂纹	9	
	西饼外观不太完整，整体不太协调，无裂纹	7	
	西饼外观不完整，整体不协调，有裂纹	5	
香气	有浓郁的西饼烘焙清香、黄油奶香和面粉麦香	15	15
	有些浓郁的西饼烘焙清香、黄油奶香和面粉麦香	13	
	淡淡的西饼烘焙清香、黄油奶香和面粉麦香	11	
	有浓郁的西饼烘焙清香、淡淡的黄油奶香和面粉麦香	9	
	淡淡的西饼烘焙清香、淡淡的黄油奶香和面粉麦香	7	
	无西饼烘焙清香、黄油奶香和面粉麦香	5	
滋味	咸甜适中，滋味愉悦	20	20
	甜度适中	17	
	略微偏甜，略微偏咸，滋味尚可	14	
	略微过甜或过咸	11	
	过甜或过咸	8	
	异常，难以下口	5	
适口性	余味绵长，非常适口	20	20
	余味绵长，适口	17	
	余味较有吸引力，适口	14	
	余味一般，适口	11	
	余味一般，不太适口	8	
	无余味，不适口	5	
总分			100

三、"互联网＋教育"在"西饼工艺"课程中的实践

以"西饼工艺"课程中的第四个学习项目——三色曲奇饼干制作为例，在课前两天，教师会在云班课这个教学软件上上传学习项目任务书，如表 2 所示。

表 2　三色曲奇饼干制作项目任务书

项目任务书	
记录项	内容
小组成员（第　　组）	
项目名称	三色曲奇饼干（原味、抹茶味、可可味）
工作岗位及工作任务	西饼师，每组完成 50 块成品
教学辅助设施	工具：电磁炉、盆具、裱花袋、裱花嘴、油纸、烤盘、打蛋器 原料：杏仁粉、低粉、糖粉、牛奶、鸡蛋、黄油、抹茶粉、可可粉
项目学习目标	1. 了解杏仁粉的特点； 2. 熟悉曲奇坯搅拌的操作方法； 3. 掌握曲奇的成形方法； 4. 培养自主学习能力，通过提前发放任务书让学生学会自主学习； 5. 培养学生团队合作意识，小组合作进行网络学习，课前完成项目任务书中的任务，课中完成产品制作
项目情景	有班级明天晚上要举行茶话会，向我们班预订了 50 袋曲奇饼干
小组课前任务	1. 查阅三色曲奇的相关信息，观看制作曲奇的相关视频和图片； 2. 提前准备所需各种原材料，准备并清洗完毕制作工具； 3. 确定配方及曲奇饼干的制作方法与重点难点
小组实践总结 （产品成功和失败的地方）	
考核标准	1. 小组准备工作情况（10 分）
	2. 小组成员卫生情况（10 分）
	3. 小组团队合作情况（30 分）
	4. 产品的成型及口味（50 分）
教师评价	

学生根据提供的项目任务书上的内容可以得知上课内容和要求，有助于学生提前自主预习，并准备好上课时需要的原材料和工具等。然后教师会再上传一些学习制作曲奇饼干的视频及图片，让学生对产品的操作过程能有一个初步的了解，便于后期正式上课学习。学生也可以课前在云班课上的讨论区进行讨论和提问，教师会

根据学生的问题作出解答。

等到正式上课时，教师会通过教室的希沃授课系统连接手机或者移动电脑，共享屏幕到教室中的一块大屏幕黑板上，还有一块大屏幕用来连接教师讲台正上方的摄像机，学生可以清晰地从大屏幕中看到教师的操作手法和步骤，利于听障学生的可视化学习。其中，共享教师移动设备的大屏幕，可以用来播放网络学习视频、PPT、图片等各类学习资料。比如，教师会共享手机上提前准备好的曲奇饼干的配方和制作过程的文本，不需要再停下写板书，以更有效地利用上课时间，教师可直接用电子笔在大屏幕上画出重点难点和注意事项等。学生看到曲奇饼干的原料配方后，各小组会在十分钟左右的时间内称好原料。在这个时间里，屏幕会播放曲奇饼干的制作视频，方便其他已经做好准备工作的同学再次熟悉制作流程。等全部同学都已经做好准备工作后，教师会亲自示范如何制作产品，同学们可以通过大屏幕黑板观看教师的现场教学。

在制作的过程中，会遇到一些重点难点，比如，黄油软化后加入搅拌机中与糖粉打发时，一定要打至微微发白后再加淡奶油，学生单纯通过黑板的板书或者老师的手语并不能理解什么是"微微发白"，"微微发白"是什么样子的，而讲台上的摄像机也不能拍到搅拌机桶内的清晰样子。这时，老师就会用手机拍下搅拌机内的清晰画面投屏共享到大屏幕上，学生就能很好地理解了。再比如，教师会告知学生在加入鸡蛋液时，一定要分多次加入，直到上一次加的鸡蛋液完全与黄油液等充分混合再加下一次。而这个也是曲奇饼干制作的重点和难点，学生们很难理解完全充分混合是什么状态，教师可以通过拍照的方式让学生了解。然后，教师会告诉学生为什么要充分混合再加下一次，因为一次性加入鸡蛋液，容易造成油水分离。油水分离做出来的饼干比较偏硬，口感不是很松脆。这时，学生可能会提出油水分离是什么样子的问题，教师会去网络找一些油水分离的图片给大家参考。之后，教师示范如何用不同的裱花嘴挤出不同的饼干形状，也可以用手机的摄像功能，同步近距离拍摄制作过程，让学生能清晰明白制作手法，教师也可以把操作视频上传到云班课上，方便学生的课后复习。

当学生自主操作的时候，教师走下讲台，观看学生操作中是否有错误，看到制作规范的小组要拍照共享到屏幕表扬，遇到操作不规范有错误的小组要批评指正。等到曲奇饼干制作出来后，学生自主拍照产品上传云班课，让各小组同学在讨论区评价讨论；为什么有些学生制作的饼干颜色金黄，形状漂亮，而有些学生制作的产品形状歪歪扭扭，表面粗糙？当学生学会总结自己成功和失败的原因时，这堂课已经基本达到目的了。

　　课后，老师会在云班课上的任务书中，填写对各小组的课堂表现的评价，并发布课后作业和回答学生课后提出的各种问题。到此，大多数学生应该是可以完全掌握新学习的课堂内容了。

四、结　语

　　笔者经过两个学期的线上线下相结合的课堂授课实践，深刻感受到教学氛围和学生课堂积极性的真实变化。这种模式改变了以教师为主导的传统教学方式，改为学生为主体的课堂模式，把学习主动权还给学生，用信息化的教学手段让学生爱上课堂学习。以云班课为移动学习平台，以手机移动端和电脑为教学工具，依托智慧教室的希沃授课软件，运用信息化教育技术，构建以学生学习效果为导向、以学生为中心的教学活动，并针对高职听障学生的认知特点，对"西饼工艺"课程进行整体的线上线下相结合的混合式教学设计，并进行教学实践上的反思提高，能有效提高教学效率，让学习变得更高效、更有趣，且学生能积极地参与课堂学习。

　　"互联网＋教育"线上线下相结合的教学模式，不仅提升教师对学生学习的引导能力和信息化教学手段的运用能力，更提高学生学习的有效参与度，激发学生的学习兴趣，丰富课堂教学形式，从而达到优化教学过程的目标，也更适合特殊学生。

参考文献

[1]　陈金华.互联网环境下影响自主探究式学习的几个因素.高等理科教育，2008(3): 74-76.

[2]　李鸿鹏，刘怡秀."互联网＋"教育背景下线上线下一体化教学模式的刍议.冶金管理，2020(19): 158-159.

[3]　刘娴，亓丹，谷守彬."互联网＋教育"下高职院校智慧课堂教学模式研究.计算机产品与流通，2020(10): 252.

[4]　罗映红.高校混合式教学模式构建与实践探索.高教探索，2019(12): 48-55.

[5]　宋志强，曲艳.残疾大学生思想行为特征研究——以北京地区残疾大学生为

例 . 教育探索 , 2011(7): 134–137.

[6]　谭永平 . 混合式教学模式的基本特征及实施策略 . 中国职业技术教育 , 2018(32): 5–9.

[7]　汤勃 , 孔建益 , 曾良才 , 等 . "互联网 +"混合式教学研究 . 高教发展与评估 , 2018(3): 90–99, 117–118.

[8]　亚当斯贝克尔，卡明斯，戴维斯 , 等 . 新媒体联盟地平线报告 :2017 高等教育版 . 开放学习研究 , 2017(2): 1–20, 62.

[9]　颜正恕 , 徐济惠 . 线上线下一体化"互联网 +"个性化教学模式研究 . 中国职业技术教育 , 2016(5): 74–78.

[10]　余胜泉 , 路秋丽 , 陈声健 . 网络环境下的混合式教学——一种新的教学模式 . 中国大学教学 , 2005(10): 50–56.

浅谈高职听障学生小说阅读现状及教学策略 ①

——以浙江特殊教育职业学院大一听障学生为例

张　瑾

摘掉　高职听障学生语文课程中的小说阅读教学是特别适合提高听障学生阅读能力的一种重要途径，但是在实际教学过程中，小说阅读教学的效果到底如何，小说阅读教学该从哪些方面入手是值得我们思考的问题。本文以当前浙江特殊教育职业学院大一听障学生阅读现状为出发点做问卷调查；以学情基础为视角，用教学实践来寻找有效教学的方法。

一、小说阅读教学的重要性

（一）小说阅读教学的地位

自语文独立设科以来，小说就作为一种重要的文体进入了语文教材。小说作为最能满足人们将生活与艺术紧密结合的愿望的文学形式，其在教育中的重要性早已被认识。无论是在《义务教育语文课程标准》还是在《普通高中语文课程标准（实验）》都分条陈述了小说教学的具体目标，足可以见对小说阅读教学的重视，听障学生语文教育也不例外。

（二）小说有效阅读对听障学生产生的积极影响

1. 有助于丰富听障学生的体验阅历

"诗歌是蒸馏的人生，小说是固化的人生，戏剧是爆炸的人生。"比起其他几种

---

①　2021 年浙江特殊教育职业学院校级课题，项目名称："高职聋生小说阅读现状及教学策略研究"（项目编号：XKYJB2021-2）研究成果。

文学品类对人生的影响，小说的影响显得更为直接，因为它展现的是广阔的社会画面，与我们的生活联系最为密切。对听障学生来说，在其成长中，很多缺失的人生经验以及阅历在小说阅读中可以得到一定的弥补。

2．有助于发展听障学生的想象力和创新力

教师普遍认为，大部分听障学生天真乖巧。部分学生由于从小到大的信息缺失以及过度的保护，相较而言缺乏想象力和创新力。小说中蕴藏着无数的未定因素，促使听障学生参与文本创作。在小说阅读教学中，通过调动听障学生已经具备的视野，引导他们通过联想与想象填补文本中的空白。这对创造性思维与艺术想象能力有很好的提升作用。以教材中《我的父亲爱迪生》为例，对爱迪生外貌的描写如下："在美国新泽西州罗曼园他的实验室里，我的父亲爱迪生蹑来蹑去，一缕乱发覆盖着前额，锐利的眼睛，皱了的衣服尽是污痕和被化学品烧破的洞，全不像一位改革家，他也不充什么派头。"又如教材中的《窗》这篇只有 1200 字的小说，小说中的两位病人形成鲜明的对比，将截然不同的处世态度揭露得淋漓尽致，无论是外貌描写还是整个故事的描写。工艺美术品设计专业的学生通过阅读再加上自身擅长的素描，赋予阅读产生的形象以画面的形式，不仅使得学生对文本的描写有了新鲜感和注意点，更是对想象力的一种拓展。

3．有助于提升听障学生的综合素养

优秀的小说都是语言艺术的典范，遣词用语、写作技法等有积累价值的元素都蕴藏背后，足以提供丰富的素材。它可以带领听障学生去自发地认识、观察、审美，甚至可以提供写作爱好者一个写作的平台。比如《最后一片树叶》展现艺术家之间相濡以沫的情感；《窃读记》描绘出一个极其热爱学习、渴求知识、充满灵性的读书者形象；《假如给我三天光明》在朴素、真挚的语言下展现坚强不屈精神以及对世人有强烈的爱的充满热切希望的形象……王荣生教授就指出过，语文课程有五个学习领域：识字与写字、阅读、写作、口语交际及综合性学习。其中阅读就是必须攻克的堡垒。事实上，如果阅读教学没有较大的改善，那么写作、口语交际和综合性学习等领域就很少有机会在语文课堂登场，识字与写字教学也会受到拖累。

二、高职听障学生小说阅读现状分析

虽然我们知道小说阅读对听障学生有以上积极的影响，但根据调查不难发现，高职听障学生的小说阅读现状是不容乐观的。以下为浙江特殊教育职业学院大一数媒专业和工美专业学生的网络调查情况。

（一）调查对象、调查内容及调查数据

问卷调查了工美专业 2 个班及数媒专业 1 个班，共 82 名学生，其中收到 75 份有效问卷。数据如表 1 至表 12 所示。

表1 对"以下文学体裁你喜欢哪一种"的回答情况（单选）

选项	选该项的人数占比 /%
小说	76.00
诗歌	4.00
散文	10.67
戏剧	9.33

注：回答人数 75 人。

表2 对"你对小说有阅读兴趣吗？"的回答情况（单选）

选项	选该项的人数占比 /%
非常喜欢	17.33
喜欢	42.67
有点喜欢	38.67
一点也不喜欢	1.33

注：回答人数 75 人。

表3 对"你喜欢的小说类型是什么？"的回答情况（多选）

选项	选该项的人数占比 /%
社会历史小说	54.67
心理类小说	48.00
情节类小说	50.67
武侠类小说	21.33
科幻类小说	46.67
言情类小说	40.00
经典名著	45.33

注：回答人数 75 人。

表4　对"你看小说会借助工具吗？"的回答情况（单选）

选项	选该项的人数占比/%
会借助，查生字词	29.33
会借助，查下小说概况	12.00
会借助，查作者情况	9.33
会借助，以上几个方面都会查	32.00
不借助，没有这个习惯	17.33

注：回答人数75人。

表5　对"你喜欢看长篇小说吗？"的回答情况（单选）

选项	选该项的人数占比/%
喜欢	66.67
不喜欢	33.33

注：回答人数75人。

表6　对"你对中国四大名著（不含连环画）的阅读情况是怎样的？"的回答情况（单选）

选项	选该项的人数占比/%
全部认真读过	4.00
读过几个故事	58.67
粗略知道梗概	30.67
没读过	6.67

注：回答人数75人。

表7　对"你看小说的方式是？"的回答情况（单选）

选项	选该项的人数占比/%
认真有计划看完	20.00
只看自己喜欢的部分	45.33
浏览过，了解个大概	26.67
看着看着就不知道有什么好看的	8.00

注：回答人数75人。

表8　对"你读小说时会做标记或摘抄吗？"的回答情况（单选）

选项	选该项的人数占比/%
基本不会	29.33
偶尔圈圈画画	21.33
看到喜欢的地方会摘抄	41.33

选项	选该项的人数占比 /%
为完成老师任务才会	8.00

注：回答人数 75 人。

表9　对"看小说除了看懂故事，你还会注意哪里？"的回答情况（单选）

选项	选该项的人数占比 /%
不知道	18.67
小说对话特别的地方	58.67
小说里有细节暗示的地方	45.33
小说里值得品味的语言	53.33

注：回答人数 75 人。

表10　对"你以前学过应该从哪些方面分析小说？"的回答情况（多选）

选项	选该项的人数占比 /%
故事情节	78.67
故事环境	76.00
人物形象	88.00
叙事角度	32.00
叙事语言	42.67
叙事时间	42.67

注：回答人数 75 人。

表11　对"你有产生过写小说的想法吗？（包括给看的小说续写内容）"的回答情况（单选）

选项	选该项的人数占比 /%
想过，但没行动	36.00
想过也尝试过	10.67
写过几句感想	20.00
没想过	33.33

注：回答人数 75 人。

表12　对"你觉得我们为什么要读小说？"的回答情况（开放性问答）

序号	回答
1	我想来说这种复杂化来自生活本身
2	我看读小说真有兴趣好了
3	不知道
4	因为我要读小说，加强学习知识，好培养，有兴趣

续 表

序号	回答
5	小说的意义和价值
6	知识
7	读小说是我们生活圈不可少的事情之一，小说的故事情节很精彩，给我们带来了很多的知识
8	吞噬星空
9	因为小说就像课外阅读来提高我们知识，特别合适我们青少年来学习，小说有特别的地方，有很多不同的特色
10	我有点喜欢读小说！书是幸福，人也是幸福
11	读小说可以开阔视野，能进入到作者所描绘的世界里，书里大多数的世界和我们生活的世界并不太一样，我们可以去感受，去体会，去让自己的思想以及心灵变得丰富起来
12	对我来说有用，知识和文化
13	我觉得以后对小说非常重要的是这样有值得多学习
14	小说可以同样启发人的思考，还有会带来不同的人生经历
15	让我们更加丰富知识，对小说产生感兴趣，每一句话写得有趣
16	因为你们的爱好是看小说
17	能够了解现实世界和自己，从而做出适合自己的正确决定
18	阅读小说也非常重要，我们都能够通过了解其他人的人生和想法来丰富我们的经历
19	因为小说有趣
20	因为读小说对自己学习慢慢增加
21	兴趣喜欢看小说
22	喜欢兴趣看小说
23	读小说有趣的
24	可以体验别人的人生酸甜苦辣爽
25	没有目标
26	有点小说，表情什么意思打字不清
27	兴趣，动漫
28	读小说培养文学的审美，也从人生的哲学角度思考，很有趣
29	不知道，不为啥
30	读小说是为了增长知识和理解能力，思维逻辑等
31	觉得对小说有点一种不无聊的
32	可以增长见识，影响自己的人生观和价值观，丰富自己的阅读理解
33	我感觉有趣对自己小说
34	知识
35	因为可以提高阅读能力和理解能力

序号	回答
36	一读，婉约了心事；两读，柔软了时光
37	因为爱好，当然会读，理所当然
38	因为要读小说，所以增强了我的理解能力
39	小说我很少看的
40	提高文学意识
41	兴趣，扩大脑子丰富
42	小说有一种丰富多彩的兴趣
43	长知识让人学习值得
43	因为要学习
44	因为喜欢小说
46	丰富自己的知识和生活，缓解压力时也可以读读
47	第一，小说同样可以启发人的思考 第二，小说会带来不同的人生经历
48	因为对读小书有好处，借知识文化程度而已
49	了解读懂
50	中国文化博大精深，我们所熟知的唐诗、宋词、元曲、明清小说
51	引起读者的兴趣，对我们来说有益处的
52	小说同样可以启发人的思考，小说带来不同的人生经历，小说是我们人类进步的阶梯
53	精神需求
54	小说可以启发人生的思考
55	每个人都要有喜欢读小说，就学到很多东西，也了解清楚自己懂得知足
56	读小说因为只为了寻找超越生命的感受，为了享受顿悟的光辉时刻，也增加领悟能力和长知识
57	小说会带来不同的人生经历
58	关系有作文
59	因为有趣的灵活
60	读小说可以增强我们的阅读理解能力，益处多多
61	长知识好好学习
62	对学习有帮助，比如写作文首页最页要写好句
63	兴趣爱好，可以在里面读到好词好句
64	知识提高，改变自己

注：回答人数 64 人。本表保留了学生回答的原文，因此文字含语序等错误。

（二）调查结果分析

1. 在听障学生的阅读体裁中，小说较其他文学体裁确实更受听障学生欢迎，且受欢迎程度很高

2. 听障学生对小说的阅读兴趣与他们真正阅读小说的行为并不相符，甚至差距较大

小说是听障学生最喜欢的文学体裁，调查也发现，几乎人人都认同阅读小说的作用是多样化的。大致可以分为三种情况：其一，增加知识，拓展见识；其二，想通过小说阅读获取丰富的社会经验；其三，吸收精神食粮，阅读小说愉悦身心。虽然小说获得听障学生如此大的认可，但是这种期望并未转化成学生小说阅读的动力。在教学过程中，不难发现，高职听障学生也并未因为升入高校而努力提升阅读量，更多的是在语文教师的指导和要求下对特定的文章进行阅读，课堂时间有限制，很多局限在一部小说的几篇节选中。据随堂提问发现，大一听障学生进图书馆借阅图书的次数很少，还有从未借阅过课外书籍的。

3. 小说内容选择的盲目化以及小说阅读方法的缺失

关于阅读小说时使用工具的情况调查中发现，会借助工具查阅生字词的占29.33%，会借助工具查阅小说概况的只占 12.00%，会查阅作者情况的只占 9.33%。在关于中国四大名著的阅读调查中，全部认真阅读过的占 4.00%，表示读过几个故事的占 58.67%，粗略知道梗概的占 30.67%，表示没读过的占 6.67%。在"你看小说的方式是？"的调查中，只看自己喜欢部分的占 45.33%，以浏览方式看的占 26.67%，更有甚者，看着看着就不知道有什么好看的占 8.00%。可见在小说内容的选择上以及小说阅读的方法上都存在随意性、盲目性。听障学生对阅读有期待，但是由于无法选择适合自己的小说，后来无从下手，最终导致半途而废的比比皆是。在全民阅读的今天，如何倡导听障学生养成一个良好的阅读习惯，教会其行之有效的阅读方法迫在眉睫。

三、小说阅读教学策略研究

（一）教师困境

1．教学方式的单一化、千篇一律

小说三要素是完整的故事情节、典型的人物形象、具体的环境描写。它们是我们当下的语文小说教学中较为"成熟"的一种方式。让学生找出小说的开端、发展、高潮和结局部分，从而可以通过复述练习了解小说故事情节；通过评点人物描写的句子分析人物心理，从而推断人物的性格；找出小说的环境描写部分，推测环境描写的作用。虽然这样的方式曾经也给学生一定的小说阅读思路，但是一成不变的教学模式是不利于学生小说阅读方式的多元化发展的。

2．小说篇目教学过于关注人，缺乏丰富的视野

例如，《项链》中爱慕虚荣的马蒂尔德；《边城》中善良、勤劳、淳朴的翠翠；《祝福》中被封建礼教压迫的祥林嫂；《老人与海》中坚忍不拔的老头儿；《一碗清汤荞麦面》中自强不息的母子三人。我们不难发现，似乎无论怎样的作家写了怎样的作品，经过我们的小说教学之后，在学生脑海中，留下的印象除了人，还是人，这就需要反思，小说的精彩之处不仅仅是人。

（二）教学策略

结合学生小说阅读现状及面临的困难和教师教学所面临的困难，我们需要在小说阅读教学中思考和探究：如何让学生好阅读、阅读好书以及会阅读？

1.教师要对文本进行多元化的探究。

如图1所示，教师首先要明白小说阅读教学到底要教给学生什么。想要打破既定模式，就要对小说进行多元化的探究，比如我们已经常用三要素方法，还可以试图通过表现意图、表达方式（词语、句式、语气、修辞、视角）等鲜少人注意的入手点。例如品味语词，是不是可以标注重点词语，然后将其置换？这样学生就能明白词语置换后的差别，更加理解原文的重点词汇是由特定的情感所决定，从而在读小说时，能想到通过品味词语来理解。又比如小说叙事技巧这个点：我们不可以忘记，小说的叙事技巧也属于小说的一部分，不能随意忽略。不同的小说，可能其技巧各不相同，这就十分值得我们探究。在教学过程中有选择性地带领学生通过品味

语词、体会语气、赏析修辞、掌握视角等方法去阅读小说十分有必要。

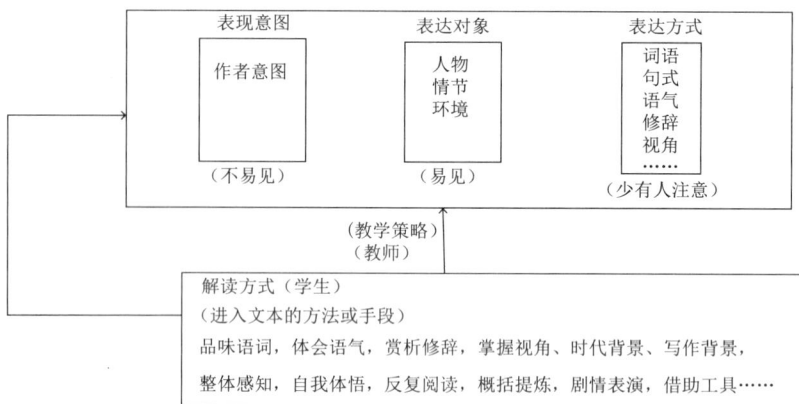

图 1　对文本进行多元化的探究

2. 立足学情，重构教学内容

　　教师既然已经有了多元化的解读方式，那么再通过班级听障学生的实际情况去选择适合听障学生的学习区域，这无疑是对之前刻板的小说教学内容进行了重构。更为重要的是，根据听障学生的不同水平去寻找学生的最近发展区是特别有助于增加课堂实效性的，对听障学生也非常有利。其实具体的小说文本一定有自己的原生价值。什么是原生价值？就是听障学生作为客观的读者初次阅读所获得的信息。因为听障学生之间的语文水平差距较大，所以原生价值也不尽相同，需要我们去寻找。同时，当小说被作为教材搬上了课堂，它自然有了超越原生价值的东西，我们称之为教学价值。举个简单的例子，《宝玉挨打》在听障学生中的原生价值可能是"不读书，该不该打"的疑惑。但是它的教学价值就变为叙事视角以及不同的心理效应。所以，学生在课堂上掌握教学价值是老师所追求的。当老师们找到了听障学生眼中这个小说的原生价值，有了教学价值的目标，那么中间这段最近可发展区就是课堂教学的重点。这就是符合维果斯基的"最近发展区理论"。"最近发展区理论"认为学生的发展有两种水平：一种是学生的现有水平，指独立活动时所能达到的解决问题的水平；另一种是学生可能的发展水平，也就是通过教学所获得的能力，两者之间的差异就是最近发展区。教学应着眼于学生的最近发展区，为学生提供带有难度的内容，调动学生的积极性，发挥其潜能，超越其最近发展区而达到下一发展阶段的水平，然后在此基础上进入下一个发展区的发展。寻找的方式是多样的。比如我们可以通过制作问题清单来了解学生已经会了什么，大家都不会的在哪个部分，从而以共同的不会点作为基础点，这样就避免了课堂炒冷饭，也保证了学生学习的积极性。以表3为例，小说《最后一片树叶》通过清单设计观察大多数学生到底处在一个什么样的水平，找到他们的最近发展区，重点进行探讨。

表3　清单设计示例

序号	问题	考察点	是否为最近发展区
①	苏、琼西和贝尔门身上发生了什么事？	小说内容概括	
②	为什么苏看见常春藤叶就有活下去的勇气？	小说主题	
③	贝尔门为什么如此潦倒？	小说人物	
④	琼西的话、医生的话的作用？	小说语言	
⑤	贝尔门的牺牲值得吗？	小说意蕴	

3．定位、整合小说教材

小说的类型其实有很多种，比如人物小说、情节小说、心理小说、诗化小说等。教师不能只局限于当时当下的某一篇小说，在学生有所积累的情况下，可以带领学生一起去概括不同小说的不同特征。以《荷花淀》《边城》为例，诗化小说含有诗的意蕴，不像其他小说那样十分注意叙事功能。诗化小说不注重用情节去塑造人物性格，而是通过对意境的创造来使小说富有诗意的美。情节类的小说则更加可以放手让学生去总结。这样的好处是通过梳理小说的过程去帮助听障学生构造鉴赏小说的知识体系。

4．帮助学生建立课内外的小说阅读之间的联系

好的小说阅读习惯以及阅读好的小说，成效并非一蹴而就。即使教师在课内不遗余力地指导小说阅读，但没有阅读量的积累，一切就如纸上谈兵，所以课外也需要学生结合课内阅读知识去进行进一步的巩固和实践。教师可以布置任务清单，从帮助学生设定阅读篇目、阅读量，每日进度到让学生自我规划。同时课内又可以对课外任务的完成情况进行检查和鼓励，如展示听障学生的阅读收获，谈谈欣赏的人物；展示文中喜欢的词句甚至精彩片段；及时解决听障学生在小说阅读中遇到的障碍。

参考文献

[1] 樊秀琴.聋生课外阅读现状及对策——基于新疆昌吉州特殊教育学校的调查.现代特殊教育,2016(11): 43–44.

[2] 高宇翔,艾则孜·麦麦提.基于网络问卷调查的中学聋生课外书阅读情况分析.北京联合大学学报,2018(2): 84–92.

[3] 王春芳.指导聋生有效阅读的策略研究.现代特殊教育,2018(11): 52–55.

[4] 吴林森,朱子君.聋校学生阅读现状及对策思考.现代特殊教育,2016(21): 61–62.

[5] 肖熹.深度学习对小说阅读教学的有效意义——以《桥边的老人》教学为例.华夏教师,2020(8): 68–69.

[6] 玉娟.聋校语文阅读教学有效性的实践研究.基础教育参考,2019(15): 69–70.

基于职教云的听障人士大学英语课堂混合教学模式探究

施慧颖

摘要 本文对于浙江特殊教育职业学院面向听障大学生的大学英语课程教学模式的策略调整进行了分析与探讨，重点分析基于职教云的线上线下听障人士英语混合教学模式的理论和现实意义以及其他一些需要注意的问题。实践结果表明，引入基于职教云的线上线下英语混合教学模式后，听障学生学习的积极性与主动性得到了提高，教学效率得到了提升，同时也为学生与老师搭建了课上课下更好的沟通平台，充分发挥混合教学模式的积极教育作用，更好地满足了现今听障人士大学英语教学的需求。

一、听障人士大学英语教学的现状分析

随着科学技术的进步，功能多样化的线上教学平台不断推陈出新，为线上线下教学活动带来了变革。近年浙江特殊教育职业学院的教师们曾经采用智慧树、钉钉、超星、职教云、腾讯课堂、MOOC（慕课）等多个教学平台进行线上或线上线下混合教学。各种免费开放的线上教学资源降低了学生学习的门槛，平台技术人员提供的支持也为老师们的教学提供了有力的保障，促进资源共享。但是由于网络的一些限制，在这些平台上课有时会频繁出现网络卡顿、拥堵甚至掉线等问题。此外，网络延迟的问题也是师生互动与实时问答的一大障碍。直播间是一个模拟课堂，学生们可以看到教师，但教师却不能看到学生，有的学生可能会在课上走神，而教师却无法掌控课堂纪律，这种教学模式对学生的自觉性要求非常高。听障学生由于生理缺陷等原因，在这种学习环境中，其比健全学生更容易走神，常常跟不上老师的节奏，教学效率相对较低。第二类网络课程平台如超星、智慧树、MOOC慕课等，其提供的教学资源大都是面向普通健全学生的，以上资源对于听障人士的英

243

语学习缺乏针对性，不建议直接推荐给听障学生使用。

根据听障人士英语学习的实际情况与水平，使用职教云平台进行线上或线上线下混合式教学相对更为适合。教师可以在平台同步分享个性化定制的教学资源与特别设计的教学任务，这不仅突出听障学生的主体性，还能更好地实现因材施教的教学目的。学生可以随时查阅平台上的内容，在课下做好课前的预习以及课后的复习。在课上，教师可以使用平台的签到以及点名功能，大幅提升了课堂运作的效率。职教云 App 不但操作界面简洁明了，教师与学生还可以根据需要选择在网页或者手机 App 上使用服务，极大地增强了软件使用的便利性。基于职教云的线上线下听障人士大学英语课堂混合教学模式可以把传统线下教学与线上学习有效结合起来，优势互补，在培养学生自主学习与协作学习的过程中，提高学生的英语自主学习能力，更可有效地增强大学英语课堂的教学效果。

二、混合式教学的内涵与意义

混合式教学模式是指将线上互联网教学与线下传统教学方式联系起来，加强各自教学优势资源的整合的一种新型的教学方式。混合式教学方式可以帮助师生更好地使用教材和教材以外的教育资源，使课程内容多元化，课堂教学环节设计得到优化，进一步提高课堂教学效率与效果。学生在课下也可以根据需求进行自主学习，拓展知识面。此外，学生还可以在平台与教师互动交流，解决学习困难。

基于职教云的线上线下混合教学模式的构建，主要分为三个部分：课前前端分析。课中教学环节设计以及课后学习评价。混合式教学模式对课堂教学效率以及学生自主学习效率的提升有着重要的现实意义。

三、基于职教云的线上线下混合教学模式的构建与实践

（一）基于职教云的线上线下混合教学模式的构建

基于职教云的线上线下混合教学模式的构建的。第一部分是前端分析，包含：（1）对浙江特殊教育职业学院的听障学生学情的分析。此类信息可以通过课前英语水平测试卷、问卷调查以及访谈等方式进行收集，测试卷可以判断学生的英语水平，更好地帮助教师进行分层教学。通过问卷调查以及访谈，教师也可以更好地

了解学生的真实需求，在教学内容的选取上更有针对性。（2）教学目标的确立必须遵循科学性原则，分别有知识目标、能力目标以及德育目标。面对不同专业的听障学生，教学目标是不同的，教师们应当考虑学生学习、学历提升与以后就业等三方面的需求。（3）适合学生英语水平的教学资源的搜寻与整合。可以下载 MOOC（慕课）、超星慕课、智慧树、外研社公众号等平台上适合学生的教学资源，并上传到职教云。在选取资源的过程中，教师作为信息的筛选者，一定要做好对不同教学素材的甄别。

第二部分是教学环节设计，主要为学生在课前在线学习、教师课中线下教学以及课后完成作业设计个性化的教学活动与任务，形成教师为主导、学生为主体的课堂模式。由于听障学生的特殊性，学习活动的种类要尽可能丰富，尽可能地调动学生学习的兴趣与积极性。推荐的教学活动有：短视频观看、词汇小游戏、在线互动讨论、小组写作任务、个性化指导等。另外教学活动的设计也可以与学生的专业相结合。

第三部分是学习评价的设计，包含过程性评价以及总结性评价两方面。将学生平时在线上课堂与线下课堂的表现与期末考试结果相结合，可以帮助学生更好地了解自己，并不断完善自我。同时，完善的考核方式，也会增加学生对这门课程的好感，从而提高学生的学习效率。

以上三个方面的内容都是基于职教云的线上线下混合教学模式的构建的关键，缺一不可。任课教师对三个部分的设计与执行是循序渐进、互相影响的，只有更好地挑选每部分的内容，设计每一个环节，才能达到最好的教学效果，如图1所示。

图1　基于职教云的线上线下混合教学模式

（二）基于职教云的线上线下混合教学模式的实践

下文以外语教学与研究出版社出版的教材《英语（基础模块）》中的"Unit 7 Can I take your order?"为例，基于职教云的线上线下混合教学模式，设计教学活动，分析在大学英语教学中应用混合教学模式的实践途径。

1. 前端分析

听障大学生大多数仅具备英语学习的基本知识，英语水平参差不齐，词汇量有限，语法结构不清。英语学习缺乏主动性，在课上缺乏参与意识。另外有少部分同学对学历提升比较重视，有上进心，英语学习欲望强烈。在制定教学目标时，教师需要平衡不同英语水平同学的需求，也要考虑听障学生专升本学历提升的需求。例如在"Unit 7 Can I take your order?"中，知识目标要求学生能够掌握部分预订餐位、餐厅点餐、举杯敬酒、结账离开等相关的词汇、短语和常用表达；能力目标要求学生能够用英语进行预订餐位、餐厅点餐、举杯敬酒、结账离开等交际以及用英语介绍部分食物。德育目标要求学生了解就餐礼仪、中外餐饮文化及其差异。在收集资料时，不限于在哪个平台下载资源，重点是要找到适合听障学生的教学素材。如果在网络上找不到，老师们可以自己录制微课，制作 PPT 等，并上传到职教云平台供学生使用。

2. 教学环节设计

课前在线学习。在课前活动环节，教师可以在职教云平台上传适合学生的课外资源，让学生提前对所学的知识有所了解，如一些用英语点餐的对话视频资源，并向学生提供课堂中涉及的知识点，例如，order，reserve，pour，dish，check，receipt，tip 等单词的读音和解释以及餐饮基本礼仪、中国传统美食及其蕴含的文化、中外饮食文化异同等背景知识。学生利用线上学习不限时间和地点的优势，进行课前预习，掌握基本的语言知识和文化知识，节省课堂时间。教师还可以发布学习要求和任务，如发布课前讨论题：Can you recommend a famous food in your hometown? 激发学生对本单元内容的兴趣以及分享的欲望。

课中线下教学。教师给学生观看中国新年传统美食图片和西方新年美食图片，让大家进行对比。发布讨论题：What's your favourite food? Can you cook any traditional Chinese food? What's the difference between Chinese food and Western food? 引导学生谈论本国美食与其寓意，及其与西方美食的一些区别。在教师的指导下，学生分小组讨论并展示结果。教师还可以播放《舌尖上的中国》等相关视频，帮助学生了解中国不同地区因历史、气候、饮食风俗不同而形成的不同烹饪技巧和风味，感受历史悠久的中国传统美食和博大精深的饮食文化。发布讨论题并引导学生对八大菜系进行评价：Among the Eight Cuisines, which do you like best? Do you know how to cook it？指导小组展示并引导学生用英语讨论美食以及总结八大菜系特点，分享菜肴的做法。

课后完成任务。学生学习的水平有所不同，因此教师应从学生出发，在职教云中布置不同层次的课后作业，例如，针对掌握程度差的学生，教师可以在职教云平台推送课后任务——基于"打包问题"，推送在线讨论："对于避免浪费，你有什么看法和好的建议吗？"引导学生为制止餐饮浪费出主意、想办法；同时引导学生反思自身是否存在食物浪费问题，体会爱惜粮食是传统美德，树立爱惜粮食人人有责的爱粮、惜粮、节粮的意识。对于掌握程度较好的同学，教师可以根据G20峰会，发布任务"翻译G20峰会国宴菜单"，学生在翻译这些中国传统美食菜名以及对烹饪方法、菜谱的撰写过程中，可以了解中国传统美食的烹饪技艺，强化学生对中国传统美食烹饪技艺的理解，提升学生用英语介绍中国饮食文化的能力，隐性地帮助学生了解国宴菜名背后蕴含的团结合作和包容的含义，彰显我国博大精深的厨艺文化。

3. 学习评价设计

职教云平台可以将视频观看进度、每日朗读打卡、英语作业等信息进行汇总，并提供具体的数据。教师可以直观看到每名学生实时的学习情况、学习进度等。最后平台可以积累总结每名学生阶段性的学习状态。根据这些数据，教师可以对每个单元中学生的学习情况进行阶段性评价，并将之纳入学生期末总评成绩内。这样的评价方式更具科学性，也更加合理，同时还可以提高学生学习的积极性与对课程的满意度。

四、基于职教云的线上线下混合教学模式的问题以及解决办法

（一）基于职教云的线上线下混合教学模式问题

大多数学生认为在线学习课堂气氛活跃、互动性强、形式灵活，比传统授课模式更高效便捷，学习资源非常丰富，且不受时间地域的限制。教师们也认为此教

学模式一定程度上提高了学生的学习效率，培养了学生的自主学习意识。但是任何一种教学模式都不是完美的，混合教学模式也不例外，不论是学生还是教师都不能过分依赖网络平台。一方面，有的学生认为平台推送信息复杂，通知提醒过多，在线上学习时，较难集中注意力，容易分心。与教师互动时，因个别教师对于平台的使用不够熟练，容易出现回复不及时的情况，感觉面对的是冷冰冰的机器。另一方面，课堂教学和信息技术较难得到深度融合，在线教学的效果取决于教师、学生、技术、外在环境、网络等多重因素，每个环节都不能出错。

（二）基于职教云的线上线下混合教学模式问题的解决办法

1. 加强师生对平台使用的培训，完善平台功能

老师如果有一段时间没有使用线上平台，就会忘记一些操作以及功能，影响教学效率。学生如果不熟悉平台功能与使用方法，也会导致学习效率低下，影响在线学习体验。所以，要定期开展对线上授课平台使用的培训，帮助学生和老师掌握职教云等平台的使用方法，扫除其在线教学中可能遇到的技术障碍。另外也可以在使用平台一段时间后，收集学生与老师对平台的改良建议，让技术部门优化，完善平台功能设计，增加平台的稳定性和易用性。

2. 丰富在线学习内容，优化课程环节与任务设计

不论在哪种课堂，课程内容都是影响师生教学效率的最重要的因素之一。如果想要提升学生对混合式教学模式的满意度，那么加强课程资源建设，为学生提供更多有趣、有用的学习内容将是解决问题的关键。教师们应定期地开展教学能力培训，开展教学研讨会。教师们要有选择性地选择教材与线上资源，要考虑资料的适用性，也要考虑资源的趣味性与实用性，对教学资源进行筛选、整理和总结，方便学生进行自主学习，不能一股脑地把所有可能有用的资源都推给学生。在设计教学环节的时候，要考虑到特殊学生的身体以及心理因素，体现人文关怀，尽可能地照顾到学生的情绪，让线上教学也成为有温度的教学。

3. 改进课程考核方式，评价体系多元化

过程性评价主要包括学生考勤、平时表现、作业、小组任务成绩。教师根据学生课堂出勤情况、线上互动参与程度、作业完成度，以及小组学习成果展示与交流等进行综合评价。终结性考核可以将学生过程性评价与期末考试结合起来。这有助于激发学生的学习积极性和能动性，促使学生积极参与教学的每一个环节，培养学生的合作精神，促进教学相长。

五、结　语

（1）职教云平台的选用。现今在线教学平台种类繁多，经过一段时间的使用，发现职教云平台的优势较大，较符合听障人士英语课堂线上线下的教学需求。经过技术人员的优化和维护，平台也很少出现卡顿、系统崩溃等。当然，一个平台所提供的资源和功能是有限的，教师们还可以到其他的平台下载相关的资源。

（2）网络教学与课堂教学深度融合。虽然在线教学发挥了重大的作用，但是在线教学不能完全取代线下教学，新型教学模式的调整和探索本质上还是追求提高教学效果，只有两者进行取长补短，互相促进，才能达到教学效率的最优化。浙江特殊教育职业学院线上线下混合教学模式在听障人士英语课程中的应用，满足了网络技术与英语教学融合创新的改革要求，激发了学生的主观能动性，实现了更好的教学效果。

实践结果表明，职教云平台对英语课堂教学效果的提升发挥了极大的积极作用。线上学习的趣味性、内容的有用性，以及便利性使得听障学生学习的积极性与主动性得到了提高，更好地满足了现今听障人士大学英语教学的需求，同时也提升了学生学习的满意度。当然，目前的教学模式还存在一些缺陷，需要教师们继续努力研究与探索，为寻找更适合听障学生英语课堂的教学模式开辟道路。

参考文献

[1]　曹玲芳 . 高职院校线上教学满意度调查及对策建议 . 教育科学论坛 , 2021(12): 70–73.

[2]　陈莹 . 线上线下混合教学法在大学英语公共课中的应用 . 科教文汇（下旬刊）, 2020(6): 160–161.

[3]　郭芳 . 基于慕课的翻转课堂教学模式在大学英语教学中的运用研究 . 海外英语 , 2018(19): 77–78.

[4]　胡安林 . 高职英语线上线下混合式教学模式方案的设计和实施分析 . 海外英语 , 2019(5): 81.

[5]　胡燕花.疫情爆发背景下大学英语混合式教学模式的调整策略.西部素质教育，2020(7): 124–125.

[6]　李特，庞洁.浅谈线上线下混合教学模式在高职教学中的应用.高教论坛，2017(7): 117–118.

[7]　徐锦芬，刘文波.信息技术背景下的外语创新教学与研究.外语与外语教学，2019(5): 1–9.

[8]　张崎静，孙丽娟.试论大学英语混合式教学模式的构建.英语广场，2018(6): 76–77.

基于多元智能理论的高职听障学生语文教学改革探索

何洪义

摘要 高职听障学生因为自身的汉语水平表达能力有限等原因，导致其对语文课程学习兴趣不浓，而多元智能理论所倡导的关注学习者的个体智力差异和多元智能角度下的学习正好能够对症下药。针对高职听障学生开展多元智能理论下高职听障学生语文教学改革探索，则需要教师、教材和教法等多方面配合，形成合力，在维护好每个听障学生自信心的同时，促进课堂教学互动，提升高职听障学生的获得感。

一、引 言

每一个听障学生都是一个特别的存在，每一个听障学生的闪光点都应该被温柔以待。日常教学中，一些语文考试成绩一般的听障学生常常会在很多方面给课堂带来不一样的"惊喜"，比如在进行人物描写的过程中听障学生文字表达不够通顺但却能够画出来，又如在文章脉络推理方面表现出了不俗的能力。那么语文教师能否根据学生的这些"惊喜"来优化、提升语文课堂教学效果呢？本文正是基于这样的发现与思考，在多元智能理论的基础上探讨高职听障学生语文教学改革，努力挖掘听障学生在学习过程中展示出来的优势智能，并在课堂中运用任务驱动模式进行教学，让每一个听障学生都能在团队协助完成学习任务的过程中发挥自身的优势智能，不断提升听障学生的学习兴趣和信心，使平常学习过程中不自信的听障学生能够充分地展示自己，同时其汉语运用能力、综合职业能力得到相对的提高，真正做到以人为本、因材施教。

二、研究背景

高职听障学生因地域、起点不同，汉语水平参差不齐。有些听障学生自身的汉语水平表达能力有限，导致对语文课程学习兴趣不浓，课堂上也容易出现走神、不专注的现象，以至于高职听障学生语文教学难度大，师生互动难以进行。此时如果语文教师采用"一刀切"的形式开展教学安排，以同样的教学计划要求每位听障学生，那么就很容易导致汉语水平较差的学生在学习时自信心受到打击、学习兴趣下降等消极结果，尤其是对于自尊水平相对较低的听障学生而言，这种消极结果造成的影响会更加明显。而如果直接依据学生的考试成绩简单地开展分层教学法，那么可能会导致高层次学生学习压力增大而低层次学生自信心受损的情况出现。此时我们需要考虑如何让汉语水平各异的听障学生都能在语文课程的学习中发挥自己的"闪光点"并且在汉语应用能力方面有所进步；如何让每个听障学生都能自信、积极地面对语文课程的学习；如何能够在开展语文教学的过程中实现课程思政的效果，提升听障学生的综合职业能力。

这些问题的提出与美国认知心理学家霍华德·加德纳（Howard Gardener，1983）的多元智能理论所倡导的关注学习者的个体智力差异和多元智能角度实现学习不谋而合（见表 1）。而开展多元智能理论下高职听障学生语文教学改革探索，则需要从教师、教材和教法等多方面配合，形成合力，在维护好每个听障学生自信心的同时，促进课堂教学互动，提升每个听障学生的获得感。

表 1　多元智能类别和听障学生能力表现对照

多元智能分类	能力表现
言语—语言智能	包括用语词思维、用语言表达及获得文本信息的素养
逻辑—数理智能	包括推理、总结、演绎、分析命题和假设及进行复杂运算的能力
视觉—空间智能	能以三维立体的方式进行思维，空间智能使人们能够感知事物外部和内部的形象，能在头脑中再造、转换或改变表象，能够使自己和物体存在并运动于一定的意象空间，能理解和使用图形信息
身体—动觉智能	是指人们操作自己的身体和精准调整控制身体、施行目标动作的能力
人际—交往智能	能够有效理解他人并有效与他人交往的能力
自知—自省智能	人们对自我状态进行反思反省以及应用这种能力管理和调控事业或生活的能力
自然观察智能	包括观察事物的外在状态，对物体进行识别和分类，以及了解事物外在而获得认知的能力

注："音乐—节奏智能"因不符合听障学生实际，故未予以展示。

三、实施策略

在高职听障学生入学之后，开展汉语能力水平摸底测试（参照国家汉语水平测试及 HSK 标准），以此作为判断学生汉语能力的依据之一。同时结合"聆听生命行走的声音：我的成长历程"教学实践活动，让每一个大一听障学生走到讲台充分地展示自己成长的历程和自己的特长及爱好，再综合相应问卷调查充分了解学生的智能特点、学习动机等因素，将班级学生按照"组间同质、组内异质"的方式组成合作小组，即结合汉语水平及优势智能把学生相对均衡地分配到各个小组，各个小组中组员有的汉语水平较高，言语—语言智能较优，有的身体—动觉智能较好，有的在自然观察智能方面表现较为优异，每位同学在小组中发挥己长，共同完成学习任务。具体可以从以下几个方面开展。

（一）积极关注，善于发现听障学生的"闪光点"

每一个学生都需要老师的充分关注，尤其是对于听障学生而言，在无声的世界里，哪怕是你走进教室的那一刹那不小心错过了他们的一个"招呼"，他们都可能会在内心感到异常的失望。而传统的分层教学恰恰未充分关注学生的心理状态，其局限性日益凸显，尤其是对自尊水平相对较低的听障学生更加如此。如若选择从每位听障学生的优势智能出发，给予其发挥的空间和舞台，使其在自信的状态下积极进行语文课程的学习，其效果必然事半功倍。但是这都需要语文教师给予每位学生以积极的关注，通过汉语水平测试、相关的教学实践活动及日常教学中发现每一位同学身上的"闪光点"，对学生学习路上的每一次表现给予积极回应，并建立必要的学生学习档案，以便实时记录学生的汉语能力和优势智能等情况。这样的方式可以激发学生浓厚的兴趣，充分发掘学生自身的智能特长，从而完成教学目标。多元智能理论在语文教学中的运用，使教师由被动地接受教学资源，转变为主动地开发多样化的教学资源。教师备课时就可以针对性地选取不同的教学方法，设置适当的课堂教学环节。学生也由被动地接受上课内容，转变为主动选择适合自己的学习内容并作为重点，使不同智能特点的学生都有课堂表现机会，增强自信心，让他们充分发挥自己的特长并愉快地学习。

（二）巧施任务，让每个听障学生都能成为团队中的"台柱子"

在日常教学中，笔者最担心听障学生难以完成甚至难以理解课堂上布置的任务，即使在分组合作完成任务的情况下，这部分学生依旧如同空气一般游离在团队之外，主要工作固定由某几个同学全权负责完成，这就难以达成"任务驱动、团队协作"的计划与目标，同时也会使这部分同学越加没有参与感，其获得感也将大大降低。那么如何才能改变这一局面呢？最根本的问题还是出在任务的布置上，任务内容布置得过于单一会导致部分汉语能力较差的学生无所适从，因此在这里可以按照前文分析的多元智能理论，从听障学生的个体智力差异和多元智能角度出发，制订内容丰富、形式多样的任务（见表2），使每个听障学生在团队中都能发挥自己的优势智能，促进其积极参与到任务里面去，积极融入团队的协作中去。在课堂教学时也应注意以合适的题目问合适的同学，尤其是平时较为低调的同学，可选择符合他们优势智能的题目，促进其在能力范围内认真思考学习内容。

表 2　多元智能类别对应教学活动、任务

多元智能分类	教学活动、任务
言语—语言智能	※ 为包括杭州亚运会在内的特定主题的活动创作标语、口号 ※ 向一线医护人员等具有特殊意义的人群写一封感谢信 ※ 看完一篇／段文学作品之后，将其复述
逻辑—数理智能	※ 为指定文本内容添加标题 ※ 运用经验技巧对阅读材料内容进行推理并验证 ※ 发明或参与词语／成语或语法知识的策略性游戏 ※ 描述语法知识或构词法之中的对称性或相反性
视觉—空间智能	※ 制作一份关于某个特定主题的幻灯片、录像带或照片集 ※ 根据文字描述，运用艺术手段绘制某个人物、环境 ※ 为某个特定主题设计一个动画／PPT 介绍
身体—动觉智能	※ 用手语结合肢体动作解释某个特定主题 ※ 角色扮演或模仿某个文学作品、情景中桥段 ※ 对某个特定主题进行简单的动手操作 ※ 为某个特定主题充当模特，并进行必要展示
人际—交往智能	※ 发起并收集，或接受关于某个特定主题的反馈 ※ 教授或指导其他人如何完成某个学习相关任务 ※ 与他人商量、合作计划规则或过程来展示某个特定主题 ※ 运用个人优势在小组中扮演一个角色来完成某个学习主题

多元智能分类	教学活动、任务
自知—自省智能	※ 为达成某特定目标创制一个关于个人优势和弱势的表单 ※ 用文字解释关于某主题的哲学思考 ※ 用文字描述关于某主题的个人价值或个人思考 ※ 用文字描述对某主题的感受
自然观察智能	※ 为某类特定词汇进行分类 ※ 记录小组任务完成的进度 ※ 收集与小组任务相关的数据和资料并记录

（三）活化教材，使听障学生接收到的教学内容更加"立体化"

相较于健听生而言，听障学生由于自身的缺陷，在感知事物方面会出现比较笼统、模糊，模仿能力强但灵活度不够且注意力不持久的情况，具体表现在语文课程上则为：对概念的理解较为困难，对近义词的辨析比较困难，仿句的形式能够掌握，但是句子的内在逻辑不通顺，以及面对较长的文章时容易出现畏难情绪等问题。而这些问题都可以根据多元智能理论所倡导的"关注学习者的个体智力差异和多元智能角度实现高效学习"的核心理念，针对听障学生的特点，尤其是对有视觉—空间智能、身体—动觉智能和自然观察智能障碍的听障学生而言，教师应不断尝试运用信息技术活化教学内容，让教学内容更多地表现为图片、视频和微课等形式，让教材上的教学内容更加立体地展示在学生面前，让学生更加直观地获得教学内容。教材内容设计中引入多元智能视角，既可以为学生提供更多机会和方向参与英语学习，也可以为教师提供更多视角去设计、组织教学活动。此外，还可在教材的生词、重点词汇部分加入手语的视频，让听障学生在直观了解词语的意思之后，再进行对比和辨析，加深生词、重点词汇在听障学生脑海中的记忆，为后续更加深入的学习奠定坚实基础。同时还应特别考虑教材中任务的设置和思考题等的安排，尽可能多地顾及各个优势智能的学生，让他们获得更多展示自己的机会。

四、取得成效

基于多元智能理论的高职听障学生语文课程改革有助于转变教师教学观，提高教师多元化教学能力，提升听障学生学习自信，挖掘听障学生的潜力，培养听障学生良好的综合素质，"活化""趣化""深化"课堂教学，提升教学质量，为其今后的专业学习乃至就业打下良好的基础。听障学生根据任务提示，积极发挥自己的优势智能参与课堂讨论，展示自我（见图1、图2、图3）。

图1　听障学生积极参与小组讨论

图2　听障学生自信地表达观点

图3　听障学生根据文本内容进行人物／环境描绘、续写文章等

从实际课堂教学过程中听障学生的表现及职教云后台作业、提问的情况来看，越来越多的学生愿意参与到课堂的讨论中来，并且愿意走到讲台前展示自己的观点。在完成半个学期的教学之后，我们也做了相应的问卷调查了解学生对于课程改革的态度（见表1至表3）。

表1 对课堂模式的满意度

单位：%

调查问题	非常喜欢	很喜欢	喜欢	一般	不喜欢
有多喜欢现在的课堂模式	14.3	34.2	40.5	11	0

表2 数学模式对学习需求的满足度

单位：%

调查问题	非常满足	可以满足	满足	基本满足	不满足
现在的教学模式是否满足你的学习需求	40.3	50.1	5.5	4.1	0

表2 实施效果调查

单位：%

调查问题	学习效率更高		学习兴趣提高		学习时间更长			学习动力增加		课堂注意力提高	
	很大提高	有提高	没有提高	很大提高	有提高	没有提高	更长	差不多	减少	很大提高	有提高	没有提高	很大提高	有提高	没有提高
对比之前，这些项目提高的程度	57.4	38.6	4	72.1	27.9	0	81.2	18.8	0	67.3	32.7	0	65.7	34.3	0

从课后问卷调查的结果来看，听障学生从情感上乐于参加这样形式丰富的语文课堂，同时在学习效率、学习兴趣和课堂注意力等方面都有所提高，调查结果较为积极。

五、体会与思考

目前应用多元智能理论教学模式于高职教学的研究比较多，但大多属于宏观层面的研究。本案例依据日常授课过程中的发现以及对高职听障学生群体的了解，试图把这一理论应用到高职听障学生语文课程的实践教学之中，以期通过这一理论来提高听障学生语文课堂的质量，进一步提升他们的综合职业能力。这一理论下的教学改革从开始就是一个相对理想化的产物，因为这样的教学改革需要任课教师对班上的每一个学生有充足的了解，而这样的了解往往需要大量的时间和精力，但是从教育的初心和落脚点来说，这样的关注是必要的，尤其是针对高职听障学生这一特殊的群体，是否需要我们花费更多的时间和精力去走进他们的内心，帮助他们建立学习的信心，帮助他们找到让自己引以为傲的"闪光点"呢？当我们看到平时迷茫的听障学生自信地走到讲台展示自己的想法时，当我们看到平时勉强完成作业的听障学生勇敢地提交自己"作品"时，当我们看到平常心不在焉的听障学生开始"侃侃而谈"时，我们相信这样的关注是很有必要的，这样的针对高职听障学生的教学改革是符合实际且迎合听障学生心理特点的有益尝试。今后如何将这个"改革"做实、做精、做出成效，尤其是教学改革之后听障学生的汉语水平的提升速度是否快于日常教学，等等，是我们今后研究的一个长期方向。而这样的研究和实践在基础课程得到一定的成效之后，也同样可以尝试用于针对高职听障学生的其他课程，这样就能集思广益，形成合力，共同为高职听障学生教育开辟新的教学思路。

参考文献

[1]　陈芳.“语言＋多元智能”混合教学模式的课程评价体系建构.中国教育信息化，2021(22): 69–72.

[2]　何洪义.留学生语料库建设对聋生书面语习得研究的启发 //2019 年第四届特殊教育华山论剑暨中国心理卫生协会残疾人心理卫生分会特殊教育专业委员会 2019

年年会论文集, 2019: 61–68.

[3]　孙阳, 吴勃岩, 梁颖, 等. 医学遗传学课程的多元智能立体化教学改革和实践. 国际遗传学杂志, 2021(5): 389–392.

[4]　吴芳. 基于人文精神培养的高职语文教学研究. 兰州职业技术学院学报, 2022(1): 87–89.

[5]　席静, 王建华, 张海珠. 多元智能视角下大学生移动外语学习的影响因素研究. 外语教学, 2020(4): 58–62.

基于支架理论的高职听障学生"整本书阅读"教学研究

章思涵

摘要 鉴于生理限制，高职听障学生在篇章阅读方面面临较大困难。为了全面提升该群体的篇章阅读能力，本文提出了一种基于支架理论的高职听障学生"整本书阅读"教学方法。该方法将工具性、自主性和人文性融入听障学生的篇章阅读教学中。本文同时确定了三个教学模块：篇章语法能力模块、篇章阅读策略模块和职业人文素养模块，并在准备阶段、实施阶段和总结阶段展开了"整本书阅读"教学实践。

阅读是语言习得的基础之一。对于听障学生来说，篇章阅读能力是其语言能力发展的基石，也是他们获取文本信息进而融入主流社会的重要手段。然而，国内外的各项研究指出，听障学生受制于听力障碍，篇章阅读能力远低于同龄健听人。多兰 (Doran) 和安德森 (Anderson) 认为篇章阅读技能较难被听障人士习得。宋永宁等学者指出，在高年级语文听障学生阅读教学中，大多数学生无法把握段落中句与句之间的内在联系，不会提取段落中的关键项目，难以概括段落大意和文中的中心思想。贺荟中和孙彬彬则通过眼动实验证明低阅读能力听障人士阅读推理加工效率较低，无法将推理的信息整合到连贯的文本表征之中。高职听障学生篇章阅读能力低下，影响着高职听障学生语言教育层次的提高，更阻碍着高职听障学生走进职业、走向社会的步伐。

相较传统的高职听障学生语文阅读讲授教学，支架理论下的"整本书阅读"教学实践聚焦整部阅读书目，联动课内课外指导，开展多元教学活动，融合多种教学手段，从而为高职听障学生语文课堂打开新的局面，切实提高听障学生篇章阅读能力，摆脱因阅读造成的社交困境。

一、基于支架理论的高职听障学生"整本书阅读"教学理念

（二）为何利用支架理论——基于学情现实

支架理论，也称为支架式教学理论，是一种教育方法理论。该理论最初源自国外，原意是指建筑工地上用来提供短期支持的脚手架，最终会被撤销。在教学中，支架理论被引申为教师使用适当的方式和方法来构建教学脚手架，使学生能够从较低的学习水平逐步达到较高的目标水平。伍德 (Wood) 等指出，通过支架教学的帮助，初学者能够解决他们本身无法解决的问题，完成本来无法完成的任务，达到本来无法达到的目标。

与同龄健听人相比，高职听障学生整体上具有较低的语篇阅读能力。他们在理解复杂句式和句群方面需要加强，还没有流利阅读本专业领域文献的能力。主要原因是缺乏一定的背景知识，阅读结构能力较弱，以及阅读理解监控水平较低。

支架教学理论为"整本书阅读"教学提供了理论基础，它搭建了从较低的学习水平到较高教学目标之间的桥梁。在支架理论的指导下，高职听障学生的语篇能力可以通过实施"整本书阅读"教学来有效提升。这种教学方法通过拓展阅读背景、加强篇章阅读结构能力和提升阅读策略，为学生提供了更广的发展空间。首先，通过拓展阅读背景，"整本书阅读"教学引导学生阅读篇幅较大的文本，帮助他们扩充阅读量和累积更多背景知识。其次，在加强篇章阅读结构能力方面，"整本书阅读"教学侧重于培养学生阅读连贯性，充分调动学生的语感体验，打破传统以单篇或单章为教学重点的模式，从而推进学生篇章能力的发展和知识迁移能力的提升。最后，"整本书阅读"教学还致力于培养自主阅读策略。支架理论指导下的"整本书阅读"教学能够让高职听障学生在多元活动中掌握不同的阅读策略。

（二）为何开展"整本书阅读"——基于课程建设

"整本书阅读"的教学思想最早引论于叶圣陶先生，提倡阅读教学将"整本的书作主体，把单篇短章作辅佐"。2019 年高中语文新教材增加"整本书阅读"单元。高中新教材在全国 13 个省份数百所学校开展试教。下至义务教育阶段语文教学，上至高等职业教育及高等本科教育，"整本书阅读"正在逐渐成为语文阅读教学的研究热点。

　　段落、篇章阅读是听障学生语文阅读教学中的一个重点。在高职听障学生阅读教学实际中，教师过分将注意力集中在对细节信息的讲解上，而忽视听障学生对文章整体结构的把握。"整本书阅读"教学或将以新型的教学内容、教学方法、教学手段激活高职听障学生阅读教学，为听障学生阅读课堂教学、听障学生语文教材修订乃至听障教育水平提高与层次提升等方面给予借鉴。

二、高职听障学生"整本书阅读"教学模块构建

　　工具性、人文性与自主性的统一，是语文课程的基本特点。高职听障学生语文"整本书阅读"教学应以人才培养方案为准绳，从语文学科特点的三个基本性质出发，研究适合高职听障学生水平的教学模块，形成层次分明、立体统一的教学框架。"整本书阅读"教学的工具性应着眼于培养学生的篇章语言能力，掌握基本的语法知识。"整本书阅读"的自主性应着力让学生掌握相应的阅读策略，调动学生自主篇章阅读的积极性。"整本书阅读"教学的人文性则应立足于高职特点，培育学生职业文化素养，使学生不仅成为熟练运用基础语言的社会职人，更成为时代新血液和时代新人（见图 1）。

图 1　高职听障学生"整本书阅读"教学模块构建

（一）语法教学：篇章语法能力模块

　　针对高职听障学生篇章阅读能力较差的问题，教学实践应在篇章语言能力模块以整本书文本为教学材料，以篇章语法为主导内容，以词汇句型为次要内容，实现"整本书阅读"语境下的篇章阅读能力的整体提高。据此，该模块总体可分为两个部

分：篇章衔接连贯教学、信息结构处理教学。

1. 篇章衔接连贯教学

篇章的衔接和连贯是篇章语言学理论的重点内容。如果教学中抓住本体语言学的相关内容，配合以相关的教学，那么听障学生就可掌握更多汉语篇章有迹可循的规律。篇章衔接连贯教学大致包含四方面的教学内容，即指称关系教学、结构衔接教学、逻辑连接教学、词汇衔接教学。

指称关系教学中，应重点让学生理解并掌握三种指称关系：人称指称、指示指称和零式指称。在人称指称教学中，应让学生掌握人称代词在篇章中省略和替代的相关知识。而在指示指称的教学中，应分清前指、后指和外指在篇章中的不同用法。最后，在零式指称教学中，应在关注句子语法层次分析的同时，关注分句之间的联系以及语义层次的衔接与连贯内容分析。

结构衔接教学中，重点应让学生理解省略替代、重复拼合的篇章语法。主从句和前后景也是结构衔接教学中所要关注的内容。教学中可引导学生根据前后文补充省略部分和寻找替代的内容，帮助学生更透彻地理清篇章语义结构，把握篇章的内容层次架构，从而学会分析篇章的技巧。

逻辑连接教学中，重点应让学生掌握四种连接关系：增补型连接、转折型连接、因果型连接、时间型连接。增补型连接指的是作者前文语义未尽时，增加从句或词组从而补充上文内容的一种连接方式。在教学中可以运用归纳法，让相近或相同意义的词组和从句归为一类，从而理清篇章脉络。转折型连接指的是前后文表达含义矛盾。在教学中可引导学生寻找矛盾，从矛盾中体会转折连接关系。因果型连接指的是前后文表达因果联系的连接关系，常搭配连接词，易于识别。在教学中可引导学生进行关键词圈画，从而把握文本中的因果逻辑。时间型连接指的是文本逻辑有很强的时间序列性，该关系一般通过表示时间顺序的副词或者表示时间的序数词在语篇中体现。在教学中可以通过时间轴教学，对文本时间进行归纳，让学生体会文本中的时间逻辑。

词汇连接教学，应重点让学生理解词汇在语篇中不仅表达词汇义，更表达具体的语用义。韩理德和哈桑将词汇衔接关系分为词的复现关系和词的同现关系。词的复现关系指的是词语义的充数或重复，常包含原词复现、上下义词、同义词。在教学中，应通过韦恩图等手段，重点把握这些词语的关系。词的同现关系指的是具有一些关联意义的词语共同出现在篇章中，在教学中应抓住这些词语引导学生进一步思考。

2. 信息结构处理教学

在缺乏相关背景知识的听障学生篇章阅读中，我们要强调文本中信息结构的处理，让学生基于有限信息，通过信息结构处理，对文章有更准确和更深入的理解。

首先，信息结构处理要抓住文本新旧信息，即已知信息和未知信息。借助篇章的信息结构可以更好地理解前后部分的句子含义。听障学生阅读的短时记忆相对较差，因而常常会混淆新出现的信息和旧信息，造成读了后面忘了前面的局面，进而造成阅读理解偏误。所以在教学中，教师要抓住新旧信息的关系，引导文本细节阅读，让学生在示范文本中分辨哪个是最先出现的信息，这个信息又引出了哪些内容，层层递进，进而让学生厘清文本的信息关系。

其次，信息结构处理还要抓住前后景与文本句子顺序的关系。在汉语中，前句一般被看作前景（foreground），也就是在后景的基础上所给出的"新信息"；后句一般被看作后景（background），后景与旧信息汇于一体，大多数情况下表示旧信息。手语中的次序关系相对没有那么严格，听障学生受到一语的负迁移，难以通过次序识别新旧信息。所以在教学中要引导学生关注句子次序，从而更容易识别信息结构，进而理解文本。

（二）策略引导：篇章阅读策略模块

1. 识别标记策略

乔静芝等指出："听障人士大学生在知觉广度的关注范围的分配与健听大学生有所区别。"信息点的错误识别与把握是高职听障学生篇章阅读偏误的重要原因。宋永宁等用实验论证了在听障学生的篇章阅读中，标记对于阅读理解有显著的帮助作用。

在教学过程中，完成基础语法点教学后，应引导学生标记文章不同位置出现的、强调文本结构或具体内容的词、短语、句子或特殊符号，如标志词、结构句、总起总结段落等。识别标记策略能够让学生在标记中运用所学篇章语法点，从而对文本去芜存菁，提取和浓缩文本信息，进而提取关键项目，将文本化繁为简，把书"从厚读薄"。

2. 结构归纳策略

在掌握识别标记策略的基础上，应引导学生对所识别标记的信息进行归纳，从而更好地梳理篇章中的信息逻辑关系，以整体的眼光把握文本。教学中，在识别标记信息的基础上，一方面可以引导学生对标记信息进行归纳，并选择关键信息进行摘抄，从而进行段落概括与篇目概括，另一方面可以引导高职听障学生利用思维导图思考文本前后的关联。思维导图的制作可以设置不同的主题，如人物关系图、线索归纳图、地点归纳图、情节发展图等。通过多元的思维导图设计，教师可帮助学生贯通篇章阅读中的前后信息点，进而发展学生阅读结构能力。

3. 背景扩充策略

健听人能通过听觉随时从日常生活、电视或录像中获取信息，因而拥有比听障人士更多的背景信息。背景知识的先天缺乏导致听障学生在理解文本时常常陷入困惑。正因如此，基于所选篇目的"整本书阅读"背景扩充显得至关重要。

在理解文本的基础上，教学中可采取以下办法扩充背景知识。一是知人论世，让学生对作家生平、作品时代背景、名家作品评价等几个维度，对作品创作背景有基础了解。二是主题拓展，选择不同的"整本书阅读"书目就对应着不同的主题内容。例如《三体》对应着科幻，选择《三体》作为阅读篇目，就应对相关的科幻知识进行普及与拓展，以此破除学生的阅读障碍。三是跨媒介阅读，让学生通过作品的不同呈现方式，运用影像方式感受作品的时代背景，直观感知作品中的人物、情节、环境、主题。

（三）素养熏陶：职业人文素养模块

语文是教授语言文字、语言文学的课程，更是深化语言文化的学科。高职听障学生语文阅读教学在强化语言能力的同时更应把握高职特性，关注学生本位，熏陶人文情操与职业素养。

1. 职业元素体验

面向高职听障学生的"整本书阅读"教学，应着力提炼所选取的"整本书阅读"文本中的职业元素，同时以"案例导入、讨论思考、知识要点、拓展要点、拓展提高、情景模拟、素质养成"六个方面延展阅读教学，从而带领学生体悟文本中的职业精神，对所学专业重新审视并深入思考，带领学生对未来职业产生职业认同，成功融"教、学、拓、思、用"于一体，为学生角色与职业角色间架设桥梁。

在"整本书阅读"教学中，可充分挖掘整本书教学资源，结合专业群特性。如在浙江特殊教育职业学院中非遗手工技艺专业群的《语文素养》"整本书阅读"教学中，可结合教学文本《假如给我三天光明》，通过《海伦·凯勒》视频资源让学生进行跨媒介阅读，再结合大国工匠的执着精神，进而充分挖掘《大国工匠》等视频资源，以想象对话的方式让学生与海伦·凯勒和众位工匠跨时空对话，从而体会敬业、精益、专注的工匠精神。

2. 人文精神感悟

举一纲而万目张，解一卷而众篇明。在阅读欣赏模块中，课程重视阅读能力教学与道德教育的衔接，让学生在阅读欣赏中含英咀华。课程在这一环节中将基于具身德育理念，重视高职听障学生在阅读理解中的身心统一。课程将通过不同时代、国家、作家的典范作品，利用情境创设、多媒介融合等教学形式，力求学生在阅读欣赏中体悟思考。

高职听障学生"整本书阅读"教学不仅通过文本赏析提高学生的阅读技巧，更以文本为抓手对听障学生的情感、态度、价值观产生积极的影响。教学通过节选阅读、对照阅读、比较阅读等方式，从时代精神、自强精神、奉献精神、爱国精神、笃学精神、科学精神六个精神出发，带领学生感悟文本中的人文情怀与精神感召。

三、基于支架理论的"整本书阅读"教学开展

在进行"整本书阅读"教学的理论探索和实践中，运用支架理论并非罕见。本文参考了游晓岚归纳的SRE阅读过程支架，该支架清晰地描述了计划阶段、实施阶段和总结阶段的教学策略。在计划阶段，教师需要准备学生、文本，并明确阅读目的。在实施阶段，教师通过一系列阅读前、阅读中和阅读后的活动帮助学生实现阅读目标。在总结阶段，教师进行教学反思，总结经验教训。

基于支架理论的"整本书阅读"教学实践采用了SRE分阶段阅读教学支架，并围绕准备阶段（学情调查与教学目标设计）、实施阶段（课前、课中、课后教学设计）和总结阶段（教学反思与总结）展开（见图2）。在准备阶段，本研究将深入了解高职听障学生的阅读学情，与学生的最近发展区域相结合。在实施阶段，本研究将从课前导读、课中任务和课后活动三个方面设计"整本书阅读"教学支架，并将其应用于课堂实践。在总结阶段，本研究将总结教学过程，形成可复制、易传播的高职听障学生"整本书阅读"教学经验，弥补高校听障学生教育领域在"整本书阅读"教学实践和研究方面的空白。

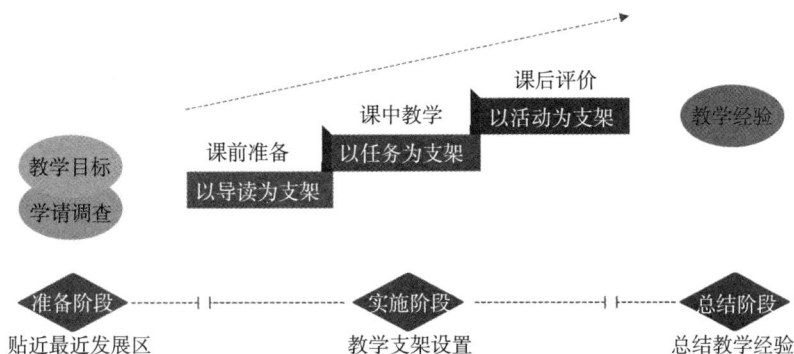

图 2　高职听障学生"整本书阅读"教学开展三阶段

（一）准备阶段：学情实际调查

在策划高职听障学生的"整本书阅读"教学前，前期调查至关重要。调查结果应时刻关注学生的最新发展水平，从而能够有针对性地设定教学目标。首先，我们需要确定适合的知识和技能目标。例如，深入了解目标书籍的创作背景和作者的生平，同时掌握目标书籍的核心内容。其次，我们需要设定合适的过程和方法目标。这可能包括提升阅读策略，如扩展阅读目标设定，以及增强学生在句群和篇章结构、信息筛选、语言理解和文本迁移等方面的阅读能力。最后，我们还应着眼于培养学生的情感态度和价值观。例如，让学生体验积极的情感、态度和价值观，以及树立积极向上的职业理想。

在制定这三个维度的目标时，我们需结合实际教学情况，考虑教学课时和其他因素，精心选择适合的书籍。这些书籍应在体量、难度和主题上与学生相适应，以激发学生对"整本书阅读"教学的兴趣。

（二）实施阶段：教学支架设置

基于学情调查，教学将在贴近学生最近发展区的基础上，根据不同教学阶段，采取不同的教学手段，从不同维度为学生搭建"整本书阅读"的支架。实施阶段主要从课前准备、课中教学、课后活动三方面展开。

1. 课前准备——以导读为支架

课前准备阶段的"整本书阅读"教学主要围绕导读指导展开。该环节主要目的是为后续的阅读教学设置情境，核心目标是学生对于"整本书阅读"的认知需要、阅读兴趣和动机。

主要有如下三个角度。首先，作者背景拓展。通过作者背景拓展引起学生对作者的兴趣，提高学生阅读期待。其次，作品思想感知。比如，《假如给我三天光明》代表了生命的热情，《活着》代表了生命的坚忍，等等。通过对思想意义的探索，能让学生对作品有初步的印象。最后，跨媒介教学。教学应利用经典的文学作品的同名影视作品，从同体异构的文学作品入手，能在调动学生兴趣的同时丰富学生的图式理解。

2. 课中教学——以任务为支架

课中教学环节应以任务驱动法为主导，采用主问题与子问题相结合的模式，以任务作为学生探究的主要支架，改变学生大部分被动接受的课堂传统。通过任务驱动教学，一方面在课堂上解决学生课外"整本书阅读"过程中的已有问题。另一方面也为后续自主阅读提供指引。以《假如给我三天光明》"整本书阅读"的泛读教学举例，教师可在课前提出主问题"绘制作者人生轨迹的时间轴"，在课中结合"哪一时期的作者给你印象最为深刻"等子问题，带领学生进行自主合作探究。

值得注意的是，不同阶段的课中教学侧重不同。在前期，侧重于篇章语法点教学，如通过节选片段进行篇章阅读技巧指导；在中期，侧重于泛读与精读结合，如通过时间轴绘制对课文进行脉络梳理、结合课文对重要篇章进行精读鉴赏；在后期，侧重于阅后情感体悟，让学生通过"整本书阅读"对作品中人物的思想情感有直观体会。每一时期的课中教学应根据学生阅读的实际情况进行内容、课时、教学形式的调整。

3. 课后评价——以活动为支架

课后评价以丰富多彩的课后活动为主要形式，并秉持多维多元的设计理念，将课后活动作为教学支架，带领学生取得阶段性的阅读成果。多维指的是不同阶段的作业可围绕不同的教学目标展开。如第一次作业可侧重习得相应的阅读策略。第二次可侧重提升相关阅读能力。第三次可侧重激发学生对于个人与社会价值的积极思考。多元指的是可以设计形式各异的课后活动，融合多种媒介（如 Xmind，微信公众号等），糅合文字、图片、视频等多种表达形式，例如阅读计划制定，利用 Xmind 绘制思维导图，时间轴绘制，利用微信公众号平台发布阅读感受，读书分享会分享心得等方式。在激发学生兴趣的同时，也能够贴合听障学生直观视觉灵敏的学情实际。

（三）总结阶段：形成教学经验

最后，本研究会综合教学效果，反思教学中的不足，肯定教学中的亮点。调整相关的教学内容、教学方法、教学活动，并总结形成系统的经验。

四、结　语

对高职听障学生而言，首先，语文课程是一门工具性课程，即通过语文课程掌握基本的语言运用能力。其次，语文课程是一门自主性课程，即通过语文课程能够掌握自主理解文字、自主阅读文本、自主生成表达的能力。最后，语文课程应是一门人文性课程，高职听障学生能够基于语文教学在文本阅读、言语实践、社会参与、合作共享的过程中，感受语文的人文关怀，培育自我职业认同感。支架理论在"整本书阅读"教学中的应用，对于提升高职听障学生的语篇能力具有重要意义。首先，通过拓展阅读背景，教师可以引入多元化的文本，扩大学生的阅读范围，并丰富他们的背景知识。其次，在教学过程中注重篇章阅读结构的培养，教师通过激发学生的语感体验，打破传统单篇单章的教学模式，培养学生的篇章能力和迁移能力。最后，通过教学实践，高职听障学生可以掌握多种阅读策略，从而提升他们的自主阅读能力。

参考文献

[1]　Belanger N N, Rayner K. Frequency and predictability effects in eye fixations for skilled and less—skilled deaf readers．Visual Cognition, 2013, 21(4): 477–497.

[2]　Doran J, Anderson A. Inferencing skills of adolescent readers who are hearing impaired. Journal of Research in Reading, 2003, 26(3): 256–266.

[3]　Halliday M A K, Hasan R. Cohesion in English. London:Longman, 1976.

[4]　Paul P. The comprehension of multi—meaning words from selected frequency levels by deaf and hearing subjects．Unpublished doctoral dissertation，University of Illinois at Urbana—Champaign, 1984.

[5]　Shaywitz S E, Shaywitz B A. Dyslexia(specificread—indisability).Biological Psychiatry，2005,57(11):1301–1309．

[6]　Wood D,Bruner J S,Ross G. The role of tutoring in problem solving. Journal of Child Psychology and Psychiatry, 1976, 17(2). 89–100.

[7]　陈蓓琴 . 聋生课外阅读的状况及教学建议 . 现代特殊教育 , 2011(12): 26–28.

[8]　傅敏 . 高职聋生阅读心理结构分析及阅读教学建议 . 现代语文 (学术版), 2016(6): 96–98,2.

[9]　贺荟中 , 贺利中 . 聋生篇章阅读过程的眼动研究 . 中国特殊教育 , 2007(11): 31–35.

[10]　贺荟中 , 孙彬彬 . 不同阅读能力聋人语篇理解中连接推理的眼动比较 . 心理与行为研究 , 2014(4): 447–453.

[11]　贺荟中 . 聋人阅读研究进展与动态 . 中国特殊教育 , 2004(5): 53–57.

[12]　姜望琪 . 语篇语言学研究 . 北京 : 北京大学出版社 , 2011.

[13]　彭涛 . 学生终身发展视野下的中职整本书阅读教学的价值探索 . 职业 , 2018(32): 124–125.

[14]　乔静芝 , 张兰兰 , 闫国利 . 聋人与健听大学生汉语阅读知觉广度的比较研究 . 应用心理学 , 2011(3): 249–258, 264.

[15]　宋永宁 , 杜晓新 , 黄昭鸣 . 聋生段落、篇章阅读中标记效应的实验研究 . 中国特殊教育 , 2006(10): 15–21.

[16]　杨洁 . 篇章语言学视角下对外汉语阅读课教学研究 . 南京 : 东南大学学位论文 , 2020.

[17]　游晓岚 . 整本书支架式阅读教学研究 . 重庆 : 西南大学学位论文 , 2019.

[18]　张帆 . 基于职业情境的高职听障学生 "沟通与交际" 实训教学探索 . 职业教育 (中旬刊), 2021(6): 36–39.

数字化时代工美课堂陶艺方向教学改革探索

蒋恬力

摘要 陶艺在当下的高职工艺美术专业中是一门重要的课程，是工艺美术品设计师必须掌握的一项重要技能。传统陶艺教学课堂存在一些弊端，如何进行课程改革，影响着课堂教学质量。结合数字化时代工美陶艺教学的特征，要求教师对教学理念和模式进行优化，将新的设计概念与方式融入传统手工艺课程，活化非遗手工艺，将美的教育、劳动精神带到课堂上，提升学生多方位工艺美术品设计能力，让学生紧跟时代发展，更好融入社会。

陶艺是陶瓷艺术的简称，中国陶瓷在世界工艺美术史中占有举足轻重的地位。陶艺在当下的高职工艺美术专业中也是一门重要的课程，是工艺美术品设计师必须掌握的一项重要技能。浙江特殊教育职业学院工艺美术品设计专业2022年增加陶艺培养方向，如何开展好工美课堂陶艺教学，是工艺美术专业教育人员必须考虑的课题。以往的高职院校陶艺专业美术教学中存在很多的问题，如教学内容与岗位匹配度低、课程设置落后于时代、教学资源利用不充分等，如果这些问题未能得到有效解决则会影响到陶艺教学的有效性。这就要求高职院校工艺美术教学人员重视这些问题，并结合数字化时代下美术教学的特征和要求，对教学理念和模式进行优化，提高教学水平，夯实学生专业基础，在上手劳作的过程中让学生传承新时代的工匠精神。鉴于此，本文主要就数字化时代工美课堂陶艺方向教学改革进行了探索。

近年来，国家大力扶植非物质文化遗产的传承与发展，陶瓷艺术作为一项重要的工艺美术形式，得到了社会各界愈来愈多的关注。因此，这个新时代对高职院校培养工艺美术品设计人才也提出了更高的、更新的要求。数字化时代的工艺美术品设计人员不但需要具备如拉坯、修坯、施釉、装饰、烧成等传统技法，而且还需要具备软件设计能力等专业技能，这样才能在当今工美美术设计工作中，更高效地设计出符合时代特点与当代审美的工艺美术品。基于这一全新的要求，陶瓷工艺品设计专业必须及时更新自身的人才培养理念和模式，除了必要的专业知识教学工作，还应加强对陶艺教学改革创新工作的重视，通过对陶艺教学理念和模式的创新，提升陶艺教学水平，让工艺美术品设计专业的学生具备与时俱进的陶瓷技法基础和审美能力，以便他们今后可以更好地适应岗位需求。就这一方面而言，加强对工美课堂陶艺方向教学的研究是非常具有现实意义的。

一、数字化时代工美课堂陶艺方向教学改革的现实意义

高职院校培养陶艺方向学生，旨在通过一个单元一个单元劳动上手的方式，让学生具备陶瓷设计、生产中的各项技能。陶瓷成型方式（泥条盘筑、拉坯、泥片成型）、施釉、釉上彩装饰、陶瓷烧成等，是目前高职院校陶艺教学中的几个教学模块。这种课程设置是根据传统陶瓷工艺美术师在生产陶瓷工艺品流程中各项环节应具备的技能与素质而安排的，因此课程具有连贯性与实用性，对高职工艺美术品设计毕业生的职业发展，也确实产生了一定的成效，多数毕业生都可以完成陶瓷设计与制作生产线上的各项工作。但随着当今时代的快速发展，当下的陶艺教学模式仍存在不少问题，其中新媒体的操作在陶瓷设计中的应用的缺失是一个亟待解决的问题。

新时代下的高职陶艺教学中数字化设计技能已成为学生需要掌握的一项重要技能，传统陶瓷艺术设计课堂以手工制作为主，亟待数字化教学方式为其带来新的视野，学生也渴望能够学习更多的数字化设计相关技能，以获得更多的就业机会。基于上述情况，加强对高职院校工美课堂陶艺方向美术教学改革是非常必要的，这就要求高职院校必须意识到这一点，并从多个方面对美术教学进行改革，切实提升学生适应时代的陶艺设计素养，让学生能够以更高的水平投入工作岗位，推动我国陶艺事业的传承与发展。

二、数字化时代工美课堂陶艺方向教学中亟须解决的问题

（一）课程模块陈旧

陶艺作为高职院校培养学生，教授技能已经有很长的时间。浙江特殊教育职业学院自2000年开设工艺美术品设计专业即开设有陶艺相关课程。因遵循高职院校的

职业教育的大方向要求，工美人才培养目标也是以培养专业技能型人才为主，这也就决定了高职院校专业美术教学中普遍存在注重传统制作技法等知识技能的思想。在实际教学中，因内容容易过于传统、老旧而降低学生的学习热情，进而使得课堂变为教师单向输出的课堂，降低学生在课堂上的学习效率。

（二）学生专业基础薄弱

上手实践的工艺美术专业由于专业的特点，需要学生投入大量的时间进行上手练习，但由于我国职业教育学制的特殊性，其学生在校学习的总体时长较普通高校学生的学习时间少了一年。加之大三的校外实习，真正在学校、在实训室学习、练习的时间很短。而高职院校的生源与普通高校学生相比，资质较差，体现在学习能力和学习动机上，多数高职学生的学习基础差，学习动力明显不足。基于以上原因，高职院校工美专业陶艺教学工作的开展存在较大的难度，导致学生在校期间也没有充足的时间对所学的专业知识和技能进行消化，这样同样会影响到学生陶瓷制作专业水平的提升。而专业技能与学习能力又是学生进入社会求职的敲门砖，这一问题不容忽视。

（三）课程设置滞后时代

工美专业陶艺方向课程根据专业人才培养总方案进行设置，其合理性会对教学活动的效果产生直接影响，但由于陶艺方向课程开设时间久，早已形成了一套成熟的课程开设机制。随着时代的发展，新开发的一些高科技软硬件开始参与到工艺美术品设计生产的过程中，极大地提高了生产效率与形式、材料的可能性。如没有及时更新课程内容，就容易造成课程滞后时代发展，便会丧失掉课堂教学中的某些趣味性，也容易让学生失去学习的兴趣与课上课下主动学习的动力。

教材的选择上也较为陈旧，缺乏课堂实践教学与课本知识点的联系和贯穿，进而影响到学生专业学习的效果。

（四）教学内容与现今岗位需求不匹配

一直以来高职院校都是以培养专业技能型人才作为办学宗旨，因而高职学校教育的最终目的是传授学生以专业技能，培养学生职业素养，让学生今后可以更好地适应工作岗位需求。因此，在工美陶艺课程教学中也应体现这一点，让学生将陶瓷制作综合素养的培养作为重要教学目标。而陶瓷综合素养不仅包括美术基础知识和技能，而且还包含审美能力、创新意识等，这就要求教师在教学实践中从多方面对学生的专业综合素养进行培养，这样才能让学生的专业能力得到有效提升，促使他们今后更好地适应工作岗位。但就目前高职院校美术教学情况来看，虽然多数学生可以掌握基本的陶瓷制作技能和技巧，但在审美能力、创新能力等综合素养上的表现明显不足，导致学生难以适应工作需求。而出现这一现象与教师教学理念和教学方法的落后有着密切关系。

另外，在互联网时代，更需要学生能够运用当下通用的电脑设计软件如 Adobe Photoshop、Adobe Illustrator 等。电脑软件学习的缺失可能成为学生在今后毕业求职中的一块绊脚石，他们需要花更多的时间进行学习，而学习效率却不高。

（五）新形势下教学资源利用率不高

在数字化时代，出现了很多新型的美术教学手段和技术，并且随着互联网技术的发展，也涌现出了大量的线上教育教学网络资源，为高职工美专业陶艺教学提供了丰富的资源。但就目前高职工美专业中的陶艺教学来看，多数教师的教学内容依旧是以线下为主、以教材为中心，很少会将网络教学资源引入课堂中，也很少会对教材内容进行延伸和拓展，导致学生学习的内容有限，并且创新性不足，最终影响到学生专业水平的提升。

三、数字化时代工美课堂陶艺方向教学改革途径

（一）优化育人观念

育人观念先行，对于教学工作的开展往往具有引导性，先进的育人观念往往会为教学工作的开展提供全新的思路和方向，保证教学活动的实施效果。反之，落后的育人观念会限制教学水平的提升。

因此，在数字化时代的大背景下，教师需要将数字化设计概念与方式融入传统手工艺课程，活化非遗手工艺，响应国家号召：将美的教育、劳动技术带到课堂上来，提升学生的数码设计与审美能力，增强学生的文化自信。同时在课堂的劳作中，将敬业、精益、专注、创新的工匠精神实践到底，进而让学生紧跟时代发展，更好融入社会。工美专业在进行美术教学改革时，首先需要促进相关教育人员教学理念的更新，这样才能保证陶艺教学的先进性和有效性。

高职院校应该放眼全世界，密切关注国内外美术界教学的发展情况，了解最新教学理念，并基于本校具体情况合理引入，形成全新的教学指导理念，为学生提供更为优质的服务。而且，在教学方法上，也应该与时俱进，引入信息技术、多媒体技术等手段，充实课堂。这样还能营造良好的教学氛围，丰富课堂内容，使得学生能够主动参与到教学活动中，最终实现对知识的深度理解，推动教学目标更加高效的达成。

（二）有效的课堂建设

高职院校教学主要目的就是为社会输送更多职业性人才，使得学生具备良好的专业技能，并在今后可以积极投入社会实践。而要想实现这一点，就得有着高质量的教学效果作为支撑。课堂教学是开展教育活动的重要形式，其有效性对于学生学习的成效至关重要。尤其是对于职业院校而言，学生群体的学习状况更为复杂，课程内容理学一体化的特征也更为显著。陶艺教学存在很强的实践性，不过在传统教学模式下，教师基本会将理论教学和实践教学区分开来，具体表现为先进行理论知识的讲解，然后带领学生实际操作。在这种情况下，学生将很难有效把握专业知识和技能，学习有效性也难以保证。

在新课改下，教师需要积极进行教学创新，促进理论教学和实践教学的结合，这样有助于推动学生知识内化，提高教学质量。设计任务型课程对于陶艺教学来说是较为合适的方式。以学生毕业后从事职业及岗位的需求为出发点，在课堂上进行模拟练习，这样一方面能够很好地将学习重难点落实到学堂上，另一方面还能激起学生的学习热情与信心，提高教学趣味性和生动性，发展学生的专业能力。

（三）创新能力的培养

教育的目标是培养能够创新的人，陶瓷艺术材料丰富、成型方式多样、创作方向多的特点，使学生的创新能力能在课堂的教学中得到培养。

随着数字化时代的到来，新媒体技术在教育、艺术设计领域中的应用越来越深入，并取得了显著的成效。因此，高职美术教师在教育教学中，也应该清楚认识到这一点，将现代技术合理引入课堂，并基于教学实际和学生学习需求制订科学的教学计划，引领学生有效地学习。在以往的教学中，教师往往照本宣科，将教学内容固定在十分具体的课程内容中，不能积极进行教学延伸和拓展，这样便会极大束缚学生的视野，阻碍学生的创新能力发展。而在新时代的高职院校陶艺课堂中，应该给学生更多自主设计的权利，将国内外好的艺术作品，通过课上课下的分享，更多地带给学生，引导他们对自己感兴趣的成型方式、装饰风格、烧成方式等进行个性化的探索。

创新设计能力是工艺美术品设计师一项重要的能力，对于这一能力的培养，要求课堂具有更多灵活的课程内容，因材施教，鼓励学生树立信心，培养学生感知美、表达美和"以我手，塑我心"的创新能力。提升课堂趣味性，激起学生的学习热情，提高教学质量。

（四）提高教师素质

作为一名合格的高职院校教师，应当保持终身学习的良好习惯。要想有效提升教学质量，促进学生成长，教师必须有着过硬的专业知识，因材施教，能够很好地满足学生的学习需求，在学生遇到问题的时候能及时解答。时代在不断地发展，教师难免会遇到一些新的无法解答的问题，这就需要教师在日常生活中不断地学习，完善自身知识体系。

在数字化时代，新媒体技术更新迭代速度很快，专业教师应当怀着开放包容的心态，接受知识与技术的变化，积极学习，并且在市场中加以实践练习，丰富自身经验，以带给学生更多更新更实用的知识与技能。除此之外，教师还得研究新时代教育心理、教育法规、教育学理论知识，因为如果一味地依赖之前的经验教学，就会如逆水行舟，不进则退，从而影响到教学成效。

工美专业教师还得树立良好的师德师风，在日常教学和生活中规范自身言行，给学生作好表率，潜移默化地影响学生。

四、以陶瓷贴花纸设计装饰为具体课改案例

（一）课程开展的现实背景

陶瓷贴花工艺是工业发展的产物，在国外有近百年的时间，在我国也有着半个多世纪的历史。随着日用陶瓷行业迅猛发展，为满足人们的审美需求，陶瓷花纸制作从"原始"走向"科技"。现代数字化软件设计为现代陶瓷装饰节约了生产成本，增加了设计的可能性。将数码绘画融入工美陶瓷设计教学，让学生在课程的学习中

不仅能掌握陶瓷贴花这一现代陶瓷装饰中的重要工艺，而且能通过课程中的练习熟练掌握如 Adobe Photoshop、Adobe Illustrator 等常用的设计软件，在设计与工艺中碰撞出不同的火花，调动学生的学习积极性，扩大未来就业的可能性。

经市场调研，目前市场中的日用陶瓷花纸多为传统花纹样式或者国画手绘，具有模式化和重复化的趋势，视觉形式较为单一、陈旧，创新不足，不能满足日益增长的审美需求。现如今扁平化插画风格在潮流趋势下种类繁多，形式多变，具有极强的风格化，在年轻人中深受欢迎，和陶瓷贴花结合应用于日用瓷，其有独特的价值内涵和魅力，值得探究。

（二）课程开展具备的条件

工美专业陶艺方向学生具有一定的美术基础，且在大一学期完成了新媒体技术的课程，初步掌握了设计软件的使用。把绘画与电脑软件相结合的数码绘画技能带到日用陶瓷装饰课程中，一方面可以巩固学生的软件操作技能，另一方面也可以扩展学生对于陶瓷传统装饰技法的认知，发掘陶瓷可能性，激发学生的学习兴趣，提高课堂学习效率。

（三）陶瓷贴花装饰工艺课程的创新优势

从市场的角度看，随着现代生活水准的不断提高，人们不再局限于单纯功能性的满足，更多地追求用品宜人化和精神功能的满足，对于生活用品的质地、款式、品位等提出了更高的要求。日用瓷看上去不起眼，恰恰在我们生活中不可缺少，有品位的日用瓷传达出具有高端品位的生活方式和审美情调，也是对身份的一种认同。陶瓷贴花纸装饰工艺作为生产力与数字化技术的产物，紧跟时代步伐，用科学技术提升生活用品质感。

陶瓷贴花装饰工艺课作为陶瓷艺术设计专业学生的必修专业课，在教学中不仅仅有对专业知识的传授，更注重学生创新设计思维的培养，数码绘画是当下就业市场比较需要的一项专业技能，其可以拓宽学生的就业面，增加就业机会。

五、结　语

综上所述，陶艺教育在工艺美术品设计教育中占据着非常重要的地位，陶艺教师的综合素质对于陶艺教育的水平能够产生直接影响。因此，高职院校在对工艺美术品设计专业人才进行培养的过程中，必须结合当前的形势，加强对学生综合素质的培养。在数字化时代，高职院校应抓住最新技术，作为切入点，对于传统陶艺教学进行改革，解决当前工艺美术专业教学中的一些不足，提升教学的整体水平，让学生获得适应时代的各方面能力，促进学生综合素质的发展，进而为我国培养和输送更多高质量、复合型的工艺美术品设计人才，推动工艺美术品设计教育事业发展，继承和弘扬中国优秀的陶瓷艺术文化。

参考文献

[1]　胡建华. 我国高等学校教学改革 30 年. 教育研究, 2008(10): 11–20.

[2]　徐玉玲, 程红璞. 美育视野下高校陶艺教学的改革与实践文化产业, 2022(6): 133–135.

[3]　杨德广. 高等教育学. 北京: 高等教育出版社, 2009.

[4]　张朝晖, 宁钢. 陶瓷贴花装饰工艺. 武汉: 武汉理工大学出版社, 2005.

二

特殊教育师资队伍与学生工作

特殊教育班主任工作的特点、优化路径

王慧俐

摘要 作为特殊教育工作者，班主任工作是我们一项非常神圣的使命和责任。听障学生因为言语沟通缺陷，认知能力比较差，身心健康也会受到一定的影响。班主任要对听障学生有更多的理解、呵护，给更多的爱心，让他们从心理上消除障碍。班主任要用自己的人格魅力感染听障学生，在班级管理中融入自己的慧心、爱心和耐心。笔者从事听障学生的班主任工作已有数年，在这里我将班主任工作的一点体会和心得分享出来，希望能对听障学生班主任工作起到一定的指导作用。

班主任是班级集体的管理者，管理班级是班主任的责任。作为特殊教育工作者，我们面对的学生都有或大或小的身体障碍，能不能把我们的学生培养成德才兼备、自强自立的具有独立人格的人则是我们班主任的最终目标。因为听障学生缺乏语言能力，而手语沟通常常又欠准确，因此听障学生的班主任相比普通学校班主任更难做。首先作为班主任要对听障学生有更多的理解、呵护和千百倍的爱心，让他们从心理上消除障碍，从而从情感上相信班主任。其次班主任要用自己的人格魅力感染听障学生，在班级管理工作中融入自己的智慧和耐心。笔者从事聋生的班主任工作已有数年，这些年在和学生接触的过程中感触和体会还是很深的。下面就把笔者的一点体会总结成文。

一、利用共情拉近和学生的距离

共情，也称为神入、同理心、投情、通情达理和设身处地等，是人本主义学派罗杰斯提出的，是指体验别人内心世界的能力，也是心理咨询师在心理咨询中用到的一种技巧，即从来访者的角度看待来访者及其存在的问题，也就是能设身处地地理解来访者的情感和思维，咨询师通过把自己的共情传达给对方，以影响对方并取得反馈。我把共情用在和学生的沟通中，并取得了很好的效果。记得有一年大一开学刚刚一个月，班里的一个女生的妈妈因为癌症去世了，之后的一段时间这个女生看起来对什么都不在乎，经常旷课，每天和之前的高中同学混在一起，很少和同寝室的同学沟通交流，班级同学和老师都走不进她的世界。我发现后邀请她来办公室聊天，因为当时手语水平很有限，只能用手机和她用文字进行沟通。聊天中我发现她是母亲走后心里难过，觉得人生没有意义，有点自暴自弃，但又不愿意和别人交流。于是我问她是不是妈妈走了心里难过，她只是苦涩地摇摇头，我告诉她我很理解她，因为妈妈是这个世界上最爱自己的人，同时也告诉她我的母亲十多年前就因病离世，我也和她一样非常想念自己的母亲，说着说着我就忍不住泪流满面，结果她很懂事地来抱抱我，安慰我。我告诉她，如果想妈妈就哭出来，她却坚持不哭，说哭起来不好看。于是我就站在她妈妈的角度，提出了一些对她的期望，并告诉她，如果她愿意把我当成她的妈妈，有什么不愉快可以和我说。然后我把学校的学生手册拿给她看，指出学校关于旷课的有关处理条款，她目前的旷课情况快要达到警告处分的程度了。她反复向我求证学校关于旷课处分的详细情况。我发现她其实不是什么都不在乎的，就进一步对她提出要求，她都一一答应了。通过这次交流，我发现她从心理上接受了我，从此我们的心理距离拉近了，以后她看我的眼神都是接纳的，有一次和她聊天中她竟然真的喊我妈妈。之后她再没有旷课，一直表现良好。

二、利用课堂教学关注后进生，及时表扬进步的后进生

每个班级都有几个后进生，他们有些认知能力比较差，在课堂上跟不上老师的节奏。有些是因为爱玩游戏，上课总是昏昏欲睡，没有精力学习。而这些后进生最大的特点是自卑心理较重。由于各方面表现较差，他们常常会受到老师和班干部的批评，时间久了就会产生严重的自卑感，甚至自暴自弃，放任自流，有"做一天和尚撞一天钟"的心态，对学习缺乏信心，对未来感到迷茫。但其实他们内心深处有着强烈的自尊心，渴望得到别人的尊重，渴望得到老师的表扬。作为面点专业的班主任，我的另一个身份是面点专业理论课的任课教师，这样每周我都有时间和学生接触，经常深入到学生中，了解班级后进生的学习状态和个性特点。在课堂上我

能及时发现他们在学习和生活上存在的问题，也能及时了解他们的心理状况，经常利用课间和他们沟通交流，这样不知不觉中培养了师生间的亲近感和信任感。对于班级里一些不良的学习风气我会及时提醒，对那些认知能力比较差的学生我会格外关注，对那些爱玩游戏的学生我会关注他们的出勤和课堂精神状态，对他们每天的作息时间提出一些要求。记得班里有个男生爱玩游戏，晚上不肯睡觉，早上经常起不来，课堂上打不起精神。他不听从班干部的管理，对班主任也不太理睬。我看准他爱玩游戏，就和他聊游戏以及自己在玩游戏中的困惑，以此为切入点，慢慢走进了他的内心世界，后来他改变了态度，愿意和我交流，我给他的意见，他也能听进去。一次提问中我发现他思维比较敏捷，就在课堂上表扬了他，以后每次只要他有一点进步，我都会表扬他。这样慢慢地培养他对学习的信心和对专业的兴趣，后来在我的任教科目中他不再是班级的后进生。因此在我的班级，那些原来成绩很差的学生在我的课堂上表现会有比较大的进步，在我带班级的三年中也很少出现学生掉队的现象，这和大一大二时我和学生的接触时间比较多，及时监督和鼓励分不开。

三、用慧眼关注学生，因材施教

根据几年来对听障学生的观察，有些听障学生性格非常倔强，自己很有主见，一旦他们认定的事情，别人很难改变。因此作为班主任，我常常很无奈，但又找不到解决的好办法。有时我不得不改变自己，告诉自己要有耐心，不和学生有正面冲突，有时不妨在迂回中达到目的。在学生有不同的意见和想法时，不能一开始就持否定态度，可以先试着顺着他们，同时给他们设一些难题，让他们自己去解决，等到他们用自己的方法行不通的时候，他们自然会回头来找老师帮忙，这时就是我们改变他们想法的最佳时机。记得有一次专业实习动员会，在学生和企业双向选择后，实习单位都确定好了，可是有个学生临时改变主意，不愿意去当初自己选择的单位实习，一定要去按小时工计算的单位实习。知道她性格倔强，我就让她按自己的意愿去实习，但是要求她要在下周一前把实习单位的相关材料拿来，结果她坐公交车去了，走到半路发现坐错公交车了，也不知道该怎么回学校，给我发微信说她迷路了，用了两个小时也没有找到那个单位，我知道这时是说服她的好时机，就征求她意见让她去之前分配给她的单位实习，因为那里有很多同学在一起，遇到问题时有同学可以帮忙，于是她欣然接受了我的意见。

其实听障学生中有些同学看起来不起眼，但是只要认真起来还是非常有潜力的，这些学生最大的问题就是缺乏自信心，很多事情不敢去参与，因而会错过很多宝贵的机会。这个时候就需要我们班主任老师的慧眼来发现他们，并鼓励他们去实现自己的梦想。记得 2020 年有个公司来学校寻找做网络主播的听障学生。当时其他老师推荐了班级一位性格开朗的女生，但她明确告知不想做这个工作。我看中了班级里的另外一位体训生，就推荐她去报名，很快她就被选中了，但是开始时她不是很自信，总觉得自己颜值不高，不适合做这份工作。我看出她的心思，经常鼓励她，夸她漂亮，同时让她有时间花精力学学化妆。她听从了我的意见，学会了化妆，很快她的主播工作做得有声有色，人也变得漂亮自信起来。在机遇面前她缺乏的是自信，而班主任老师的鼓励让她日益自信，正是这份自信成就了她。

四、利用微信、QQ 等社交软件，增进师生的沟通交流

因听力障碍，大部分学生口语交流能力比较差，因此在认知及心理发展上都受到了一定的影响。在信息时代的背景下，我作为班主任，课余和学生间的沟通主要是充分利用微信、QQ 及钉钉等便于听障学生书面语交流的交流软件，鼓励学生与班主任及其他老师等进行网络交流。一般我会建立两个微信群，一个是班级微信群，主要讨论或通知一些班级事务，同时也邀请任课老师入群，使师生之间沟通交流顺畅，班级的所有大小事务也会及时在群里通知。另一个微信群是课堂教学微信群，这个群主要用于课堂教学、课外辅导等。通过网络平台交流，学生受到的约束减少了，他们会更加主动地表达自己的思想和看法，交流起来也更加顺畅，同时也可以不断提高学生的表达交流能力与语言水平，不知不觉中学生的为人处世能力和情商也得到了提高。而作为老师可以更好地了解每一位学生的性格特点以及思维方式，以便我们走进学生内心世界，成为学生的良师益友。

五、利用各种活动提高班级凝聚力

良好的班风需要一些特殊的活动来促成。而我们面点三班的这种特殊活动就是学校的秋季运动会，每次我们三班都是全校得分最多的。每次运动会前我会开个动员会，鼓励同学积极参与，会后开个总结大会，表扬他们在运动会上的优异表现，希望

他们把体育精神也运用到专业学习和技能练习上，引导他们形成积极向上的班风。

近几年学校都组织师生羽毛球比赛，这也是我们班级凝聚力得到提高的机会。每次我都和自己班级的学生一起组队参与，在比赛过程中我们一起感受运动带给我们的快乐，虽然不是每次都能获得理想的成绩，但在这过程中他们也学会了如何去面对挫折，理解"友谊第一，比赛第二"的精神实质，运动也增进了师生之间的感情。有时我也和他们一起参加一些课外活动，记得有一次学生出去实习之前我带他们去爬家门口的如意尖，他们玩得可开心了，在爬山中我让他们体会到坚持的意义，体会要到达山顶领略到美好风景就需要有不怕苦不怕累的精神。正是通过各种活动，磨炼了学生的意志，也培养了师生之间的感情。

六、培养优秀的学生干部管理班级

培养优秀的班干部是管理好班级的必备条件。很多活动和文件精神的传达都需要班干部这个桥梁。而作为班主任要有慧眼识人的本领。一般培养 2—3 个优秀的班级管理核心成员就够了，这些同学可以起到很好的示范作用和桥梁作用，有了他们就可以实现老师和学生间的无障碍沟通。对于班级里可能出现的一些问题和一些有困难的学生，他们会及时关注，并随时向我汇报，这样很多可能的问题在萌芽中就得到了解决。

七、用爱心帮助学生，做学生的良师益友

爱是教育的基石，更是我们特殊教育班主任的生命线。班主任在工作中要对学生充满关爱，情感因素是提高班主任工作绩效的有力保障。大部分听障学生都是从小就离开家，来到特殊教育学校学习。在特教的中小学时期，老师就像他们的父母，在学校里他们遇到各种问题，都是老师帮忙解决。到了大学，作为班主任我们对他们的生活照顾没有中小学那么多，这也是他们开始入学不太适应的原因。尤其是大一学生刚进入一个新的环境，都有一个比较长的适应期。为促进同学间的相互了解，也帮助他们尽快适应大学生活，我让班长统计同学的出生日期，每月抽个时间给当月过生日的同学庆生，每次我都和小寿星们一起拍照，一起吃蛋糕，他们的幸福感满满。他们很喜欢这种仪式感，也因此从心里接纳并喜欢上老师。

我们的学生大多来自全国各地，父母不在身边，作为班主任我们就要像慈母一样时刻关注他们。而我对他们关注的重点是他们身上一些不同于健全人的疾病。我发现女生中患多囊卵巢综合征的比例比健全学生高，还有就是很多学生脸上长有很多的痘痘。这些很大程度上跟他们的情绪无法宣泄和不规律的饮食有关系，我带的几个面点班里每年都有这样的学生。我经常利用课堂教学灌输给他们一些营养知识，也有一些预防相关疾病的知识，引导他们培养正确的饮食习惯，劝导他们及时去看病。但他们毕竟对我们当地的医疗资源不太熟悉，为此我经常利用课余时间带学生去中医诊所看中医，帮助他们和医生沟通，了解他们的病情。一般前面两次我会自己带他们去看医生，以后督促他们自己去，后期我也会继续跟进，了解他们的病情发展情况，让他们连续就医。有时实在没有时间，我会把就医信息告诉他们。在我的帮助下，多数去看病的学生病情都有了很大的好转。

八、总　结

作为听障学生的班主任，我们要有慧心，更要有爱心，最重要的是要有耐心，希望我们的工作能让他们更好地认识社会，体会到社会的温暖和关爱，从而更好地适应社会，做个自立自强、对社会有用之人。

扩招语境下残疾人高等职业教育班级管理模式探新

陈瑞英 ①

摘要　"班级"在人才培养和学生管理矩阵中处于非常重要的位置。在残疾人高职扩招语境下，扩招残疾人的班级管理遭遇学生多元、教学开放的新挑战，为此，只有认真研究生源结构和具体学情，不断优化学生管理制度和管理队伍，创新班级管理策略去完善班级管理机制，充分运用课程思政，善于从细微处捕捉教育因子，才能切实发挥班级管理与服务工作在残疾人高等职业教育扩招中的育人成效。

一、引　言

教育被视为社会流动和分化的"筛选器"，也是社会的稳定器、平衡器，是实现社会平等的"最伟大的工具"，对社会弱势群体进行教育救助是国家政策彰显社会公平与正义的必然举措。根据国内外的实践，因为就业能力缺乏而阻滞社会走向共同富裕是一种比较普遍的现象。因此，从长远来看，职业教育扶贫将是政府未来的一项重要的制度安排。我国于 2019 年开始实行的"百万扩招"正是一项帮助学生摆脱意识和思想贫困、利国利民的国家战略安排，残疾人高等职业教育和普通高等职业教育一道，承担起了"扩招"的任务。实践表明，"百万扩招"成为缓解当下就业压力，拓宽退役军人、包括残疾人在内的下岗失业人员、企业在职员工、农民工等"多元化生源"的成才途径，对职业教育服务社会能力的提升，均有重大的现实意义。

"扩招"既是国家在顶层设计上对高等职业教育发展的全新指引，也对我国高

---

① 陈瑞英（1972—），女，浙江临安人，浙江特殊教育职业学院教授，研究方向：残疾人职业教育、思想政治教育。

等职业教育微观层面产生了深远影响。"高职教育唯有通过全方位、多层面的大改革，才能落实好大扩招的战略任务，实现高职教育大发展。"伴随扩招后生源数量增多、生源群体多元化的现实，不仅教学上要一改传统"整建制"人才培养的模式，需要作出重大调整，而且，作为学生学习和交往的重要载体——班级，这一在教育教学管理矩阵中处于重要位置的基本单元，其存在形态及功能发挥也呈现出前所未有的态势。因此，班级管理与服务工作作为人才培养必不可少的重要环节，需要迎难而上，不断创新工作方式和方法，以更好地在百万扩招人才培养中切实发挥重要作用。

二、残疾人高等职业教育扩招后"多元化生源"的特征

根据扩招方案要求，残疾人高等职业教育扩招后的"多元化生源"，主要由有一定可行能力的企业在职员工、下岗失业人员组成，这使得残疾人高等职业教育原本就复杂的生源结构更多样化了。

（一）生源渠道多元

扩招的残疾学生既有多年的社会工作经验，如有不少视障学生已是按摩店老板，也有的是待业（失业）在家的社会人员；年龄差距明显，有的刚刚高中毕业，有的已年近五十，且已婚已育的居多；文化层次差异大，初、高中和大专的都有，学历和技能素质参差不齐；残疾程度上，以视障学生为例，全盲居多，弱视的较少，残疾程度相对严重。

（二）学习动机不一

扩招的残疾学生选择重返校园，学习动机各不相同。有的想学一技之长，希望以此顺利就业；有的在职员工只为取得一纸大专文凭，因为提高学历能加薪；也有的是想通过这次重返校园进一步提升技能，进而有助于扩大自己未来的职业发展空间；当然，也有少数残疾学生并没有明确的学习动机，抱着先学了再说的想法，"反正是免费，还能领取国家补助呢"。

（三）思想认知有别

与全日制普通高职的残疾学生相比，有较多扩招的残疾学生是边工作边来学习的，他们有较丰富的社会经验，思想相对也比较成熟，许多生活习惯已养成，在认知和价值观上也已成形，要让他们在原有的社会人角色基础上增加对自己大学生身份的认同，需要经历从心理到认知再到实践的一个过程，由于文化层次参差、学习动机不一，有的还一定程度上沾染了社会不良习气，因此，这种身份认同和转变的过程及转化的程度也因人而异。

（四）学习时空特殊

因为大多扩招的残疾学生已结婚并育有子女，即使重返校园仍需要全职工作。所以，扩招班残疾学生主要的学习场所不在传统意义的教室班级里，而是在家里或在工作场所，是在云端、在线上的班级里；师生的教与学、生生间的沟通与交流也主要在线上，学生在校接受面授的时间屈指可数，班级同学聚集在学校教室一起学习的时间同样少之又少。

三、扩招对于残疾人高职院校班级管理的挑战

（一）学生管理制度有空白

原有的学生管理制度均针对整建制的生源，刚性管理居多，但扩招后生源多元，尤其是社招生多，而部分已工作或有多年社会经验的社招生有抽烟、喝酒、打牌等生活习惯，如今虽重返校园，但一时也难以戒掉这些旧习；在纪律遵守上，社招生也往往受不了统一、严格的约束；原有的上课考勤办法、宿舍管理办法、奖助学金制度均针对"全日制在校学生"。面对扩招学生，原有制度或不适用，或缺乏，需要完善和补充。

（二）班级日常管理难度提升

首先，班级学风建设难度增加。扩招的残疾学生文化基础比较薄弱，缺乏良好的学习习惯，再加上学生往往一边工作一边学习，线上教学的出勤率、学习任务的完成率均很难保证。如何对扩招班开展学风建设，对班主任而言，是个不小的挑

战。其次，对学生开展有针对性的思想政治教育遭遇困境。原来，残疾人职业院校中的班级均为基本建制组班，实行住校管理，师生间、生生间联系密切，班主任和辅导员可以较全面并实时地了解学生情况，可以有针对性地开展思想政治教育。但扩招后的残疾学生有相当一部分是在职员工，即使聚在云端"班级"，也主要是进行课程学习，返校在班级里聚集的机会和时间非常有限，这使得扩招残疾学生很难融入校园生活，传统的班级制、住宿制管理模式也自然在他们身上失效了；部分扩招残疾学生的学习动机比较功利化，而有部分是因为自己跟不上社会发展形势才选择重返校园学习，有着较大的心理压力，但特殊的学习时空使得班主任和辅导员很难对学生进行持续跟踪、实时了解其思想动态，因而对学生的一些突发情况及心理问题很难及时干预，这些无疑增加了班级日常管理的复杂性。

四、高职残疾学生扩招班的管理模式创新

由于扩招残疾学生的多元化特征，扩招后的教学必须由传统的封闭式走向开放式，相应地，班级管理也必须由传统的封闭管理转向开放的服务型管理。这需要残疾人高职院校在扩招的实践中能够立足实际，制订出更为合理的制度和策略，提升班级管理的灵活性和实效性，也需要班主任、辅导员会同任课教师，认真研究国家政策、学校现有制度、扩招生源情况、学生真实需求，大胆创新以人为本的学生管理模式。

（一）优化学生管理制度

对残疾人的扩招，原本就体现了国家教育扶贫的价值追求，为此，学生管理与服务部门需要认真研究如何更好地落实国家助残助学政策，完善学生勤工俭学、奖助学金管理办法，确保扩招残疾学生不因经济困难而影响学习甚至辍学；面对大量的社招残疾学生，原来刚性的管理模式也需要结合扩招生的学情特点和实际情况，采取更为灵活和柔性的管理方式，要采用"刚柔并济"的学生管理策略，制订出更加具有灵活性、包容性的管理制度。一方面，加强对扩招残疾学生的刚性管理，毕竟没有严格的管理标准，学生管理必将一团乱麻，同时，又要在宿舍管理、线上教学考勤、优秀班干部评选等方面采取柔性管理、弹性考核方式，引导学生纠正不良习惯，帮助学生平衡好工作、生活与学习的关系。

（二）配置合适的班级管理队伍

学校的学生管理队伍一般由校领导、班主任、辅导员和学生干部组成。因为扩招残疾学生的多元性，在班主任和辅导员的配备上，需要考量其人生阅历和工作经验，否则，过于年轻的班主任和辅导员在管理社招的残疾学生时，会出现难以驾驭的现象。为此，对扩招残疾学生班级宜配备有丰富经验的班主任和辅导员，这样方便与社招学生交流，有助于提升班级管理成效。同时，要进一步加强党对学生管理队伍的领导，可以聘请优秀的扩招学生党员或团员担任兼职辅导员、班主任助理，根据不同学习程度组建合适的学习小组，兼职辅导员、班主任助理和学习小组组长应纳入学生干部梯队予以培养，并给予培训、评优的机会，不断提升学生管理队伍的政治理论水平和管理水平。

（三）创新班级管理策略

1. 开好班会，强化班级文化建设

班级文化，看似无形，却是灵魂。扩招班的残疾学生虽然每学期在校集中学习的时间不长，但怎样让学生在这短暂的时间里迅速地凝聚起来？班会就是一个很重要的载体。

开学前，班主任和辅导员就要对生源情况作全面了解，一开学就要用心组织班会。利用班会时间让师生相互熟悉，让学生了解规章，明确学习任务和目标，互相分享线下学习的经验和做法。通过班会，班主任与辅导员分别向学生解读国家政策、学校规章和奖助学金制度，让学生感恩时代、感恩祖国、珍惜当下；让学生清楚来学校应当遵守什么、彼此要注意哪些问题，让学生理解重返校园不仅仅是为了一纸文凭，不仅仅要提升专业水平，还要学会如何学习、如何与人相处、如何收集和处理信息、如何定位个人与社会的关系，等等。通过班会，可以有效维护师生、生生感情，厘清问题与任务，使学生更加珍惜重返校园的机会，凝聚班级力量。

2. 构建有效的班级管理机制，强化学生的班级归属感

因为扩招班并非脱产学习，所以，有不少残疾学生认为学习是额外任务，当学习时间与工作安排相冲突时，往往会以工作为先。如何让残疾学生即使身处社会的"江湖"，也能心有"班级"，仍有"学生"的身份认同呢？其中，班干部的培养和班级管理机制的构建就显得尤为重要。

班主任和辅导员拿到学生档案时就要留意学生过往的表现，在第一次班会课上，就可以通过学生自我介绍和毛遂自荐，经民主推选产生"班委"，同时组建学习小组，选出学习小组长，并对班委和小组长进行培训，并明确各自的任务分工，确定班委和学习小组长轮换制度和奖惩制度。对学习小组成员的安排，要注意年龄差、学历差，便于后续学习的互帮互助。班委和小组长的分工、小组分组情况、班委和学习"小组长"轮换制度及奖惩制度均要向全班公开，接受全体学生的监督。同时，要搭建能有效沟通的线上班级管理平台：班委和小组长工作群、班级微信群、班级钉钉群。由此，形成一个比较完善的在线班级管理机制：学生干部队伍能上能下，有竞争；管理有平台，可上下左右随时联系和沟通。以此确保无论是在校学习还是线上学习，班主任和辅导员的工作任务布置和学习进展督促都可以通过班委—小组长—组员的三级方式明确到每位学生。

对班委培训的同时，也对班级管理平台进行"约法"：在"钉钉"群中只能发布工作公告和学校通知，不得聊天；班级微信群主要开展思想工作，同学有什么想法可以在此群中发言（前提是遵纪守法）；"班委工作群"，主要是班主任和辅导员布置工作并了解各组情况的平台。通过功能不同的平台三级运行，确保即使学生远离校园，但老师始终都在，班级始终都在，时刻提醒学生即使在工作，都要记得自己的另一个身份——学生。有效的班级管理机制，可以让每位扩招班的残疾学生始终有班级归属感、集体存在感。

3. 于细微处把握教育机会，感化学生

班级管理工作事无巨细，看似琐碎，但细微之处均隐藏着教育因子，需要及时把握。扩招班的残疾学生，残疾程度相对比较严重。比如，视力障碍学生本就是残疾类别里较严重的一类，而全盲学生更是属于重度残疾。在遇到问题时，有的视力障碍学生往往会根据自己耳闻的只言片语去判断事物的全部，认知和情绪都容易偏激；有个别视力障碍学生还会有"我什么也看不见，你们就应该为我服务"的"福利依赖"心理；扩招班的残疾学生社会经验比较丰富，有个别学生会用社会上的不良习气来影响班级，而残疾学生"抱团"心理又比较严重。这些情况都需要班主任和辅导员在扩招班的班级管理中，细心体察残疾学生心理，于细微处着眼，更全面地关心学生，也要更全面地引导教育学生。

比如，笔者所带的残疾学生（视力障碍学生）扩招班，开学不到两天，就有学生连续丢失证件或饭卡，不断地要求班主任和辅导员帮助寻找。这看似小事，但也反映出扩招班的视力障碍学生对解决问题有很强的依赖心理。如果班主任和辅导员只是直接帮助寻找，当然能很快解决问题，但这并不能很好地培育扩招班残疾学生独立思考和解决问题的能力。所以，班主任和辅导员在解决类似问题时需要用智慧去化解。比如，一方面提供解决问题的思路、线索和获取信息的方法，引导视力障碍学生在解决问题中与人交往、尽快地熟悉环境、了解获取信息的渠道；另一方面也要教育引导视力障碍学生如何更好地保管自己的物品，如何更好地向他人寻求帮助。

再比如，有位扩招班视力障碍学生在校学习期间，因妻子突发疾病，他未办理请假手续就私自回家了。作为班主任和辅导员，在处理这样的问题时，则需要情感投入，既要晓之以理，更要动之以情。一方面要关心慰问其家属，体恤学生；另一方面也要请家属协助，让学生及时归校，同时第一时间为其补办请假手续并在班级里说明，消除其他同学可能"盲从"的不良影响。

残疾学生扩招班的班主任和辅导员，与学生应亦师亦友，只有在琐碎的关心爱护中去教育和引导，这些扩招的残疾学生才有可能真正被感化，愿意"亲其师而信其道"。

4. 巧借课程思政，努力实现"三全育人"

《高职扩招专项工作实施方案》强调要"落实立德树人根本任务，坚持全员全过程全方位育人"。班级管理仅凭班主任和辅导员的力量是远远不够的，尤其是面对残疾学生扩招班这样特殊的班级，需要借课程思政之力，尽可能地实现全员、全程、全方位育人。

班主任与辅导员要既分工又协作。在学业管理和思想教育、专业实习与心理疏导方面，班主任和辅导员要充分沟通，既要有明确分工又要相互配合，让学生面对不同问题可以通过微信、电话，找班主任或辅导员，有处可说，有人可诉，确保思想政治教育工作始终"在场"并能"真正听到实话、察到实情、获得真知、收到实效"。

班主任、辅导员要在学生和学生管理部门之间做好上情下达、下情上传的桥梁。一方面，班主任、辅导员要增强政策领悟力和政策执行力，做好政策的传达、宣传和解释工作，及时落实；另一方面，班主任、辅导员要多了解学情，如在执行政策中发现学生确实有困难要如实反映，同理，针对学生提出的需求而学校有困难、确实难以满足的，也要做好学生的教育和引导工作。

班主任与任课教师要常沟通。做好学业指导是班主任的重要职责之一，但扩招班学生在校时间短，特别需要班主任在平时多与任课老师沟通，尤其是要让专业老师多了解学生的专业基础情况、专业特长和意愿，以便更好地因材施教，提供更适合扩招班残疾学生学习的专业课程学习方案，并及时通过钉钉、班级微信群和班委工作群进行督促。

此外，班主任、辅导员还要与残疾学生家属保持一定的联系。如发现学生在校期间或在学习中出现问题，要及时与学生本人，必要时与其家属做好沟通，要及时争取学生及其家属的理解，及时解开学生心中的疙瘩，心情愉快地投入学习。

五、结 语

对于扩招班的残疾学生而言，教育的终极意义在于不断提升其社会适应能力，最大限度地挖掘其可行能力，拓宽其职业、生活前景，丰富其当下和未来的人生。所以，对扩招班残疾学生开展职业教育，一定要立足他们的生活世界，密切关注他们的现实需求，尤其要在推进产教融合中切实提升残疾学生的可行能力。职业教育的产教融合关键在于把握"服务发展、促进就业"的办学方向，坚持"产教融合、校企合作、工学结合、知行合一"的办学理念。作为班主任和辅导员，需要与专业老师保持密切联系和沟通，一起将思想政治教育和管理服务工作贯穿于学生的专业见习、实习过程中，在扶残疾学生之智的同时扶其志，助力残疾学生自立自强。

残疾学生扩招班的管理工作虽然繁杂，但琐碎中见功力，细微处显情怀，只有不断学习和研究，并永葆教育的初心，就一定能走进残疾学生的心里，走出一片残疾学生扩招班教育管理的新天地。

参考文献

[1] 鲍尔斯，金蒂斯. 美国：经济生活与教育改革. 上海：上海教育出版社，1990.

[2] 马树超，郭文富. 高职院校百万扩招的战略意义与实现路径. 中国高教研究，2019(5): 88–91.

[3] 瞿连贵. 从职业教育扶贫到职业教育精准扶贫——内容分析、问题反思及前景展望. 成人教育，2018(11): 75–80.

[4]　习近平. 摆脱贫困. 福州：福建人民出版社, 1992.

[5]　习近平. 谈谈调查研究. 学习时报, 2011–11–21(1).

[6]　习近平在贵州调研时强调：看清形势适应趋势发挥优势 善于运用辩证思维谋划
发展. 人民日报, 2015–06–19(1).

增强听障大学生对红色文化价值认同的有效机制研究

厉晓妮

摘要 红色文化有强大的育人功能，是具有中国特色的先进文化，蕴含着丰富的精神内涵，其精神本质、价值承载与大学生思政教育的价值追求具有高度的一致性，其根本目的都是立德树人，所以红色文化成为高校思想政治教育的重要资源，在一定程度上提高了思政教育的实效性。但是在具体的教育实施中存在着一定的问题，尤其是红色文化的强大的教育功能还没有得到应有的发挥，其中一个极其重要的原因就是大学生对红色文化的价值认同感不强。

红色文化的价值认同是指人们对红色文化的内在精神的认可，并自觉内化为自己的价值取向，以此价值标准来规范自己的行为。红色文化是中国特色的先进文化，它的内涵精神价值和意义再好，都需要通过主体价值的认可、认同才能实现，如果认识的主体即大学生不认同或者认同感不强，那就无法发挥它应有的强大的教育功效。尤其我们的听障大学生，因生理缺陷导致其感知上的不足、思维上的局限性，以及情感体验不够深刻全面，与其他健全的学生相比，其对红色文化的认知程度、价值认同感都会受到限制和影响，难以达到预期教育效果。所以，我们通过网上问卷和个体访谈等方式，调查听障大学生对红色文化的价值认同的基本现状及存在的问题，分析影响听障大学生对红色文化价值认同的因素，并提出增强价值认同的三大机制。

一、听障大学生对红色文化价值认同的基本现状及存在问题

（一）学生对红色文化内涵的了解不够、了解的主动性不强

在"你了解什么是红色文化吗？"一题中，只有7.14%的学生完全了解，比较了解的占45.24%，只了解一点的占到33.33%，只听说过名字和完全不了解的占到

14.28％，说明我们的听障大学生对红色文化的知识掌握不足。同时发现学生了解红色文化知识的主动性不够强，在调查"你会去看与红色文化相关的电影或电视剧吗"，非常想看的只有19.05％，而不确定和不想看的占到了57.14％；问及"你会去参加红色旅游吗？"，很少和不参加的占到了69.04％。

（二）学生对红色文化的意义和价值情感认同度较高

在调查"您认为红色文化是否已经过时"，78.57％学生认为没有过时；在回答"你是否对中国共产党的光辉历史感到自豪""你认为红色文化知识对自己将来的发展有意义吗""你认为在现在的社会有必要大力宣传诸如'自强、艰苦奋斗'等红色文化精神吗"，回答很自豪、很有意义、很有必要的都占到了80％以上。这说明听障大学生对红色文化的情感认同度比较高，肯定了红色文化的价值和意义，这可能和他们的人生境遇和经历有关，两者容易有共鸣。

（三）学生参与红色文化教育活动的途径和方式更加注重体验

通过调查问卷得知，"如果有机会让你参加有关红色文化的活动，你会参加吗"，愿意积极参加的占到45.24％，"有伴才参加"和"与我无关"的分别占到33.33％、7.14％，说明主动参与红色文化教育活动的意愿还不够强烈；在问及"你喜欢什么样的活动方式"时，传递信息方式过于单一的活动比如报纸、讲座和讲故事所占的比重比较低，而情感体验强烈、形式丰富的活动如看红色电影、现场参观、文艺演出等比较受欢迎，教育效果比较好。

从听障大学生和健全大学生对红色文化价值认同的数据的对比分析来看，发现听障大学生对红色文化的价值认同较之健全大学生存在一些差异性：一是认可红色文化，但对红色文化认知比较模糊；二是对红色文化兴趣度偏低，红色文化信仰不够强烈；三是肯定红色文化的价值，但践行红色文化比较困难，主动性不强。总体来说，听障大学生对红色文化的感知不全面、理解能力偏弱，对红色文化的价值认同感偏低。

二、影响听障大学生对红色文化价值认同的因素

究其原因，除了一些和健全大学生同质化的因素，比如红色文化教育与大学

生身心发展契合度不高，教育方式方法比较单调枯燥、缺乏创意，学生主动性不强等，听障大学生因其生理的特殊性，还存在以下的因素。

（一）听障大学生认知和思维方式的独特性

听障大学生的认知方式具有独特的个体特征。他们由于听力损失或障碍缺陷，主要依靠视觉作为获取、加工、组织信息的方式，因而长时间保持双眼聚焦，容易引起视觉疲劳，影响其教学效果。同时听障大学生以形象思维能力为主，抽象思维能力较弱。基于上述听障大学生的认知和思维规律，在对其实施红色文化教育时，首先要解决的是"学什么"以及以何种方式呈现教学内容的问题。

（二）听障大学生沟通方法的特殊性

由于大多数听障大学生听力的缺陷限制了其语言的发展，手语是听障大学生与外界交流的主要方式，听力的障碍和手语的使用影响其书面语的表达和对抽象概念的理解，他们很难与健全的人进行深度交流。这就需要借助多元化的教学载体，拓展听障大学生的交流空间，以突破或弥补用手语作为交流工具而带来的诸多限制，充分地理解和认知红色文化的精神实质，增强价值认同。

（三）听障大学生情绪发展的复杂性

听障大学生听觉与语言功能的缺陷易引发其特殊的行为反应和心理问题，影响个体与社会的交流沟通，社会交往的阻碍使他们容易产生一定的负面情绪以及对问题看法的片面性。对听障大学生敏感且复杂的情绪特征而言，教学方法就显得尤为重要。

三、增强听障大学生对红色文化价值认同的三大机制

基于以上的调查依据及其成因分析，从感知和价值认同理论出发，研究构建听障大学生对红色文化价值认同的三大有效机制，旨在不断提升他们对红色文化的价值认同，并以此规范自己的行为，以期达到"立德树人"的教育目标。

（一）构建内在和外在相结合的动力机制

首先，要满足听障大学生的成长成才需要，激发学生的内在动力。在教学过程中要筛选教育内容，着力解决听障大学生的现实问题和人生问题，尤其是要满足受教育者成长成才的需要、个人价值和社会价值实现的需要。当个体的需要得到满足，其就会对红色文化产生积极的态度，从而在情感上达到认同。红色文化中包含着极其丰富的精神内涵，尤其是红色文化中百折不挠、自强不息、艰苦奋斗、爱国主义等精神品质，与听障大学生的人生特性高度吻合，要重点挖掘学生坚定理想信念、自强自立、奋发向上等优秀精神元素，着力解决听障大学生的现实问题和人生问题，使其产生积极的情感体验和价值共鸣。其次，要建立外在的激励机制，增强红色文化的吸引力。鼓励学生骨干率先投入红色文化教育实践活动中，充分发挥先进典型的示范引领作用；学校可以组织各种与红色文化相关的适合听障大学生认知特点和专业特色的实践活动。比如，可以将红色文化教育实践活动纳入学生的评优评奖考核机制；在专业学习上，工美专业的同学可以利用自己的美术优势，进行关于"五四运动"的绘画比赛等。通过外在的激励机制，增强学生对红色文化的兴趣，实现从认可、内化到自觉遵循的过程。内在动力的激发与外在激励的渗入需要有机结合形成合力。

（二）构建"认知—情感—行为认同"三位一体的组织引导机制

要遵循大学生价值认同规律，构建"认知—情感—行为认同"三位一体的组织引导机制。价值认同是个体向团体或他人学习、模仿其价值观念并内化为自身思想的一部分，最后转化为行为的过程，真正实现价值认同要经历认知认同、情感认同和行为认同三个阶段。首先要通过各种方式获取和感知红色文化的相关信息，在认知的基础上认可、赞成红色文化的精神内涵和价值取向，这是认知认同；在认知认同的基础上，对红色文化的内涵和精神价值产生积极、肯定、满意的情感倾向，将红色文化中的理想、信念、精神转化为自身的追求目标和价值取向，这是情感认同；在情感认同的基础上，受教育者以红色文化所倡导的价值理念和精神内涵去指导、约束自己的行为，实现知行统一，这是行为认同，而这个过程具有更强的往复性。听障大学生对红色文化价值的认同是对红色文化内在精神的认可，并自觉内化为自己的价值取向，以此价值标准来规范自己的行为，这是一个价值认同和选择的过程，是一个复杂的、递进的动态发展变化的过程。这就需要我们在学理上、逻辑上不断实践与校正，遵循规律开展循序渐进式教育。所以，要遵循红色文化价值认同的心理机制，同时又要准确把握和了解听障大学生认知方式的独特性和自身需求，并采用适合学生的教育内容、手段和方法，循序渐进地对其实施教育，提升听障大学生对红色文化的价值认同感，从而使其在内心深处真正认可和认同红色文化的精神内涵和实质，以其指导行为实践，切实做到知行统一。

第一，以听障大学生的"认知方式"实施教育以实现认知认同。听障大学生的认知方式具有独特性，主要依赖视觉认知作为获取、加工、组织信息的方式，长时间单一的认知方式，容易引起听障大学生的视觉疲劳，从而使他们产生厌学情绪，降低学习兴趣和效率，影响课程教学效果。同时听障大学生以形象思维能力为主，抽象思维能力较弱。所以，在组织实施红色文化教育引导的过程中，要遵循以下几个原则：一是教学语言要通俗易懂，淡化抽象概念和理论，以手语为主、口语和书面语为辅。二是教学内容的呈现方式要直观和形象、生动。在教育中可以用红色故事为载体直观呈现，既可以以短小精悍的文字方式呈现，也可以用视频、图片的方式呈现，还可以用表演的方式呈现等，以提高听障大学生对红色文化的兴趣。三是通过"讨论交流式"实现教学互动。在利用手语的传统课堂教学中，听障大学生由于听力的缺陷而导致语言表达存在局限性，课堂交流方式单一，学生讨论不够充分，学生的主体参与性较差。教育者可以引入"互联网＋"的教学平台，充分利用学生习惯的认知手段比如微信、QQ、微博、各种教学平台，打通听障学生与健听教师共同讨论的空间，以实现全方位立体式的教学互动。比如有的教学平台有讨论区、调查问卷、投票、弹幕讨论等多种互动交流方式，可以吸引学生的注意力，克服听障学生的注意力、稳定性较差的弱点，增强学生对红色文化的理解和认知。

第二，关注听障大学生的"自身体验"，以实现情感认同。列宁指出："没有情感，就不可能有人对真理的追求。"在实现价值认同上，一般来说，当某种对象符合或是能够满足主体某种需要，主体就会产生积极、肯定的情感体验，愿意接受它，并将之作为活动的对象；当某种对象不符合或者不能满足主体需要时，主体就会产生消极否定的情感体验，引发出疏远、躲避甚至拒绝的心理。由此可见，没有情感认同，就没有真正意义上的价值认同。因此，在实施红色文化教育的时候要关注听障大学生的自身体验，要以启发、激励等形式帮助受教育主体体验红色文化的内涵和精神，使学生产生对红色文化的积极、肯定、满意的情感体验，将红色文化中的理想、信念、精神转化为自身的追求目标和价值取向，实现学生对红色文化的情感认同。一是创设情境式教育，激发学生的兴趣和爱好。有听力障碍的学生视觉补偿能力较强，所以他们的视觉记忆较强，想象力、肢体语言、情感丰富，可塑性和模仿力很强。在教育中，我们要充分挖掘红色文化中的感人故事，"以情动人"，合理运用数字新媒体技术，让学生亲身体验，比如可以让学生亲自讲述感人的红色故事，并把红色故事拍成微电影、微视频、抖音，还可以排成舞台剧、舞蹈等，让学生置身于参与式教学场景中，充分利用其肢体语言、情感丰富的特点，在体验中认知、在体验中感动、在体验中内化为自身的价值取向，从而提升其对红色文化的价值认同。二是创设良好的文化育人环境，实现共性和个性的融合教育。听障大学生作为特殊群体，需要创建特色鲜明的校园文化，在实施教育时要把红色文化、校园文化和一般的大学文化融合在一起，比如我们倡导自强不息、拼搏的精神和红色文化的精神是异曲同工的，这是潜移默化的教育过程，也是产生情感共鸣、共情的过程。

　　第三，注重引导听障大学生积极投身社会实践以固化行为认同。行为认同是在认知认同和情感认同的基础上，以红色文化倡导的价值理念和精神内涵去指导、约束自己行为，自觉践行红色文化的价值理念，使其行为结果逐步趋于稳定，达到知行的统一。社会生活在本质上是实践的，实践论指出认识和实践是辩证统一的关系，实践是认识的基础，对认识起着决定性的作用。所以行为认同的阶段，要特别重视实践，尤其是要组织和开展适合听障大学生的课外实践活动，要具体分析听障大学生身心发展的特点。研究发现，和一般的健全学生相比，他们的视觉鉴别和对色彩刺激的视觉记忆能力较强，想象力更丰富，他们的手眼协调、辨别事物的能力更强，因此我们要充分利用听障大学生的这些优势，组织和开展实践活动，即适合听障大学生身心发展的活动，体验成功、体验红色文化的魅力，并在活动中践行红色文化的精神价值，提高价值认同感。在开展实践活动时，要坚持以下几个原则：首先，红色文化实践活动的开展要以动态体验式的活动为主，增强吸引力，避免单调乏味。研究发现听障大学生有意注意的稳定性较差，需要动态体验式的活动来吸引和支持。比如组织红色文化的讲座、演讲、辩论赛等主要靠听觉来获得信息的活动，学生兴趣不大，教育效果不理想；相比较而言，组织参观红色文化的图片展、红色故事小品表演、红色文化电影周，参观博物馆、纪念馆和红色文化旅游基地等体验式的实践教学活动，学生兴趣较大，教学效果良好，因为这些活动是学生通过亲身体验来感受红色文化的精神魅力和内在价值，符合听障大学生的认知和思维方式。其次，活动的形式可以和专业相结合。因时间和空间资源有限，红色文化的元素可以和学生的专业实践、见习、实习等活动相融合，比如数字媒体设计专业的学生可以设计以红色文化为元素的产品，工艺美术设计专业的学生可以利用专业尝试红色旅游基地采风绘画等，在和专业的结合中既发挥了专业的特长，又感悟体验到了红色文化的内涵和价值，同时可以与重大的节庆日和学生的社团活动、学生会活动、党员活动、志愿者活动相结合，激发学生的情感倾向，强化民族意识和爱国意识，增强民族认同感。

同时还要注重协同运行。要整合各方面资源，做到校内与校外相结合、课堂教学与课外实践相结合、线上与线下相结合，将物质类红色文化资源发展为实践教育基地，非物质类红色文化资源可以进课堂、进教材，加强校内各部门的协调整合，建立全方位覆盖、全过程渗透的红色文化教育新模式。

（三）构建"评价—反馈—优化"的动态评价机制

听障大学生对红色文化价值认同的成效如何，最终还是要通过有效的评价机制来加以验证。评价机制主要由评价、反馈、优化三个环节构成，进而形成"评价—反馈—改进提高—再评价"的循环过程，旨在及时调整教育目标和改进教育方法。一是对组织引导机制的有效性评估，评价教育目标是否明确、组织协同是否有序、教学效果是否明显。二是评估听障大学生对红色文化价值认同效果进行。主要针对不同年级段学生对红色文化的价值认同情况进行评估，尤其要评估高年级的行为认同实效，注重在思想道德、理想信念、爱党爱国、精神面貌等方面进行纪实性评价，实现定性与定量相结合。评价结果及时反馈给相关部门，以便有针对性地改进提高思想政治工作和思政课教学。

参考文献

[1] 列宁全集（第 20 卷）. 北京：人民出版社, 1972.

[2] 马克思恩格斯全集（第 3 卷）. 北京：人民出版社, 1960.

[3] 韦诗业. 基于认同视角的高校思想政治理论课教学改革初探. 广西师范学院学报, 2012(2): 24–27.

[4] 习近平首次点评"95 后"大学生. 人民日报, 2017–01–03(2).

听障大学生心理健康水平调查及运动促进策略研究 [①]

袁海涛

摘要 大学期间是学生心理发展和成熟的重要阶段，听障学生是大学生中特殊且重要的一部分，其心理健康备受关注。因此本研究通过对听障大学生心理健康相关研究进行分析，并采用问卷调查法对听障大学生进行评定，以便了解其心理健康状况，并提出运动促进健康的策略。

大学生是国家未来发展的中坚力量，其健康水平直接关系到国家和民族的未来。随着社会快速发展，快节奏的生活方式、高强度的学业压力以及严峻的就业形势，使得学生心理健康问题频发。而听障大学生心理健康水平显著低于健全大学生，心理问题更为突出，对听障大学生进行及时评定和干预是特殊院校的重要任务。2007 年 ACSM（运动医学行业协会）和 AMA（美国医学协会）正式提出：运动是良医，通过运动的方式可以有效地改善身心健康水平，且无明显副作用。因此，本研究通过文献资料法和测试法对听障大学生心理健康水平进行调查分析，根据测试结果为其提供有效的运动促进心理健康的策略。

一、听障大学生心理健康相关研究

目前国内外已对听力障碍人群心理健康状况进行了较为广泛的研究。国外学者弗林格尔（Fellinger）通过 GHQ–12 和 WHOQUOL–BREF 量表对 236 名听力障碍人士进行心理健康调查，结果显示听障组 GHQ–12 得分为 4.38 ± 2.53，远高于对照组 1.16 ± 2.10。在 WHOQUOL–BREF 测试结果中，除社会关系领域外，听障学生的心理健康问题显著高于对照组（$P < 0.01$）。夸姆（Kvam）通过 HSCL 量表对 431 名听

① 浙江特殊教育职业学院校级课题（XKYJB2021–8）项目成果。

障人士进行心理健康调查，结果显示听障组在每一项上的心理健康问题均显著高于对照组（$P < 0.01$）。金特（Gent）和史蒂文森（Stevenson）的研究中显示听障儿童出现情绪和行为问题的比率大约是正常儿童的两倍。

国内学者李强通过 SCL-90 对 158 名听障大学生进行心理健康检测，结果显示听障大学生大多数因子分值显著高于全国常模，心理问题检出率也明显高于非残疾人。此外，家庭状况和专业是影响听障学生心理健康状况的重要因素。郑勇军通过 SCL-90 量表对 62 名视障学生和 154 名听障学生进行心理健康检测，结果显示，听障学生在精神病性、抑郁、焦虑、人际关系、躯体化以及总均分维度均高于视障学生，视障学生心理健康水平优于听障学生。杨素华通过 SCL-90 量表对 200 名残疾学生和 200 名健全学生进行检测，残疾学生在各维度均分均显著低于健全学生。张海丛通过应对方式评定量表 (CSQ) 对各 120 名健全、听障和视障学生进行评定，结果显示听障学生在解决问题、求助、退避以及合理化维度得分均高于健全学生，可能反映听障学生有着刨根问底、坚持不懈地解决问题的个性，但其独立性和勇气也与健全学生存在一定差异。杨昭宁通过对 350 名听障学生进行安全感、人际信任和心理健康水平测试，听障学生安全感处于中等偏下水平，男生的安全感水平优于女生，结构方程模型显示安全感对其心理健康程度具有显著的预测作用，其中人际信任起中介作用。

王娟通过多年教学经验发现，听力及言语障碍学生在情绪管理中出现如下问题：部分学生无法以积极的心面对自身残疾，且容易出现极端情绪。其原因主要与听力障碍所带来的言语沟通障碍有关，此外还与家庭、学校和社会等因素有关，黄锦玲认为听障大学生心理健康的影响因素主要包括两大因素：一是个人因素：听障大学生自身的认知特点、人格特质和应对方式等因素。二是社会因素：社会支持度和社会歧视。并提出三条建议：注重听障大学生健全人格的塑造，社会各界加强对听障大学生的社会支持和重视体育锻炼的心理保健功能。

综上所述，国内外学者对于听障学生心理健康状况的调查研究均显示其心理健康水平并不理想，且心理健康状况显著差于健全人群，而造成其心理健康水平并不理想的原因可能与其自身生理缺陷以及社会环境有关。此外，关于通过运动改善心理健康的策略较少。

二、听力障碍学生心理健康调查

（一）研究对象与方法

采用 SCL-90 量表对 198 名听力障碍大学生进行心理健康水平调查，对躯体化、强迫症状、人际关系敏感、抑郁、焦虑、敌对、恐怖、偏执、精神病性和其他健康 10 个因子进行调查。根据评定标准，满足以下条件之一即为存在阳性症状：①总分超过 160。②阳性项目数超过 43。③因子分 ≥ 2。

运用 SPSS24.0 进行数据处理。计量资料采用均数 ± 标准差表示，组间比较采用 t 检验，以 $P < 0.05$ 为差异有统计学意义。

（二）研究结果

对 198 名听障大学生进行心理健康测试，结果显示听障大学生心理健康阳性率为 52.3%，在躯体化、强迫症状、人际关系敏感、抑郁、焦虑、敌对、恐怖和偏执各因子得分均高于全国常模水平，其中在躯体化、强迫症状、抑郁、焦虑、敌对、恐怖、偏执和精神病性因子上的差异均有统计学意义（$P < 0.05$）（见表 1）。

表 1　听力障碍大学生与全国常模比较结果

各维度均分	听力障碍大学生（n=198）	全国因子分常模 [14]
躯体化	1.53 ± 0.49	1.37 ± 0.48**
强迫症状	1.76 ± 0.59	1.62 ± 0.58**
人际关系敏感	1.67 ± 0.54	1.65 ± 0.61
抑郁	1.73 ± 0.60	1.50 ± 0.59**
焦虑	1.68 ± 0.51	1.39 ± 0.43**
敌对	1.57 ± 0.54	1.46 ± 0.55**
恐怖	1.45 ± 0.46	1.23 ± 0.41**
偏执	1.60 ± 0.56	1.43 ± 0.57**
精神病性	1.58 ± 0.52	1.29 ± 0.42**
其他	—	—

注：** 表示听力障碍大学生与全国常模间结果具有显著性差异（$P < 0.05$）。

对男性听障大学生和女性听障大学生心理健康水平进行比较，男性听障大学生、女性听障大学生心理健康阳性率分别为 45.1% 和 57.8%，男性听障大学生在躯体化、强迫症状、人际关系敏感、抑郁、焦虑、敌对、恐怖、偏执、精神病性、其他维度和总分得分分别为 1.46 ± 0.48、1.68 ± 0.60、1.54 ± 0.53、1.58 ± 0.58、1.56 ± 0.50、1.53 ± 0.58、1.35 ± 0.45、1.54 ± 0.56、1.55 ± 0.54、1.54 ± 0.53 和 1.54 ± 0.47。 女性听障大学生在躯体化、强迫症状、人际关系敏感、抑郁、焦虑、敌对、恐怖、偏执、精神病性、其他维度和总分得分分别为 1.58 ± 0.49、1.81 ± 0.57、1.77 ± 0.53、1.84 ± 0.59、1.76 ± 0.51、1.60 ± 0.52、1.52 ± 0.46、1.64 ± 0.56、1.61 ± 0.51、1.69 ± 0.55 和 1.69 ± 0.46。女性听障大学生在各因子得分上均高于男性，其中在人际关系敏感、抑郁、焦虑、恐怖和总分上具有显著性差异（$P < 0.05$），见表 2。

表 2　不同性别听力障碍大学生心理健康水平比较

各维度均分	男生	女生	显著性
躯体化	1.46 ± 0.48	1.58 ± 0.49	0.07
强迫症状	1.68 ± 0.60	1.81 ± 0.57	0.124
人际关系敏感	1.54 ± 0.53	1.77 ± 0.53	0.004★★
抑郁	1.58 ± 0.58	1.84 ± 0.59	0.003★★
焦虑	1.56 ± 0.50	1.76 ± 0.51	0.005★★
敌对	1.53 ± 0.58	1.60 ± 0.52	0.351
恐怖	1.35 ± 0.45	1.52 ± 0.46	0.010★★
偏执	1.54 ± 0.56	1.64 ± 0.56	0.213
精神病性	1.55 ± 0.54	1.61 ± 0.51	0.388
其他	1.54 ± 0.53	1.69 ± 0.55	0.052
总分	1.54 ± 0.47	1.69 ± 0.46	0.021★

三、讨论与分析

学生心理健康发展是学校发展的重要工作，本研究针对听力障碍学生心理健康状况进行调查，以期为改善学生心理状况水平提供有效的促进意见。

本研究采用 SCL-90 量表进行调查，发现听力障碍大学生 SCL-90 大多数因子分均显著高于 1986 年全国常模，其心理问题检出率也显著高于同龄健全人群，该结果与李强的研究基本一致。总体而言，听障大学生心理健康水平并不理想，其原因主要可以包括两方面：第一，学生因听力障碍带来的语言能力的障碍，主要依靠眼睛观察事物，对于事物认知具有片面性和主观性，可能造成理解上的偏差，使得其容易受消极心理暗示的影响，且听障学生遇到问题应对行为集成熟与不成熟的应对方式于一体，在应对行为上表现出一种矛盾的心态和两面性的人格，这可能导致了听障学生更易产生心理问题。第二，社会因素也是导致听障学生心理健康状况不佳的重要原因。首先，听障学生家长在培养孩子时会承受更大的心理压力，可能会过度呵护或放任自流，容易造成孩子心理异常。其次，听障大学生在学业生涯中学习环境主要以特殊学校为主，长期在这样的环境下生活学习对于学生在社会中独立生存的促进效果相对有限，遇到突发状况时难以自我应对，容易引起学生恐惧、焦虑等不良情绪。最后，在社会大背景下，虽然国家积极提倡残健融合并给予残疾大学生良好的就业政策和福利保障，但听障大学生在社会各方面仍然处处存在困难，并可能受到歧视、排斥等，因此对于即将进入社会的听障大学生而言，在身心上有较大的挑战。此外本研究在调查过程中发现以下问题：部分学生对于量表问题或选项难以理解，导致在本部分题目解答时产生疑惑。因此在测试时，配备了教师对于部分问题进行手语解释。

本研究通过男女生心理健康对比，发现女生在人际关系敏感、抑郁、焦虑、恐怖维度的得分以及总分上均显著高于男生，与刘媛媛研究结果接近。其原因可能是女性雌激素、孕激素对情绪有直接的负面影响。同时，随着我国经济社会快速发展，社会变革加速，现代女性的一个显著特征就是家庭—工作冲突、理想自我与传统角色定位冲突加剧，易诱发心理症状，因此听障女大学生心理健康状况更需要被关注。

四、运动促进心理健康策略

面对听障大学生心理健康水平不佳的现状，应及时提供有效的干预手段。运动是一种性价比高且无副作用的干预方式，学生可在闲暇时间进行自我干预。为改善听障大学生心理健康水平，笔者提出以下建议。

（一）运用科学化锻炼模式，保障锻炼安全与效果

ACSM 和 AMA 正式提出"运动是良医"，长期参与锻炼运动可以有效促进健康，然而运动也是一把"双刃剑"，运动过量可能会对机体造成负面影响，因此参与运动需要规范化、科学化。在听障大学生参与体育锻炼过程中可以采用 PDCA 循环管理

模式。计划阶段（plan）是运动锻炼的准备部分，通过心理量表测评学生心理健康现状，运用专业理论进行分析，制定切实可行的锻炼目标；执行阶段（do）是运动锻炼执行的关键，体育工作者应该监督学生实施运动锻炼方案，以及保质保量地完成运动计划，并及时适当调整；检查阶段（check）应持续跟踪学生锻炼效果，制定合适的评价手段、评估办法，对测试效果进行检验；处理阶段（action）是整个干预过程中的创新和发展阶段，对于前期工作情况进行评价，对于成功之处进行肯定，对于不足之处进行反思，并调整运动锻炼的目的与手段。

（二）选择合适运动方案，有效提高锻炼效果

运动能加强新陈代谢，疏泄负性心理能量，并产生积极的心理感受，因此运动对于调控心理健康发展具有重要作用，闫慧慧研究显示身体活动可以提升青少年主观幸福感和心理健康水平，并降低超重/肥胖风险，因此提高身体活动水平对身心健康发展具有重要意义。华正春研究显示通过身心练习（太极拳、瑜伽）可以改善大学生焦虑、抑郁和压力水平，运动干预对大学生心理健康的影响达到中等效应量，对于强迫症、人际关系、抑郁和焦虑干预效果较好。具体而言，采用有氧运动的方式，每次 90 分钟以上，每周至少一次，坚持 8 周以上效果最佳。但目前关于心理健康促进效应与身体锻炼量的关系的研究仍相对有限，值得注意的是参与长期和短期身体锻炼都与降低负面情绪有关，且部分情况下其对于心理健康的促进效果与药物干预效果是一样的。

（三）发挥体育课堂重要作用，改善学生心理健康水平

体育课是高职学生重要的必修课程，而高校体育教育与心理健康教育目标具有一致性，其目标之一即通过体育来改善学生心理健康水平。吴健俊认为体育有利于促进学生心理健康发展，有利于发现和消除学生的心理障碍，有利于培养学生的自信心和成功体验，有利于开发学生的行为能力。对此教师可以采用如下方法：（1）科学设定教学目标，体育意识培养与心理健康教育结合。在教学中教师可以根据学生心理健康状况制订学生锻炼计划，采用教学方法改善学生心理状况。（2）教学过程中应准确把握教学内容，可采用有氧运动、武术、瑜伽等运动发挥其运动效益，并融入思政元素，树立学生的自尊、自信、自强、自立意识。（3）灵活运用教学手段，创设促进心理发展的必要条件，对于听力障碍大学生，教师更需要通过手

势、表情、眼神以及身体动作，促进其与学生的交流互动，在课堂中通过组织竞赛活动，加强学生合作意识，感受课堂任务的挑战性与趣味性，缓解负面情绪，改善学生心理健康状况。此外，教师可运用体育游戏，充分调动学生积极性，通过游戏的形式，让学生主动参与，去发现、解决问题，并在游戏中学会克服恐惧、焦虑、自卑等负面情绪，学会处理人际关系，适应和融入团体生活，从而更好地提高心理健康水平。

（四）强调运动安全重要性，降低运动损伤风险

听力障碍大学生在参与运动时应增强安全意识，降低意外风险。听障学生因听力受损，对于不在视野内的危险情况难以及时避免，如学生在行走时，背后有篮球飞来，此外，听障学生主要通过手语交流沟通，若在对抗运动中，相互交流可能会影响学生注意力，对于突如其来的对抗可能难以做出合理应对。因此，听障大学生在参与运动时存在较高风险。可以采取以下措施：（1）与正在比赛的区域保持安全距离，可以降低意外损伤风险；（2）运动时提高注意力，并合理安排休息时间，有助于减少运动中突发情况；（3）在参与运动时可以佩戴合适护具，降低损伤严重程度。

参考文献

[1] 黄锦玲,娄星明.聋人大学生心理健康研究综述.中国特殊教育,2006(10): 32–35.

[2] Fellinger F. The effect of early confirmation of hearing loss on the behaviour in middle childhood of children with bilateral hearing impairment. Developmental Medicine and Child Neurology, 2011, 53(3): 198.

[3] Fellinger J,Holzinger ,Dobner U, et al. Mental distress and quality of life in a deaf population. Social Psychiatry & Psychiatric Epidemiology, 2005, 40(9): 737–742.

[4] Gent T V,Goedhart A W,Hindley P A, et al. Prevalence and correlates of psychopathology in a sample of deaf adolescents. Journal of Child Psychology & Psychiatry, 2010, 48(9): 950–958.

[5] Loeb K M. Mental health in deaf adults: Symptoms of anxiety and depression among

hearing and deaf individuals. Journal of Deaf Studies & Deaf Education, 2007, 12(1): 1.

[6] Nolen-hoeksema S. Gender differences in depression. Current Directions in Psychology Science, 2001(5): 173-176.

[7] Nordhus I H,Pallesen S. Psychological treatment of late-life anxiety: An empirical Review. Journal of Consulting & Clinical Psychology, 2003, 71(4): 643.

[8] 曹勋. 高校体育教育对学生心理健康的促进研究. 教育与职业, 2016(18): 106-108.

[9] 华正春, 孙健. 身心练习对大学生焦虑、抑郁和压力影响的实验研究. 广州体育学院学报, 2021(1): 95-102.

[10] 金华, 吴文源, 张明园. 中国正常人 SCL-90 评定结果的初步分析. 中国神经精神疾病杂志, 1986(5): 260-263.

[11] 李强, 张然, 鲍国东, 等. 聋人大学生心理健康状况及相关因素分析. 中国特殊教育, 2004(2): 69-72.

[12] 刘媛媛, 武圣君, 李永奇, 等. 基于 SCL-90 的中国人群心理症状现况调查. 中国心理卫生杂志, 2018, 32(5): 437-441.

[13] 邵帅. 运动干预对职业院校大学生心理健康影响的 Meta 分析. 职业技术教育, 2019(29): 70-75.

[14] 汪向东, 王希林, 马宏. 心理卫生评定量表手册. 北京: 中国心理卫生杂志社, 1999.

[15] 王娟. 聋人大学生常见心理问题、原因及教育对策. 教育与职业, 2012(32): 91-93.

[16] 吴健俊, 韦旭强. 体育教学促进学生心理健康发展的思考. 教学与管理, 2011(27): 118-119.

[17] 闫慧慧, 聂鑫, 朱永凯, 等. 青少年身体活动与健康的关系. 中国健康教育, 2020(11): 987-990, 1023.

[18] 杨素华. 特教中专残疾学生 SCL-90 评定结果分析. 中国特殊教育, 2001(2): 29-34.

[19] 杨昭宁, 杨静, 谭旭运. 聋生安全感、人际信任与心理健康的关系研究. 中国特殊教育, 2012(9): 18-23.

[20] 余丽. 聋人大学生应对方式的研究. 中国特殊教育, 2005(6): 28-31.

[21] 张海丛, 边丽. 听力视力障碍大学生和普通大学生应对方式对比分析. 中国学校卫生, 2008(11): 1041–1042.

[22] 张建新. 关于《教育部等五部门关于全面加强和改进新时代学校卫生与健康教育工作的意见》的专家解读 促进学生心理健康的三大抓手——体育、艺术和游戏活动. 现代预防医学, 2022(6): 961–962, 974.

[23] 郑勇军, 胡萍. 聋生与盲生心理健康现状的比较分析. 教育学术月刊, 2008(9): 28–29, 32.

高校残疾学生精准资助育人的现状及优化

——以浙江特殊教育职业学院为例

徐澜钊

摘要 做好高校精准资助育人工作是推进公平而有质量教育的重要前提。本文以浙江特殊教育职业学院为例,针对目前学院精准资助中存在的队伍建设不足、信息化程度低、资助体系不健全等问题,提出了强化资助队伍建设、完善信息化建设、加强思政教育、构建全方位第二课堂等精准资助育人的优化路径。

在阔步走向第二个百年奋斗目标的进程中,如何更有效地激发包括残疾人在内的贫困群体的自主性,实现巩固拓展脱贫攻坚成果成为"十四五"规划的一项重要工作。做好包括残疾学生在内的家庭经济困难学生认定工作,是贯彻落实党中央、国务院决策部署,全面推进精准资助,确保资助政策有效落实的迫切需要。同时,建立健全家庭经济困难学生资助政策体系,也是实施科教兴国和人才强国战略,优化教育结构,促进教育公平和社会公正的有效手段。

一、对残疾学生进行精准资助育人的内涵界定

对残疾学生进行资助的最终目标是在保障贫困残疾学生基本生活的基础上,做到扶贫、扶志、扶智相结合。实现资助之后的育人目标,达到全员、全程、全方位育人,为中华民族伟大复兴培养德智体美劳全面发展的社会主义建设者和接班人,这是高校资助育人精准化建设面临的新要求和新挑战。

因此,发展性应该是精准资助育人的关键核心内容。对残疾学生的精准资助育人必须坚持以贫困残疾学生的成长发展为价值取向,以贫困残疾学生的问题和需求为导向,提高各类资助供给与残疾学生发展需求之间的匹配度。为此,对残疾学生

的精准资助育人需要全方位地激发贫困残疾学生的发展主动性、能动性、创造性，建立体现差异化、动态化、多元化、个性化的符合残疾学生个体发展的立体评价机制，包括素质与能力发展状况及其职业发展核心能力等指标在内的精准育人效度衡量指标体系。

二、学院残疾学生精准资助的现状及存在的问题

浙江特殊教育职业学院目前共有学生 2512 名，其中残疾学生 1500 余名，占比约 60%。残疾学生作为特殊群体，大都拥有残疾证，符合资助政策的资助认定条件。近年来，该校资助体系逐步完善，覆盖面逐步扩大，但仍然存在资助工作队伍建设不足、资助对象认定不够精准、资助信息化程度低、只顾资助而忽视育人等问题。

（一）资助工作队伍力量薄弱

一支专业的资助工作队伍是做好资助工作的基础，《教育部关于进一步做好资助贫困家庭学生工作的通知》中提出，全力推进国家助学贷款按新机制运行，各高校必须按全日制普通高校本专科学生、研究生在校生规模 1∶2500 的比例，在现有编制内迅速调剂配备专职工作人员，设置相对独立的学生资助办公室，由一位学校的主要领导负责，归口管理全校的学生资助工作以及国家助学贷款的具体操作和管理工作。

当前该校资助队伍力量比较薄弱，学生资助工作主要依靠辅导员和班委进行，缺乏专门的学生资助办公室。随着办学规模的逐步扩大、学生情况的多样化、资助环境的多元化，资助工作对专业性的要求也日益增加。作为学校资助工作开展的主力军，辅导员承担着资助政策的解读者、班级资助认定工作的组织者、学校资助认定工作的协同者等多重角色。但是在实际资助认定过程中，由于专业素质不够、资助认定工作量大、资助认定时间短等因素影响，辅导员往往会面临许多难题。如资助政策的更新，辅导员有时不能第一时间知道消息，而通常收到通知就意味着要开始投入繁琐的资助认定工作中去。由于缺乏相关的政策解读培训，很容易导致传达文件精神过程中无法及时准确回复学生对政策的疑惑，甚至引起不必要的对一些政策的曲解，进而降低了资助工作的效率。

（二）资助对象认定不够精准

精准认定是精准资助的前提。《教育部等六部门关于做好家庭经济困难学生认定工作的指导意见》中提出，精准认定依据要考虑家庭经济因素、特殊群体因素、地区经济社会发展水平因素、突发状况因素、学生消费因素及其他影响家庭经济状况的有关因素，把资助资金发放给真正有需要的学生。目前学校资助工作开展中对家庭经济因素、特殊群体因素、突发状况因素等考虑较为到位，在资助认定工作中，学生需要上交残疾证、个人或家庭低保证、建档立卡证明及各类政府盖章的贫困证明等作为资助认定佐证材料。同时针对其他种类的贫困证明，如重病证明、丧失劳动力等，要求必须有街道、乡镇及以上的人民政府或者民政局盖章方能有效。通过近几年的实施，这个明确的标准大大提高了辅导员在资助认定工作上的效率。同时通过前期的解释，也基本得到了学生的认同，极大地减少了学生对证明材料有效性的质疑，提高了学生对学校的信任度。

但仅凭家庭经济状况及残疾程度的相关证明来进行资助，看起来公平，事实上却存在不够精准的情况。在资助认定时，学校对学生所在地区经济社会发展水平情况没有权衡，是一把尺子量所有的学生；对不同残疾类别的学生在消费方面的不同支出情况缺乏精准把握，没有考虑到残疾学生的个体需求差异大的因素。

（三）资助的信息化技术支持不足

教育部明确指出全国资助系统是国家教育管理系统的重要组成部分，是各级教育部门和学校管理学生资助信息的重要平台。建设学校资助系统，有助于推动学生资助工作的精准化和科学化，同时与上一级资助系统对接，能够更好地推动精准资助工作的开展。近几年来，学校积极完善信息化系统，于2021年上线了自强育人平台，师生可以在系统内进行相关的资助信息更新和查看操作，同时积极和上级资助系统接轨。但由于系统不够成熟，其中无障碍操作功能缺乏，给不同残疾类别的学生的具体操作带来诸多不便，因而，这个资助平台的普及度并不高。

当前学校学生资助认定依然收取纸质证明作为主要佐证材料，而部分残疾学生在有效信息的提取及筛选上能力不足，所提交的纸质材料往往掺杂了许多无效信息，这需要辅导员在核对环节仔细甄别，也容易出现纰漏。该校残疾学生占比约60%，面对如此多的资助认定材料，对辅导员的细心、耐心和责任心是个极大的考验。

（四）针对残疾学生的资助政策体系不够完善

2020 年学院根据浙江省教育厅等八部门《关于印发〈浙江省学生资助对象认定办法〉的通知》（浙教财〔2020〕15 号）精神要求，结合学院实际情况，制定了《浙江特殊教育职业学院学生资助对象认定办法》，对残疾学生实现了资助的全覆盖。

但同时应该看到，我国已经实现了全面小康，在此背景下，高校如何进一步完善资助体系，从"助人"转向"育人"，如何完善残疾学生资助育人工作的模式和方法，既要防止残疾学生不因家庭返贫而失学，又能合理关注到残疾学生的需求多样性，是下一步需要思考和探索的。

此外，随着社会的发展，越来越多的企业、社会爱心团体、慈善机构等社会力量加入高校的资助中来，该校近些年对残疾学生的资助种类日益增多、力度逐渐增大。目前学校主要的助学金种类有国家助学金、狮子会助学金、万象助学金等。而这些不同种类的助学金认定时间有先后，助学金金额有差别，有的还需要面试筛选等，在实际资助过程中，常会出现三者调配不均、学生不满意等情况。在多元混合资助的背景下，如何统筹规划不同来源的助学金，精准摸排每位学生情况，让每一笔助学金能够更合理地分配给不同家庭困难程度的残疾学生，是学校资助工作参与者需要思考并共同努力追求的。

（五）以"资助"达到"育人"的实际成效不佳

"资助"和"育人"不是两件相互独立的事情，资助育人是推动教育脱贫进而促进精准扶贫的手段之一。扶贫先扶智：资助育人在一定程度上缓和了残疾学生的生活压力，其目的是让他们能够更好地把精力投入学习中，拥有在社会生存的一技之长，而不是去片面地满足物质需求，甚至互相攀比。扶贫先扶志：当前的资助育人更多地关注经济资助，而忽略了对残疾学生的思想教育工作。在资助工作的实践中，我们发现部分残疾学生严重缺乏独立能力，对申请材料准备不充分，即使已经经历过多次资助认定，却依旧对流程不熟悉，甚至存在"等靠要"的想法。还有部分残疾学生对学校的各类资助有想当然，甚至争着要的想法和做法，缺乏感恩之心。所以，资助育人工作的方式方法需要进一步改进和探索。

三、残疾学生精准资助育人工作的优化路径

相比健全学生，残疾学生的身心发展有其特殊且更多样化的需求，在学校不断建立健全资助体系的同时，要进一步反思资助工作中出现的问题，要不断优化对残疾学生精准资助育人工作的路径。

（一）强化资助队伍建设

全面提升资助工作的科学化水平，要进一步提高资助队伍的执行力。学校应该加强对资助工作人员政策理论、业务技能的培训，不定期召开资助专题培训会，特别是针对新入职的辅导员，通过专业人士的解答传授，增进资助队伍对国家资助政策的理解，提高资助工作人员的政策理论水平和执行力。

（二）完善资助信息系统

跟紧学校数字化转型的脚步，进一步提高学校资助工作的信息化水平。逐步由繁琐的纸质材料认证转为线上系统认证，建立健全相应的信息化系统。可以参考其他高校先进经验，在收集纸质档案的同时完善相对应的电子档案，进而形成涵盖全体困难学生的信息化系统。在具体操作上，对于新生而言，可在新生入学前登录系统提交相关的资助认定材料，不需要等到入学再提交纸质材料从而造成时间成本的浪费，提高辅导员的资助认定工作效率；针对已入学的学生，辅导员可以通过班会、座谈会等形式，积极宣传最新的国家资助政策，提高学生对政策的认识和对资助认定工作的了解，并通过走访寝室、与学生谈心交流等形式，对学生进行摸底了解，初步估计班内特别困难的人数（相对于一般残疾学生）；对于高年级学生的认定，除了参考上年的认定结果，也要充分考虑到地区经济社会发展水平因素、突发状况因素、学生消费因素等，不定期对学生进行谈心谈话，提醒学生如果有情况变化，及时登录系统更新信息，提交最新的佐证材料，方便下一轮精准认定工作的进行。

（三）加强思政教育，推进课程思政转变

立德树人是教育工作的根本任务，也是学生资助工作的根本任务。学生资助工作的最终目的在于帮助家庭经济困难学生成长成才，使他们共同享有人生出彩的机会，共同享有梦想成真的机会，共同享有同祖国和时代一起成长和进步的机会。但

随着大数据时代的到来，网络信息大爆炸，面对外界形形色色的诱惑，部分残疾学生的认知通常更为单纯而容易上当受骗，或是互相攀比，拿到助学贷款后肆意挥霍。因此，加强学生资助必须坚持育人导向，要加强对残疾学生的思想政治教育，锤炼不忘初心、诚实守信的优良品格。要把思想政治工作贯穿教育教学全过程，实现全程育人、全方位育人。在大学生思政教育中，一方面，高校可通过"思想道德修养与法律基础""毛泽东思想和中国特色社会主义理论体系概论"等基础课程，加强专业课程思政，对大学生进行系统的思想政治教育，引导学生树立诚实守信的优良品格以及正确的价值观。另一方面，在发挥思政课作为德育教育主阵地和主渠道作用的同时，让所有课堂都肩负起育人功能，从以往单纯的思政课教育转变为覆盖各专业、各学科、各课程体系的大思政和大德育，将课程育人提升为"全课程育人"，切实将"思政课程"向"课程思政"转变。

（四）构建全方位育人第二课堂

除了课堂思政，积极探索课堂外的第二课堂也是全方位育人的重要组成部分。近年来，学校开展了多次励志学子、自强校友座谈会，宣传励志自强学生事迹等活动，树立残疾学生榜样，获得了学生的热烈反响。学校可以以此为切入点，将这种方式继续精细化、常态化。通过宣传自强不息典范、优秀志愿者评比等，专门表彰表现突出的残疾学生，将更多的残疾学生自强事迹树为榜样，以榜样力量激励更多的残疾学生自立自强，努力学习文化知识，毕业后回馈社会。

丰富资助育人的手段。如，可增加残疾学生勤工助学的名额，相比于助学金等形式，勤工俭学是残疾学生在学有余力的前提下，通过自身劳动换取报酬。这种方式不仅可以在经济上缓和残疾学生的困难，也可以保护残疾学生的自尊心，同时帮助他们实现自我价值，提高社会责任感，为他们融入社会铺平道路。

积极鼓励残疾学生参与到社团活动以及校内外组织的各类活动中，如职业能力规划大赛、专业技能大赛、思政微课比赛、"互联网+"大赛等。通过这些活动，增强残疾学生对职业的认知，提升自身的专业技能，提高创新能力。同时，考虑到残疾学生的身体和心理的特殊性，学校可以广泛地开展各类适合残疾学生参加的活动或者社会志愿实践等，将育人工作融入日常活动的同时，也让残疾学生更好地融入校园之中。学校目前已经有了许多成功的尝试。如推拿专业的学生利用周一到周五中午的午休时间，在六号楼实训室开展推拿服务，既巩固了上课所学的推拿技术和知识，又服务了老师和学生。更有一部分有责任有担当的推拿学生，组成义工团，在老师学校的帮助支持下，进入社区、福利院等地方，免费帮助居民们开展推拿服务，得到了广泛的好评；电商专业的学生在学校的帮助下，在女生寝室楼下开了菜鸟驿站，帮助学校的老师同学开展收寄快递业务，在实现自主微创业的同时，也用自己的专业所学来回馈学校；中西面点工艺专业的同学们在各种活动现场为来宾准备精致的点心等。

在已有的成功经验上，探索更多专业的残疾学生回馈服务，既能帮助残疾学生建立感恩意识，使残疾学生自立、自尊、自信、自强，又可以加深学校内的残健融合，为残疾学生更好地融入社会建立基础。如工艺美术品设计专业的上课和考评都会产生很多的美术作品，可以选择其中的优秀作品，在征得学生同意后，用来作为学院各项活动、比赛的奖品。或是举行相关的绘画活动，如由学校出面，批发一批白T恤，然后由工艺美术品设计专业的学生自行设计并绘画图案，然后通过义卖等形式，卖给同学和老师，将所获得的款项捐给学校的基金会，帮助那些有需要的同学。工艺美术品设计专业的学生多为听障学生，平时多数比较单纯内向，多待在自己的小圈子里，此类活动在增强他们感恩意识的同时，也能让他们意识到自己的价值，增加与其他同学的联系。

电子商务专业的同学可以以跳蚤市场为基础，成立一个二手物品小站，通过回收学生特别是毕业生带不走的一些闲置用品，以及对应的变化不大的二手教材，然后再转卖给大一大二的学生们。这样做有几点好处：一是电商专业的学生可以有一个创业的实践机会，将书本上学到的知识与实践相结合。纸上得来终觉浅，绝知此事要躬行，只有通过实践，才能更好地理解书本上的知识。如果能够成功运行，学校可以支持并将这个二手物品小站打造成电商专业的实习参观基地，带动更多的学生加入进来，成为浙江特殊教育职业学院的一大亮点。二是作为残疾学生创业项目，可以以自己所学专业来服务帮助其他的残疾学生、健全生，亦是一种感恩回馈。三是这个小站能够帮助学生们处理闲置物品，同时也能够加深大三学生与大一大二新生们的联系。作为一所三年制的大专院校，大三的学生大都处于在外实习的状态，与学弟学妹的联系很少。通过这个二手物品小站，大一的新生进来就可以通过二手物品小站采购到学校里需要的教材、生活学习物品等，同学们在将闲置物品卖出时，可以附上一张小纸条，以学长学姐的身份给学弟学妹们一些鼓励或者建议，留给有缘的下一个主人，这样做可以在无形中增强不同届学生之间的情谊。所谓在校看学校，毕业看校友，这种情谊可以让学生们在毕业后仍旧对学校、同学心怀感恩。因为许多残疾学生都是在与学校进行校企合作的公司单位工作，这也可以促进他们步入社会后的老带新，帮助学弟学妹们更好地适应工作、融入社会。

参考文献

[1] 柴玲, 曹晨. 精准扶贫视域下高校"多彩"资助育人路径探索——基于高校辅导员资助育人工作案例. 安顺学院学报, 2020(1): 24-28.

[2] 陈宝生. 学生资助要在脱贫攻坚中发挥更大作用. 人民日报, 2018-03-01(13).

[3] 林晓曼. 扶贫与扶志相结合, 高校资助育人新思路. 湖北开放职业学院学报, 2020(17): 56-60, 65.

[4] 沈赤. 找到从"思政课程"到"课程思政"的密钥. 人民日报, 2018-03-29(17).

[5] 吴冰. 高校学生精准资助路径研究. 当代教育实践与教学研究, 2019(22): 107.

[6] 展伟. 高校贫困生精准资助中的精准育人转向. 江苏高教, 2018(6): 80.

立德树人理念下高职视障学生管理的研究与实践

唐　慧

摘要　高职视障学生因视觉障碍，行动不便，又正处于青春期，随着生理和心理的逐渐发育，不可避免地带来了许多的困惑和烦恼，常处于人生的"危险期"。两种因素相碰撞使高职视障学生管理工作难度较大。本文基于立德树人理念，从实践出发，围绕老师、学生、学校制度三个维度，提出适用于高职视障学生管理的相应对策，推动高质量完成立德树人的根本任务。

党的十九届六中全会强调，立足新发展阶段、贯彻新发展理念、构建新发展格局、推动高质量发展，全面深化改革开放，促进共同富裕。为实现共同富裕路上一个也不能掉队，完成立德树人的根本任务，要结合实际，优化分析，提高教学质量，培养出一批具备良好的职业道德，掌握一定的实务知识和技能，能够进入劳动力市场参与竞争的学生，加强高职视障学生的管理是提高教学质量的重要手段，是真正实现视障学生"平等、参与、共享"理想的重要举措。

一、高职视障学生管理现状

（一）班级人数远超小班化标准

2010 年，为进一步加强特殊教育，浙江省出台《关于进一步加快特殊教育事业发展的实施意见》，就全省残疾人教育体系建设、特殊教育保障水平、特殊教育质量提高、教师专业化水平、落实政府责任等五个方面提出了要求。其中第二点中提到不断提高特殊教育保障水平。特殊教育学校实行小班化教学，一般一个班级8—12 名学生。而目前高职视障学生班的班额大多为 20 人以上，远远超过小班化教学标准。众所周知，视障学生的听觉比较灵敏，在学习上，听觉和触觉是视障学生学习的重要渠道，空间上的局限在一定程度上制约了班级的个性化教学及个性化管理。

（二）视障学生的视力个体差异大

高职视障学生一般分为三类：先天全盲、后天全盲和弱视力。健全人80%以上的信息都是通过眼睛获得的，因此视力的差距导致个体之间认知的广度、深度、速度相差很大，因视力差异在学习能力、运动能力上形成落差，很难在后天努力中去弥补。以跑步为例，身强体壮的全盲学生，由于信息接收不清晰，内心缺乏安全感，很难在宽阔的操场上奋力奔跑。学习上也是如此，很多形象性知识不易掌握。

受视力影响，多数学龄视障学生在入学前没有经过任何教育，甚至到了适学年龄，仍得不到教育机会，接受基础教育年龄较晚，不同地区的基础教育层次差距明显。基础教育的差异性，也给班级的个性化管理增加了难度。进入高职阶段，视障学生年龄差距较大，不同的年龄阶段形成的一般的、典型的身心特征差异又给教学进度和课堂活动造成了一定的难度。

（三）视障学生社会适应能力差

由于视觉障碍，视障学生很难了解外界环境，社会活动范围受到了极大的限制，很少与老师、同学、家人以外的人群交往，对学校依赖性强，这在毕业后容易造成落差，使其较难融入社会。

（四）视障学生五育发展极不平衡。

与普通学生相比，视障学生五育发展极其不平衡，并且有其特殊性，主要表现在以下方面。

（1）语文能力差。与普校的"狠抓死拼"形成鲜明对照的是，由于缺乏横向的比较，盲校的基础教育大多呈放任自流的状态。这造成视障学生基础知识容易松散零碎，不够坚实，在向纵深发展时显得后劲不足。尤其在语文方面，部分视障学生的听说读写速度慢，效率低，理解力、思维力低下，事物与概念脱节错位。作为最具迁移力的基础学科，语文能力越来越成为视障学生获取全面知识、培养全面素质的"瓶颈"。

（2）重美育，轻体育、劳育。盲校美育的主要途径是音乐教育。盲校的音乐教育搞得较好，视障学生的整体音乐水平较高。但视障学生在身体素质、运动水平、劳动技能等方面却不容乐观，盲校的体育教学、劳技教学还在"摸着石头过河"，至今也没有统一的教材，教学效果不尽如人意，不少视障学生整体身体素质较差。体育、劳育的不平衡发展，是盲校素质教育的又一条"拦路虎"。

（3）知识结构单一。盲校多年一直沿用普校的教材体系，虽针对视障学生的特点设置了一些康复性的课程，但由于教材配套程度差，往往流于形式。普校的教材固然有其长处，却未必尽合盲校实情，更因师资缺乏等原因，许多该教的课程没有教、该学的课程没有学。从长远看，势必影响学生职业技能的后续发展。

（五）班级管理形式单一

大部分的特殊高职教育都采用"1+1"的配置，即"一个班主任 + 一个辅导员"，班主任或辅导员直接或间接地通过班干部，借助班级管理制度去约束学生，实现对学生的思想和行为的控制，在这个信息爆炸，科技、文化思想瞬息万变的现代社会，教师无法以过来人的姿态指导学生，"吃过的盐""走过的桥"这类"经验论"占不了上风，就针对视障学生个性化的表现实施全方位的教育指导而言，目前的班级管理形式显得太过单一。

（六）家校沟通不够充分

学生的成长发展，家庭教育是基础，视障学生的原生家庭环境一般比较复杂，很难进行全面有效的家校联系，更不用说像小学一样，依托家委会、家长群或者家长会，学生表现不好，有任何矛盾，家长可以参与解决。高职特殊教育更多地依赖班主任和辅导员的管理，缺乏有效的家校沟通机制。

二、解决高职视障学生管理问题的措施

高职特殊教育承载着每个特殊家庭的梦想和希望，学生管理要与时俱进，让每一个视障学生有奔头，营造学得进、学得好的氛围，为每一个视障学生创造共享社会发展的成果的机会，正如布鲁姆曾经说过的："只需要提供科学合理的条件，所有人都可以学习更多的东西与技能。"

（一）实行小班制，让视障学生有效参与课堂

实行小班制，因材施教。以年龄层次、视力程度、学习能力为基准分班分组，聚焦差异，让每一位视障学生的学习真正见效，以促进全面而有个性的发展，让每个视障学生充分享受各种教育资源，增加受教育的机会，提高每个个体接受教育的充分程度。这既有利于班级管理的有效性，又有利于满足每个视障学生的特殊需要。

（二）实行有效的师生互动，建立与视障学生的信任感

信任是高效班级管理工作的基础，信任的建立需要一个过程，既然是一个过程，就要经历一定的时间相处与积累。从心理方面来看，不少视障学生存在自卑心理，比较敏感，独立意识差。

在全面提高视障学生素质的新时代，作为班主任的教师需要充分挖掘学生身心发展的潜能，突出学生的主体性，促使全体学生的身心得到全面和谐发展。班主任工作是促进视障学生心理健全的一个重要环节，迅速建立与视障学生的信任感是班级管理工作中最关键的一步。那么如何迅速取得视障学生的信任呢？

爱是取得信任的第一步，像爱自己孩子一样来关心爱护他们。用宽广的胸怀，包容每一个视障学生，接纳他们的缺点，发现他们的优点，以长辈的视角、朋友的姿态和他们一起相处。

建立学生档案，掌握视障学生情况是基础。建立学生档案，其中包括身体、学习、心理、家庭、信仰等相关信息，以便各种数据随手拈来，成竹在胸，为推进班级管理提供有效信息。

班级活动是有效手段。视障学生多擅长音乐或乐器，多组织相关方面班级活动，既有利于互相了解，又有利于挖掘学生特长，从而培养视障学生的积极性与自信心。

（三）残健融合，赋能视障学生融入社会

视障学生基本在盲校或特校接受基础教育，盲校承担了大部分视障者义务教育以及高中阶段的教育。很多视障学生从幼儿园起，到小学、初中、高中或中专就和伙伴在一起，即使到了高职还在一起，一待就是十几年。盲校、特校为视障者创造

了一个安全、温馨的学习环境，也有着不同于其他校园的无障碍支持，让学生、家长及教师都十分安心。但视障学生在享受相对安逸的学习及人际交往环境的同时，错失了很多及早融入社会的机会。国务院印发的《"十四五"残疾人保障和发展规划》中特别提到，要健全残疾人关爱服务体系，提升残疾人康复、教育、文化、体育等公共服务质量。该规划强调，支持符合条件的儿童福利机构单独设立特教班、特教幼儿园、特教学校开展特殊教育，让融合提早开始。那么怎么赋能这些已经进入高职教育阶段，晚一步融入社会的视障学生呢？残健融合是走向社会的必由之路。

1.推进视障学生与健全学生双向融合，赋能视障学生融入社会

"十四五"规划提出了将融合教育向两头，即学前教育和高中、高等教育延伸。高等教育阶段的特殊学校开设特殊教育、康复技术等服务残疾人的相关专业，推进视障学生与健全学生双向融合。通过"四同"，即同一个校园、同一间寝室、同一个老师、同一个活动，把视障学生和健全学生都从相对单一、封闭的教育教学中解放出来，转变为开放、灵动、多元的融合模式，在学习、生活、活动中，互相接纳，共同进步。

2.推进家校社多元融合，建立联动机制，赋能视障学生融入社会

在"互联网+"背景下，借助多元化、信息化，在校外校内融合、线上线下融合中积极构建家校沟通平台，通过电话、微信、钉钉家长会议等加强家校合力共育，让家长及时了解孩子的学习、生活、心理动态。

视障学生个体生理上的缺陷和心理上的缺失决定了他们需要更多的社会支持。丁钰睿研究指出，父母在日常生活中经常性地抱怨生活的艰辛，视残疾子女为累赘和负担，与其缺乏沟通和交流，给其带来了巨大的心理压力和排斥感，使其视自己为"废人"，从而不愿意参与各类活动。杨志林基于身份认同视角研究发现，很多残疾人存在自卑、孤独及抱怨心理，敏感多疑且自尊心强等身份认同危机，致使他们未能完成正常教育、就业意愿低和社会保障制度难以落实。综合来看，视障学生的内在因素是影响他们社会融入的重要原因。因此，有效地解决视障学生的社会融入问题应该是高等职业教育的重要组成部分，我们应该不仅仅让视障学生在技能上融入社会，还应该让视障学生全方位地融入社会，包括心理层面等隐性部分。

3.推进校企深度融合，实现实习与就业零距离，赋能视障学生融入社会

构建"理实一体、工学交替"的培养模式，建立实习实训基地，搭建课程与学

生、学校与市场的桥梁。创新发展"理论教学—技能培养—模拟就业—顶岗实习—预备实习"模式，对视障学生分层次、分类别培养，提高学生就业率和就业质量。政策保障、社会支持是视障学生职业发展支持的外部机制，但如果没有视障学生自身的内源性机制，依赖、消极现象依然无法避免，所以需要在他们自身主动改善职业环境、调整职业心理、积极掌握职业能力等方面进行顾问式职业发展规划指导方式研究。认真归纳国外对视障个体的全过程就业指导支持、一对一个性化职业顾问指导、上下班交通出行支持、职业适应能力支持、职业发展能力支持等职业发展规划支持体系，结合国内视障群体的就业观、社会交往、职业心理等特点和有利于提高视障学生职业效能的有效经验做法，在个体案例的基础上开展分析研究，形成视障学生就业指导手册，实现实习与就业零距离。

（四）放手让视障学生做自己的主人

生活在互联网时代的视障学生，在知识的获取和学习能力上有着明显的优势，同时也受到全社会各种关怀。要想助力学生成才，先要做到德智教育，先培养学生有正确的人生观、世界观和价值观，这样才能为树人打下良好的思想根基。立德树人是高职院校人才培养的根本任务，德育要作为教育的先导，同时也不能减少对技能教育的培训力度，做到育人和育才相辅相成，促进同时具有专业能力和技术能力的人才更好地发展，让这样的综合性人才更好地为社会服务。

在视障学生管理中，充分发挥学生本身的积极性和主动性，相信并尊重每一个学生，放手让学生做好每一件事情，使学生在自立、自尊、自强中养成良好的行为习惯和道德品质，放手能给学生更广阔的发展空间。

1.营造良好氛围，引导视障学生做情绪的主人

研究表明不少视障学生存在显著的个性倾向，比如沉溺幻想、焦虑、依赖性、自卑感、内疚感等。视障学生所出现的各种情绪问题与其视力缺陷有密切的关系，需通过积极引导加以改变，为视障学生提供充满爱与信任的教学和生活氛围，鼓励他们与其他人进行交流。教师要遵照标准不断加强自身的师德修养，用好教育语言，保持良好形象，将知识教学与道德引导结合起来，用个人独有的人格魅力引领学生健康发展。引导学生遵守行为守则，既要当好道德知识的学习者，又要成为道德行为的践行者。学校教师要以"四有"好老师为准则，做到以德立身、以德立学、以德施教，实现教学相长，营造良好氛围，引导视障学生做情绪的主人。

2.让更多的视障学生在集体中承担责任，做班集体建设的主人

视力障碍学生管理是一项整体的育人工程，是学校管理的基本单位，管理工作当然也起着举足轻重的作用。新课标明确指出，教师是一个决策者，而不再是执行者。班级管理应以学生为主体，教师为主导，建立一套自律的班级管理模式，让更多的视障学生真正成为班集体建设的主人，而班主任只做幕后策划的指导工作，一定要让更多的学生在集体中承担责任。这样不仅可以增强学生的集体意识和班级凝聚力，激发学生主动参与班级管理的积极性，学生也可以获得当班级主人的积极体验，并从管理者的角色中学会自我管理，学会管理他人，放手让学生得到锻炼。与此同时，班主任逐渐淡化自己的管理角色，一个团结上进、凝聚力强的优秀班级就能产生。

三、结束语

作为高职院校的管理工作人员，要把立德树人作为工作的第一准则，要善于思考学生特点和各种思想状况和行为习惯，尊重学生的发展规律，创新出一种新型的管理模式，让管理者和被管理者都能感受到自由的学习氛围，促进立德树人工作任务的全面落实。对视障生而言，由于身体上的缺陷，其与健全人有所不同，但也同样被寄托着家庭的希望，也是祖国的未来。因此应让立德树人在教师心中落地生根，为视障学生的健康发展提供有力的支撑和保障，实现全程、全员、全方位育人。

参考文献

[1] 傅王倩,莫琳琳,肖非.从"知识学习"走向"完满生活"——我国培智学校课程改革价值取向的变迁.中国特殊教育,2016(6):32-37.

[2] 侯萍.推进校企深度融合,实现实习与就业"零距离".商情,2017(17):54.

[3] 邵云.《盲校义务教育实验教科书·语文（一年级下册）》课后练习编写特点与教学建议.现代特殊教育,2020(23):36-38.

[4] 赵小红.近25年中国残疾儿童教育安置形式变迁——兼论随班就读政策的发展.中国特殊教育,2013(3):23-29.

[5] 邓猛.关于全纳学校课程调整的思考.中国特殊教育.2004(3):1-6.